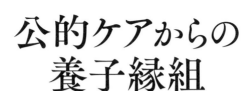

公的ケアからの養子縁組

欧米9カ国の児童保護システムから
子どもの最善の利益を考える

〈編著〉
タルヤ・ポソ
マリット・スキヴェネス
ジュン・ソバーン

〈監訳〉
西郷民紗
〈訳〉
海野 桂

ADOPTION FROM CARE
by Tarja Pösö, Marit Skivenes and June Thoburn
Copyright © Bristol University Press 2021

Japanese traslation published by arrangement with The Policy Press
through The English Agency (Japan) Ltd.

はじめに

　本書を手に取ってくださり、ありがとうございます。あまり社会的な注目を浴びにくい養子縁組に関する本書を開いてくださったこと、とても嬉しく思います。

　あなたは、「海外の養子縁組ってどうなっているのだろう」と思ったことはありますか。私は、調査研究をする過程で、「他の国では同じような課題がないのか」「あるとしたら、どのように対応しているのか」「改善のための手がかりや研究知見を知りたい」と思うことが多々ありました。日本でも、海外の養子縁組制度に関する貴重な研究報告はいくつか出されていますが、本書の特徴は、児童保護制度の国際比較研究を行ってきた著名な研究者らによって、各国の公的ケアからの養子縁組のこれまでとこれからが、データも用いて丹念に概説されている点です。ひとり親への支援が乏しく、社会的な偏見が強かった時代から現在に至るまでの変遷、社会的養護のもとで長期に暮らす可能性のある子どもたちの選択肢としての養子縁組の位置づけ、現状の政策と実践の中で将来的な見通しをどう描いているのか。日本との共通点や違いを感じながら、各国のさまざまな社会状況における養子縁組の意義と課題をとらえることができます。その面白さを友人に話した時に「日本語で読めたらいいのに」と言われたことが、日本語版を刊行することになったきっかけになりました。

　監訳にあたり、法律や機関名の訳語については、括弧書きで原文の記載を残すようにしました。読者の方がさらに知りたいと思った時に少しでも調べやすいようにするためです。また、原著のタイトルでもある "Adoption from Care" をどう訳すかは最後まで苦心しましたが、第1章をふまえて「公的ケアからの養子縁組」としました。社会的養護では、ケアを養育と訳すことがありますが、他にも世話をすること、心づかい、注意といった意味があり、本書でも後見などを含む使われ方をしているため、あえて「ケア」という表現を残しました。ケアの研究をされている方々にも、ケアの問題として社会的養育により関心を持っていただけたら、という思いもあります。

本書は、なにが正しい養子縁組なのかを教えてくれる本ではありません。それでも政策や実践のプロセスとともに、数多くの研究知見が詰め込まれ、子どもの権利としての養子縁組のあり方を考えさせてくれる他にはない書籍です。刊行から10年後、20年後には、本書が書かれた今の時代に、これまでの歴史やこれからの展望、子どもの最善の利益をどうとらえていたのかを示してくれる貴重な史料となるはずです。関心のある国や興味があるテーマの章から読み進めていくのもいいでしょう。これからの日本の養子縁組を考える時に、本書が読者の視野を広げ、考えを深めるきっかけとなることを心から願っています。

　　　　　　　　　　　　　　　　　　　　　　　監訳者　西郷民紗

日本語版刊行によせて

　子どもの養子縁組、時に大人の養子縁組は、合法的に、あるいは非公式に家族間で取り決められ、何世紀にもわたって世界中で行われてきた。しかし、国が介入し、子どもが生まれた家庭との法的なつながりを完全に断ち、選ばれた家庭と法的で永続的な関係をつくること（本書で、公的ケアからの養子縁組と呼ぶもの）は、児童虐待やネグレクトに対する比較的最近の対応である。

　現在、養子縁組は、児童福祉制度が発展しているすべての国で可能であり、実際に評価されている対応ではあるものの、家族支援策を利用したり、家族とのつながりを継続させながら短期または長期の公的ケアへ措置したりすることによって、可能な限り避けるべきものとして常に見られてきた。本書の各章が示すように、比較的類似した西欧や北米の司法であっても、公的ケアからの養子縁組の範囲や方法は、かなり異なったものである。本書の9カ国についての各章では、児童福祉政策、実践、法律だけでなく、子どもの発達と家族関係のより広範な社会的・心理的側面についても専門知識を有している著者と編集者によって、そのことが報告されている。

　子どものウェルビーイングに関する理論的な理解が近く、比較的似ているとされる国々において、なぜ子どもの保護措置として養子縁組を利用する方法に違いがあるのだろうか。それを考察するための背景として、著者らは公的ケアから養子縁組となった子どもの数と割合に関するデータも提供している。また、養子縁組が検討される可能性のある、公的ケアのもとで育つ子どもたちや、養子縁組が承認される可能性のある家族についての、決定を支える法律や児童福祉のプロセスの違いについても述べられている。

　養子縁組は、（日本を含む）各国で前向きな措置としての関心が高まっているが、一見似たような国でも、その利用の仕方は多様である。たとえばフィンランドでは、2015年に養子縁組が成立したのは、親の同意があったわずか10人（公的ケアのもとで育つ子どもの0.1％）であったのに対し、隣国ノルウェーでは2018年に裁判所の命令に従って、養子縁組によって公的ケアから離れた子ども

の割合は0.6%であった。政府や専門家の奨励にもかかわらず、公的ケアからの養子縁組が児童保護の実践の一部として確立しているのは、米国（14％）とイングランド（6％）のみであり、それはこうしたデータからも示されている。

　また、養子縁組のプロセスや、養子、生みの家族、養親にとっての養子縁組の意味にも大きな差異がある。イングランドでは、公的ケアから養子縁組された子ども（ほぼすべて5歳未満）のほとんどが、公的ケアに入って間もなく、それまで面識のなかった特別に認められた養親のもとへ移行する。ノルウェーでは、養子縁組を申請できるのは里親のみで、子どもたちはすでにその家庭になじんでいる状態にある。米国では、公的ケアからの養子縁組に占める家族の割合が顕著である。ある国では、養子縁組のほとんどが生みの親の同意を得ているが、似たような別の国では、養子縁組のほとんどが裁判所の命令を求められる。イングランドでは、生みの親やきょうだいとのつながりは継続するのが標準となっており（ただし、これは通常、専門家が仲介する間接的なつながりである）、ヨーロッパの国々では「オープンアダプション」が奨励されるケースが増えている。一方で、その他の国々では、生みの親やきょうだい等とのすべてのつながりを断ち切ることが標準となっている。

　本書の著者たちは、保護的手段として養子縁組を利用することは、一概に正しい、間違っているということではないこと、そして、法律制定者や専門家が、それぞれの国にとって何が「正しい」とするのかを決定する際には、文脈、家族関係、法制史の理解が不可欠であることを強調している。日本の読者は、日本の児童福祉政策と実践において、養子縁組はどのように位置づけられ、また、適切なものになっているのかどうかをよりよく理解するために、本書の各章と並行して、徳永・福井・西郷・永野の章[1]を読むことが有益であろう。

大英帝国勲章第三位、文学博士、イースト・アングリア大学ソーシャルワーク名誉教授（英国ノリッジ）

ジュン・ソバーン（June Thoburn）

注

1　Berrick, J. D., Gilbert, N. and Skivenes, M. (Eds) (2023) *The Oxford Handbook of Child Protection Systems.* Oxford, OUP.

目次

はじめに 3
　　　　　　　　　　　　　　　　　　　　　　西郷民紗

日本語版刊行によせて 5
　　　　　　　　　　　　　　　　　　　　　ジュン・ソバーン

1　公的ケアからの養子縁組という分野について 13
　　　　　　タルヤ・ポソ、マリット・スキヴェネス、ジュン・ソバーン

第Ⅰ部
リスク志向の児童保護システムにおける公的ケアからの養子縁組

2　英国における公的ケアからの養子縁組
　　―― 経験から学ぶ 30
　　　　　　　　　　　　　　　　　　　　　ジュン・ソバーン

3　エストニアにおける公的ケアからの養子縁組
　　―― ソビエト時代の遺産を克服できるか 50
　　　　　　　　　カトレ・ルハマー、ユディット・シュトレンプル

4 アイルランドにおける公的ケアからの養子縁組
　――誰の最善の利益なのか 69
　　　　　　　　　　　　　ケネス・バーンズ、シモーン・マコックレン

5 米国における公的ケアからの養子縁組
　――政策と実践 89
　　　　　　　　　　　　　　　　　　　　　　　ジル・デュール・ベリック

──── 第Ⅱ部 ────
家族サービス志向の児童保護システムにおける公的ケアからの養子縁組

6 オーストリアにおける公的ケアからの養子縁組 110
　　　　　　　　　　　　　　ジェニー・クルチナ、カトリン・クリズ

7 フィンランドにおける公的ケアからの養子縁組
　――里親養育に代わる選択肢となりにくい現状 129
　　　　　　　　　　　　　　　　ピア・エリクソン、タルヤ・ポソ

8 ドイツにおける公的ケアからの養子縁組
　――不確実な政策と不調和な実践 148
　　　　　　　　　　　　　トーマス・メイゼン、イナ・ボヴェンシェン

9 ノルウェーにおける公的ケアからの養子縁組 167
　　　　　　　　　ヘーゲ・スタイン・ヘランド、マリット・スキヴェネス

10 スペインにおける公的ケアからの養子縁組 186
　サグラリオ・セガド、アナ・クリスティーナ・ゴメス・アパリシオ、エステル・アバド・グエラ

第Ⅲ部
人権の基本的枠組みおよび家族への帰属意識

11　公的ケアからの養子縁組を方向づける国際人権法 208
　　　　　　　　　　　　　カトレ・ルハマー、コナー・オマホニー

12　公的ケアからの養子縁組における「家族」を築くこと 227
　　　　　　　　　　　　　　　　　　　　　　ジェニー・クルチナ

13　ノルウェーの公的ケアからの養子縁組決定におけるアタッチメントの
　　理解 248
　　　　　　　　ヘーゲ・スタイン・ヘランド、スヴァイヌング・ヘレーセン・ニゴード

14　養子縁組による家族親族ネットワーク
　　──養子縁組後の生みの家族とのコンタクトをめぐる論考 269
　　　　　　　　　　　　　　　　　　　　　　　　ジュン・ソバーン

15　各国の多様な状況における公的ケアからの養子縁組の意味づけ 289
　　　　　　　　　　タルヤ・ポソ、マリット・スキヴェネス、ジュン・ソバーン

おわりに 309
　　　　　　　　　　　　　　　　　　　　　　　　　　西郷民紗

索引 313

凡例

● 本書は、Tarja Pösö, Marit Skivenes and June Thoburn (Eds.) (2021) *Adoption from Care: International Perspectives on Children's Rights, Family Preservation and State Intervention*, Bristol: Bristol University Press. の全訳である。
● 原文で斜体字によって強調された箇所はゴシック体で表記した。
● 索引は、原著の索引項目を参照したうえで、日本語版独自のものを作成した。

図表一覧

図

図 1.1　EUにおける国内養子縁組と国際養子縁組　2004～14年
図 4.1　1958～2018年の養子縁組命令
図 4.2　養子縁組申請、アセスメント、方針決定のプロセス（アイルランド）
図 10.1　児童保護システムを形成する主要なプロセスのおよその流れ
図 10.2　マドリード州の家族未成年総局

表

表 2.1　英国（イングランド）の養子縁組数と比率　1980～2018年
表 2.2　公的ケアを開始した子ども、公的ケアを受けている子ども、公的ケアから養子縁組された子ども（英国（イングランド））　2005～2018年
表 3.1　児童保護の統計（0～17歳）および新しい家族と養子縁組前の子どもの措置状況（合計数と子ども10万人当たりの人数）
表 4.1　養子縁組命令および国のケアを受ける子ども　2013～2018年
表 5.1　米国における養子縁組の動向
表 6.1　児童福祉システムにおける対応策の統計　2018年
表 6.2　家庭外養育を受けている子ども
表 6.3　オーストリアにおける養子縁組（連れ子養子を除く）
表 7.1　養子となった子ども、およびケア命令による公的ケアを受ける子ども　2000～2018年
表 8.1　18歳未満の子どもの里親養育／施設養育数および公的ケアからの養子縁組措置数
表 8.2　養子となった子どもと若者（18歳未満）
表 9.1　子ども人口、年末時点で公的ケアを受けている子どもの数、年間の養子縁組数、養子縁組の種類（0～17歳の子どもについて）

表 10.1　スペインで公的な家庭外養育に措置されている子ども（0〜17歳）の人数と子ども10万人当たりの数および家庭外養育の措置の種類ごとの人数と割合
表 10.2　国際養子縁組数と0〜17歳の子ども10万人当たりの数
表 11.1　各国が批准した条約の効力発生年
表 12.1　各国の公式ウェブサイト（政府または公的養子縁組機関）における養子縁組の記述
表 12.2　国内養子縁組において、養子が情報を知る権利
表 13.1　養子縁組事例の決定文書においてアタッチメント関連の言葉への言及が1カ所以上あった部分
表 13.2　地方社会福祉委員会によるアセスメントの部分で、児童福祉法第4条20項の各種条件と関連づけて、アタッチメントについて評価／記述している事例数
表 13.3　アタッチメントの種別（非心理学的か、心理学的理解か）ごとのアタッチメント対象の記述
表 13.4　アタッチメントの記述に用いられる、心理学関連の用語
表 13.5　アセスメントの文中で、アタッチメントへの言及がある記述
表 15.1　公的な養育を受ける子どもと公的ケアからの養子縁組について、9カ国の概要

1 公的ケアからの養子縁組という分野について

タルヤ・ポソ
マリット・スキヴェネス
ジュン・ソバーン

はじめに

　あらゆる国が子どもの権利に関する条約（子どもの権利条約）が示す原則と権利に承認の署名をしており[1]、各国の比較研究が示すように、多くの高所得国は、国家レベルにおいても、家庭福祉と児童保護システムの基盤となる共通の基本原則を有している（Gilbert et al., 2011; Skivenes et al., 2015; Burns et al., 2017; Berrick et al., 近刊）。こうした基本原則には、重大な決定をする際に、子どもの最善の利益とウェルビーイングを中核に置くことの重要性が含まれる。それとともに、家族関係維持の重視、子どもと生みの親の関係や、きょうだい関係の尊重、国家による介入を最小限とする原則を基本とすること、また、子どもについての責任はまずその家族が担い、児童保護システムはあくまでも副次的な立場で責任を負う、という原則もある。

　しかし、各原則をどの程度まで重視するかは、政府によって異なる。とりわけ違いが目立つのは、子どもを家族から引き離して公的な養育を行う必要がある時に、その措置の方針の検討において、関連する原則のどれに重きを置くかをめぐり相反しかねない状況がある場合だ。そのため、行動指針として何が「子どもの最善の利益」にふさわしいのかは、解釈に委ねられる部分が多

い。裁判所、児童保護の現場の職員、さらには国全体で、周知の諸原則のあいだのバランスをいかに取るのか、判断する余地が残される。ほとんどの国のシステムで親権と家族関係維持に重きが置かれていると述べても過言ではない。その結果、往々にして子どもの権利が親の権利の二の次とされ、国家と裁判所にとって、子どもの権利の尊重と推進は難題となる。たとえば欧州人権裁判所（European Court of Human Rights）が、親権を終了させる判断が可能なのは、それが子どもの最善の利益のために唯一の方法と考えられる例外的な状況に限られる、と述べたことからも、その難しさはうかがえるだろう（Breen et al., 2020）。

　児童保護は、「親や養育者が子どもを保護できなかったり、そうする意思がなかったりする場合に、家庭への介入を通じて、親が責任を果たせるよう支援するとともに、親権を制限するだけでなく終了させる権限を、政府がシステムとして構築する責務」によって成り立つものである（Berrick et al., 近刊）。児童保護の手段としての養子縁組、つまり本書で「公的ケアからの養子縁組（adoption from care）」と呼ぶものは、公的な養育か国による後見を受けている子どもが、親の監護権の部分的な停止もしくは完全な取り消しの結果、生みの親の同意の有無にかかわらず、養親候補者のもとに措置されること／里親と法的に養子縁組されることを意味する。

　倫理的にも法的にも、公的ケアからの養子縁組は、子どもと生みの親の家族関係の再構築が不可能と考えられる場合に限って行われるべきである。子どもの権利条約第21条は、いかなる種類の養子縁組においても、子どもの最善の利益について最大の考慮を払う、と明記し、こうした配慮を生みの親と養親候補者の利益よりも優先する。親権を終了させて親の同意なく、子どもを養子縁組する措置は、ヨーロッパではすべての国で法的に可能となっている（Fenton-Glynn, 2015）。とはいえ、実際の取り組みの状況は多様である。養子縁組も児童保護のためのあらゆる介入手段と同様に、対象の子どもの最善の利益を何よりも重視したうえで、合理的基準を満たし、批判的省察を経た適切なプロセスと方針決定手続きに則っている場合に限って、行われるべき措置である（Burns et al., 2019）。

　そもそも養子縁組というものは、一般に浸透した標準規範とはいえ観念的に抵抗がある点にも留意しなければならず、この点についてはクルチナが執筆

する章（本書の6章、12章）で取り上げる。抵抗を感じる理由の1つとして、歴史上、不道徳とみなされる個人にする懲罰や更生のために政府が養子縁組を利用してきた経緯がある。具体的には1960年代以前の英国におけるシングルマザーの扱い、および1970年代、80年代の軍政下のチリや、フランコ政権時代のスペインの圧政下で起きた、新生児の誘拐があげられる。国を超えた国際養子縁組については、貧しい国の子どもを豊かな国に連れて行くという、地域差による力の不均衡が顕著であり、養子縁組は、愛情にもとづく行為であると同時に、（構造的な）暴力行為ともいえる（Briggs and Marre, 2009）。

　今日まで、養子縁組について、全般的な概論はあるものの、国際的な児童保護の見地から取り上げた文献はなく、本書はそうした論点を各章の着眼点とする。通底するトピックとして人権およびアタッチメントを取り上げるとともに、国ごとに公的ケアからの養子縁組の指針となる法律と政策の規範を詳しく分析し、また、子どもの権利と、養育者の権利について、生みの親も含めて論じる。本書は、公的ケアからの養子縁組という、あまり注目を浴びていない「些細」にみえる問題を通じて、特筆すべき興味深い論点を投げかけていく。今日の社会で子どもの権利がどのように行使されているのか、親の権利よりも尊重されているのか、そして、政府や法律家、福祉の専門家は親と子の権利のあいだでいかにバランスを取るのか、特に、親もとで育つことが困難と判断された子どもなど、福祉サービスを必要とするすべての者を育む責務をどう果たすのか、といった問題を提示したい。

養子縁組全般における公的ケアからの養子縁組

　本書は主に、児童保護システムや養育放棄によって、子どもが公的な養育（public care）を受ける状況、および公的な養育のもとで養子縁組のプロセスが開始される状況に着目する。このような場合は、養親と養子となる者の居住国が同一という意味で「国内養子縁組」であり、たとえば継親によって縁組される連れ子養子も、同様である。国内養子縁組と異なり、国際養子縁組の場合は、他の国出身の子どもと養子縁組する。国際養子縁組の場合も、その手続き

開始時に子どもが公的な養育を受けている可能性はあるが、本書の焦点はもっぱら、国内における公的ケアからの養子縁組である。

とはいえ、世界的な動向としては、国内養子縁組も国際養子縁組も減少している。この傾向は、図1.1が示すとおり、2004〜14年に欧州連合（EU）で養子縁組した子どもの数のグラフと、国内養子縁組と国際養子縁組の比率を表した円グラフにみることができる（European Parliamentary Research Service, 2016）。全体としては、種別を問わず国内の養子縁組数のほうが、国際養子縁組を上回っており、いずれの養子縁組も減少傾向にある。図1.1の国内養子縁組のうち、公的ケアからの養子縁組がどのくらいの割合なのか、個別のカテゴリーとして示されてはいない。これは、本書の各章で述べるとおり、公的ケアからの養子縁組を、他と区別した独立のカテゴリーとみなしていない国が多いからである。公的ケアからの養子縁組の動向を、各国の章で取り上げたうえで、最後に結びの章で振り返る。

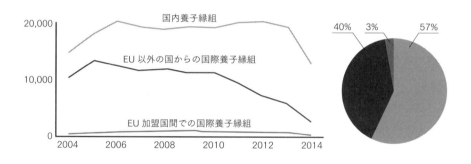

図1.1　EUにおける国内養子縁組と国際養子縁組　2004〜14年

養子縁組の減少理由は多々あり、望まない妊娠が（避妊や妊娠中絶を行いやすくなったために）減っていることや、生みの親を支える社会的な方策の拡充、および子どもを養子として国外に送り出すことの妥当性に関する政策変更があげられる（Selman, 2009; Palacios et al., 2019）。また、不妊に対処する生殖技術の発達により、養親となる者を確保する状況も変化している。推計によると、2013年には、代理母により生まれた子どもの数のほうが、国際養子縁組で子どもを

もった件数よりも多い（Palacios et al., 2019）。

　また、養子縁組が減少に転じている背景には、公的ケアからの養子縁組の分野における、各国政府の子どもの最善の利益に対する認識と解釈がある。子どもの権利条約第 20 条では、親と離れて暮らす、または親と暮らすことが困難な子どもの公的な監護について述べられている。

1. 一時的もしくは恒久的にその家庭環境を奪われた児童又は児童自身の最善の利益にかんがみてその家庭環境にとどまることが認められない児童は、国による特別の保護および援助を受ける権利を有する。
2. 締約国は、自国の国内法に従い、1 の児童のための代替養育を確保する。
3. 2 の養育には、特に、里親委託、イスラム法のカファーラ、養子縁組又は必要な場合には児童の監護のための適当な施設への措置を含むことができる。解決策の検討にあたっては、児童の養育において継続性が望ましいこと、ならびに児童の民族的、宗教的、文化的および言語的な背景について、十分な考慮を払うものとする。

　代替養育のありかたについては、国連総会で公的ケアを受ける子どものために家庭環境をつくる重要性を反映させた決議が採択されている。一般原則として、施設養育よりも、家庭を基盤とした環境での養育を優先し、特に 3 歳未満の子どもは家庭を基盤とした環境を提供されなければならない（国連子どもの代替養育に関するガイドライン第 22 条、UN General Assembly, 2010; 2019: #22）。家庭を基盤とした養育のありかたは、次節で述べるように多様である。養子縁組は「家族の創造」に他ならず、したがって、生みの親と離れて暮らす子どもが家庭環境で成長できるように支える、という強い決意が大切である。

　少なくとも、日本、デンマーク、ノルウェー、スウェーデンの 4 カ国は、公的ケアからの養子縁組の活用を増やす方向へ方針変更しているようだ（Helland and Skivenes, 2019; Tefre, 2020）。児童保護の分野のさまざまな研究者が政策立案者に、公的ケアからの養子縁組の活用を提案している（Vinnerljung and Hjern, 2011; Christoffersen, 2012; Palacios et al., 2019）。スウェーデンの Hjern と共同研究者（2019: 72）は、実施した調査のエビデンスにもとづき、こう結論づける。「調査

研究によれば、里親が養子縁組を望む場合に、その希望がソーシャルワーカーによって妨げられるべき正当な理由は一切ない。長期的にみて、ワーカーが子どもの発達を懸念して養子縁組に消極的な態度を取る根拠は見当たらない」。またHjernらは、スウェーデンの児童保護政策について、長期の里親養育から養子縁組への移行を推奨している。一方で、20年以上にわたり養子縁組という手段で子どものためのパーマネンシーを実現してきた英国では、公的ケアからの養子縁組の「過度な利用」に対する批判の声も上がっている（Thoburn and Featherstone, 2019）。児童保護の手段としての養子縁組は、生みの親やその親族との家族再統合が不可能で、公的ケア以外には育てられる見込みのない子どもに限って検討されるべきである。とはいえ、本書が示すように、子どもに対する公的責任と私的責任の境界を国家がどうとらえるのか、また、家庭を支援するための福祉サービスの提供が妥当なタイミングや、家庭への強制的な介入が正当化されるタイミングをどの時点とするかは、幅広い違いがある。

児童保護のための親子分離の決定における公的ケアからの養子縁組

　児童保護を理由として、子どもを親から引き離す必要がある場合、各種の児童福祉システムにおける分離プロセスは、4つのカテゴリーに分類できる。緊急の分離、自発的な承認による分離、不本意な承認による分離、養子縁組による分離の4つである（Burns et al., 2017: 223-6）。緊急の分離は、概して短期的（数時間、数日、数週間）であり、懸念される状況や、さらには危険な状況下の子どもに、当面の安全と養育を提供するために行う。自発的な承認による分離は、親の同意と一定年齢の子どもの同意にもとづくもので、通常は短期的に家族への支援を行い、家庭を本来の状態に戻すことを目的とする。こうした自発的な同意によって子どもの公的ケアが行われる場合、生みの親は、その権利をほとんど制限されないが、日常の意思決定については、ソーシャルワーカー、生みの親、養育者間で共有したうえで、それに従う必要がある。
　さらに踏み込んだ介入（通常、欧米では「ケア命令」と言う）の場合は、親権を制限する。これは、子どもの監護権を一部または全面的に国家がもつようにす

るもので、子どもはより長期にわたり公的機関で養護される。ケア命令の決定を下すのは、裁判所か、それに相当する方針決定機関である。ケア命令は、形式としては一時的な親子分離の決定であり、家族再統合を意図しているはずだ（Burns et al., 2017; Farmer, 2018）。しかし、生みの親との家族再統合を果たせない子どももいるため、そのような子どもたちを対象として、政府は公的ケアからの養子縁組を検討することになる。児童保護の手段としての養子縁組は、生みの親の権利を喪失させ、生涯にわたって子どもに影響が及ぶ取り決めを結ぶものだといえる。

　親子分離が決定されると、子どもは家庭を基盤とした養育（里親養育、キンシップケア、後見人のもとでの養育、養子縁組）、もしくは施設養育に措置されることになる。こうした各種の代替養育の活用法は、国によってかなり違いがあり、「里親養育」や「施設養育」の語が何を実際に示すかは、養育者の募集や開拓、スーパービジョン、家庭の規模や居住ユニットのサイズの点で差異が大きい。この数十年の傾向としては里親養育の比重が大きく、国によっては、里親養育を受ける子どもが90％なのに対し施設養育を受ける子はわずか10％以下という結果になっている（オーストラリアやアイルランドなど）。一方で、里親養育の割合が44〜49％程度にとどまる国もある（イタリアやドイツなど）（del Valle and Bravo, 2013）。

　養子縁組と並んで、親族による後見と長期間の里親養育を、長期の養育の選択肢として位置づけている国もある。一方で、法律の適用にとらわれないかたちで永続的な措置を行うという選択肢を設け、養子縁組に限定せずに、長期養育を重視する国もある。司法制度によっては、法律と法定指針を通じて、子どもにとっての永続性を確保するために優先すべき選択肢はどれか、「序列（ヒエラルキー）」を設けて提示している。米国、および、カナダとオーストラリアのいくつかの州では、公的ケアを終了し親もとへ戻ることが、最上位の選択肢である。それが無理なら、公的ケア終了後の永続性につながる選択肢とみなされるのは、養子縁組か、後見による養育への移行だけである。米国ではその他の道筋は「離脱（emancipation）」という言葉で記録される。また、イングランドでは、公的ケアを終了し親もとへ戻るか、親族への措置が法的に保障されることが好ましい選択肢である。それに次いで好ましいのは、長期の里親養育

（親族里親、もしくは血縁のない里親）、養子縁組、（年長の子どものための）グループケアであり、子どものニーズに適している場合は永続性のための選択肢とみなされる。

　養子縁組命令が下されると、子どもは「公的養育」ではなく「私的養育」を受けることになり、養親が子どもを育てる責任のすべてを担うようになる。児童保護の当局が家庭に介入する権利はなくなり、改めて児童を保護すべき懸念が生じない限り、養子縁組した家庭が責任を担う。司法制度によっては、児童福祉局や養子縁組機関が、家庭からの支援の求めに対応する義務を負うとともに、一般に法的拘束力はないが、生みの家族とつながりを継続するための取り決めや裁判所命令に関する責務も担っている。

　児童保護の選択肢の1つとして養子縁組を活用するにあたり、いくつか複雑な問題がある。たとえば、方針決定の法的手続き、親の同意のない養子縁組、支援サービス、情報共有、養子縁組後の生みの親とのコンタクト、といった問題があげられる（Skivenes, 2010; Palacios et al., 2019）。生みの親と養親候補者、それぞれへの対応や、養子縁組を希望する動機や養育能力を評価する方法、政府による支援の提供方法は、各国政府によって異なり、それによる養子縁組後の子どもの権利への間接的な影響はさまざまである。子どもが、すでに長期の里親養育を受けている家庭の養子となる場合は、これまで「代理の養育者」だった里親が、養親に切り替わる。この転換により、法的にも経済的にも、情緒面や存在意義に関わる面、社会的文化的な面でも、養子となる子どもと、養親候補者、生みの親の、それぞれの人生と社会的地位に諸々の変化が生じる。こうした変移が、児童保護の施策と実践においていかに考慮されるかは、子どもと大人の双方にとって極めて重要であり、さらに養子縁組家庭の他の子どもの人生にも、変化による短期的、長期的な影響が及ぶ。

　里親から養親に切り替わるといっても、生みの親の親権がすでに制限され、子どもの最善の利益のために親子の分離が長期間行われてきた場合、養子縁組に向けて段階を踏むには、どのようにしたらよいのだろうか。なかでも問題になるのは、子どもに加え、生みの家庭のきょうだいや親族の大人の人権および基本的な権利に関わる決定を、どのように下すのかという点である。近年の試みとして、ヨーロッパの8カ国で、国の法令、組織の指針（裁判所と児童保

護機関や監督機関の方針)、統計データ、専門家からの情報について調査を行っており、その内容を本書に反映させている。この調査を通じて、各国が、公的ケアからの養子縁組の根拠を示す説明責任(アカウンタビリティ)を十分に果たしていないという深刻な懸念が浮かび上がった(Burns et al., 2019)。この調査は、法的手続きに関する情報と透明性が、養子縁組の当事者にも一般国民にとっても不十分だと指摘し、調査対象の各国において、民主主義社会全体と養子縁組関連の法制度のあいだに連続性を見出せていないと締めくくった。こうした諸々の不備ばかりではなく、調査を実施しても、その後の分析や背景についての研究は、行われていないか、限られたものしかない。方針決定手続きの正当性、子どもと親の関与のありかた、決定を導く専門的知見の特質、養子縁組の決定前、手続き中、決定後に提供されるサービスの質は、関係者にとって重要度が高いにもかかわらず、それに関する研究が不十分なのである。

長期の養育か、公的ケアからの養子縁組かという選択

　本書の以降の章に示すとおり、各国は、子どもの権利条約の基本原則に従っているが、子どもの措置に関する法律と実践における養子縁組の位置づけについては、さまざまな立場を取る。子どもから大人への心理的発達について理解が広がり、不適切な養育を経験してトラウマと喪失感を抱える子どもを生みの親が育てられない場合、安定した家庭環境が与えられるべきだという、国を超えた共通認識が生まれている。できれば子どもは親族のもとで育てられるのが望ましいが、そうでないなら、安定した献身的な代替家庭で成長すべきである。政府にとっての重要事項は、公的ケアを受ける子どもをどのように養育するかという課題への対応である。年齢も幅広くニーズも多様で、さまざまな家族関係と喪失体験・トラウマ体験を経てきた子どもたちにとって、最善の利益となる選択肢は何なのだろうか。これは児童保護システムの規模の拡充がはかられ、公的ケアを受ける子どもの数が、多くの国で減少するどころか増えているなか、喫緊の問題となっている(Gilbert et al., 2011; Berrick et al., 近刊)。いずれにしても、調査研究が概要を伝えているとおり、全般として、福祉国家であっ

ても子どもの権利を十分に保護していないようである[2]。この知見は、児童保護システムの性質についても、子どもと家族向けのサービス事業や支援の質についても、疑問を生じさせる。

　長期の公的ケアを必要とする子どものための各種選択肢のなかで、子どもにとっての「永続性（permanence）」を保障し、家族の成員としての帰属を確保する最善の方法は養子縁組だという、一般的な合意がある。養子縁組は、法的な永続性（大人と子どもの生涯にわたる法的関係）、居住の永続性（特定の家庭での継続的な養育）、関係の永続性（親と子が互いを家族としてみる関係）を兼ね備えているからである（Palacios et al., 2019）。この永続性の3つの要素をあわせもつことが、長期の里親養育との違いである。たとえば、Triseliotis（2002）は広範に調査研究の検証を行い、長期の養育と養子縁組の主な違いとして、情緒的安定、帰属意識、全般的なウェルビーイングのレベルが、里親養育を受ける子よりも養子縁組となった子のほうが高いと結論づけた。これは十分に立証されており、さらなる根拠を示すさまざまな実証的な調査によって、養子縁組は子どもの発達の予後、措置の安定性、情緒的安定、成人期への移行の面で優れており、長期の公的ケアが必要な子どもにとって優れた選択肢だと裏づけるエビデンスが明らかになっている（メタ分析については Christoffersen et al., 2007, 2008; 登録されたデータにもとづく包括的な調査については Vinnerljung and Hjern, 2011; Hjern et al., 2019; こうした文献に関する概説は Tregeagle et al., 2019）。

　本書の以降の章を読むと、掲載した各国が、公的ケアからの養子縁組を現状のように活用するに至った経緯がわかるだろう。各章では、調査研究によって示され、その国で用いられているエビデンスが提示されている。だが実情としては、ほとんどの場合、各国の司法の域内における子どものための各種選択肢について、そのバランスの現状を示すエビデンスは限られている。知識基盤が進んでいる国もあれば、そうでない国もある。本書においては、養子縁組と児童福祉に関する、歴史的、社会的、文化的要素が国ごとに異なるため、公的ケアからの養子縁組に関する特定の国のアプローチのありかたが他の国よりも適切だと結論づけることはできない。

本書の目的

　本書では、国によって異なる政策と実践における公的ケアからの養子縁組を検討する。周知のとおり、本書で取り上げるいずれの国も、公的に養育を受ける子どもの養子縁組を行っている。しかし、養子縁組前、養子縁組、養子縁組後に下される決定については、法律や実務の面でも、責任を担う組織についても、国ごとに異なり、生みの親の同意のない養子縁組という選択肢に対しても、各国の考え方にはばらつきがある。たとえば、英国やノルウェーは、公的ケアからの養子縁組を児童保護の法律内に位置づけるのに対し、フィンランドでは、養子縁組は、児童保護のための親子分離とは別個のもので、法律上も組織上も、決定手続きについても区別される。公的ケアからの養子縁組を考察するにあたり、永続的な関係性と長期の養育が必要な子どものための、他の選択肢にも目を向けつつ、各国が現状の措置政策と法的取り決めに至った経緯を検討する。

　本書は、親の権利か子どもの権利か、という二項対立を超えた見地を示すため、責任および成果という概念について考える。基本的な問いは以下のようなものである。養子縁組は子どもの最善の利益をはかるためのサービスなのか、それとも、子どもを適切に養育できない親のため、もしくは養子縁組で家族をつくりたい、または拡大したいと願う大人や子どものためのものなのか。あるいは、養子縁組は、不適切な養育を受けた子の養育を担う国の責任を、「子ども時代を通じて」より安価な手段を使って果たそうする、国家のためのサービスなのか。「責任」という視点に着目すると、各国の差異について、よりきめ細かい分析につながる。焦点となるのは、子どもに対する、生みの親、里親、施設のケアワーカー、そして養親の責任である。加えて、子どもを危険な状況や致死的な状況から引き離すといった国家の責任の明確化にも重点を置き、0〜19歳かそれを超える年齢の子どものニーズを24時間年中無休で満たすことのできない、脆弱な大人に対しての国の責任についても検討する。子どもの法的なアイデンティティを変えることによるまったく新しい家族をつくることと、時代ごとに多様な各種手段を用いて「親責任の共有」をすることのあいだで、「中庸」といえる方法はどのあたりなのだろうか（どのような環境が、子ども

／家族にとって、ほどよいのか）。

　本書に掲載した各国において、公的ケアからの養子縁組の活用法はさまざまである。一方には英国と米国における積極的な活用があり、他方欧州大陸ではスペインとエストニアが他国よりも養子縁組を用いる傾向があるものの、フィンランドはあまり活用していない。さらには、法的手続きにも幅がある（養子縁組のプロセスと、公的ケアの提供のプロセスが、どの程度統合されているのか。たとえば英国のような完全な一体化か、それともまったく別の法的システムに分けているのか、といった相違がある）。その他にも、養親として特別にリクルートして早期に措置するのか、それとは対照的に、子どもが里親とすでに落ち着いて暮らしている場合に限って行うのか、という違いがある。

　本書は、福祉国家であれば、一致した児童保護システムをもつという前提には立たず、それは、本書に取り上げた各国司法における児童保護システムの多様性にみるとおりである（Gilbert et al., 2011）。イングランド、エストニア、アイルランド、米国の4カ国は、不適切な養育によるリスクからの子どもの保護を何よりも重視する、リスク志向の児童保護システムを有している[3]。こうした国のシステムでは、家族サービス提供の閾値が高く、ケア命令など強制的な介入のかたちが取られる。オーストリア、フィンランド、ドイツ、ノルウェー、スペインの5カ国は、ニーズを抱えた子どもを守るために家族支援を行うタイプで、家族サービス志向のシステムである。これらの国のシステムでは、家族へのサービス提供が手厚く、家族と子どものウェルビーイングを重視するため、家族を支える介入が比較的容易に行われる。この5カ国は、家族サービス志向の児童保護システム、という基本的な考え方は似ているが、2つの分派に大別できる。オーストリア、ドイツ、スペインのような家族ベースの分派と、フィンランド、ノルウェーのような子どもベースの分派である。Gilbert et al.（2011）の指摘のように、こうした類型は、児童保護の既定のシステムを分類したというより、その方向性と傾向を示すものである。それでも、こうしたサービス提供と介入アプローチをめぐる大枠の類別は、本書に掲載した各国の司法における、公的ケアからの養子縁組の活用の違いを理解する助けになる。国による活用のありかたの違いについては、最終章で再度振り返る。

　各章の執筆者は、それぞれの国の児童福祉分野で豊富な経験があり、児童保

護に関する各種の国際的な調査に貢献してきた実績がある。本書は3部構成とする。第Ⅰ部では、リスク志向の児童保護システムにおいて、公的ケアからの養子縁組を行う国の実践を分析する。第Ⅱ部は、家族サービス志向の児童保護システムにおいて、公的ケアからの養子縁組を実践する国の分析である。第Ⅰ部、第Ⅱ部とも、各国の寄稿者に以下の項目を網羅するよう依頼した。

・法律、国の指針、知識基盤における公的ケアからの養子縁組
・他の種類の養子縁組
・公的ケアからの養子縁組の実施に関する、社会的、歴史的、文化的背景
・養子縁組の方針決定手続き
・公的ケアから養子縁組された子ども、および、長期の養育を受けている子どもについて(その概要と人数)
・公的ケアからの養子縁組について、現行の政策と実践の要点
・公的ケアからの養子縁組の将来的な見通し

　第Ⅲ部は、公的ケアからの養子縁組に関連して、複雑さを増している具体的な重要課題を取り上げる。国際社会における人権、養子縁組決定時のアタッチメントに関する認識、養子縁組の家族・親族ネットワーク、家族を築くことといった課題である。養子縁組につきものの、生まれと育ちのどちらが大切なのか、という問題は、(Howe, 2009 の指摘のとおり、アイデンティティと社会的絆をいかにとらえるかという)議論の多いトピックスである。それとともに、より広範な人権の文脈における子どもの権利保障をめぐる論点にもつながる。最終章では、得られた知見を総括し、各国のさまざまな社会的文脈における公的ケアからの養子縁組の役割を論じる。

謝辞

　本研究は、Research Council of Norway の助成を、独立プロジェクト――人文社会学プログラム(Independent Projects – Humanities and Social Science program)において受けている(助成番号 no. 262773)。また、European Union's Horizon 2020 の研究開発プログラムのもと、European Research Council の助成も受け

ている（助成承認番号 No 724460）。

　免責事項：本章は筆者個人の見解によるものであり、助成機関は、本稿に含まれる情報のいかなる利用についても責任を負わないものとする。

注

1　米国は、子どもの権利条約を正式に批准してはいない。
2　公的に養育を受ける子の成長に関する現状の知見と調査研究を、近年の2点の論考（Gypen et al., 2017; Kääriälä and Hiilamo, 2017）が体系的に検証し、子どもの家庭外養育について、その成果は見通しがもてず希望を見出せていないと示した。
3　イングランドは、本文中の2種類のアプローチの中間に位置しており、家族サービス志向の法規定を備えているものの、実際にはリスク志向の枠組みにおいて運用されている。

参考文献

Berrick, J., Gilbert, N. and Skivenes, M. (eds) (近刊) *International Handbook of Child Protection Services*, New York: Oxford University Press.

Breen, C., Krutzinna, J., Luhamaa, K. and Skivenes, M. (2020) 'Family life for children in state care. An analysis of the European Court of Human Rights' reasoning on adoption without consent', *International Journal of Human Rights*, 28: 715– 47. Available at: https://brill.com/view/ journals/chil/aop/article-10.1163-15718182-28040001/article-10.1163-15718182-28040001.xml?body=pdf-35540（2020年12月9日閲覧）.

Briggs, L. and Marre, D. (2009) 'Introduction. The circulation of children', in D. Marre and L. Briggs (eds) *International Adoption. Global Inequalities and the Circulation of Children*, New York: New York University Press, pp 1–28.

Burns, K., Pösö, T. and Skivenes, M. (eds) (2017) *Child Welfare Removals by the State. A Cross- Country Analysis of Decision- Making Systems*, New York: Oxford University Press.

Burns, K., Kriz, K., Krutzinna, J., Luhamaa, K., Meysen, T., Pösö, T., Sagrario, S., Skivenes, M. and Thoburn, J. (2019) 'The hidden proceedings – an analysis of accountability of child protection adoption proceedings in eight European jurisdictions', *European Journal of Comparative Law and Governance*, 6(4): 339–71.

Christoffersen, M. N. (2012) 'A study of adopted children, their environment, and development: a systematic review', *Adoption Quarterly*, 15(3): 220– 37.

Christoffersen, M. N., Soothill, K. and Francis, B. (2007) 'Violent life events and social disadvantage: a systematic study on the social background of various kinds of lethal violence, other violence crime, suicide, and suicide attempts', *Journal of Scandinavian Studies in Criminology and Crime Prevention*, 8(2): 157–84.

Christoffersen, M. N., Hammen, I., Raft Andersen, K. and Jeldtoft, N. (2008) 'Adoption som indsats: en systematisk gennemgang af udenlandske erfaringer' ['Adoption as an effort: A systematic review of foreign experiences'], SFI - Det Nationale Forskningscenter for Velfærd. SFI- Rapport Nr. 07: 32.

Del Valle, J. and Bravo, A. (2013) 'Current trends, figures and challenges in out of home care: an international comparative analysis', *Psychosocial Intervention*, 22: 251-7.

European Parliamentary Research Service (2016) 'Br iefing. Adoption of children in the European Union'. Available at: www.europarl.europa.eu/RegData/etudes/BRIE/2016/583860/EPRS_BRI(2016)583860_EN.pdf (2020年6月24日閲覧).

Farmer, E. (2018) 'Reunification from out- of- home care. A research overview of good practice in returning children home from care', University of Bristol. Available at: https://research- information.bris.ac.uk/ws/portalfiles/portal/189519934/Reunification_from_Out_of_Home_Care_A_Research_Overview_of_Good_Practice.pdf (2020年5月6日閲覧).

Fenton-Glynn, C. (2015) 'Adoption without consent. Directorate General for Internal Policies', Policy Department, Citizens' Rights and Constitutional Affairs, European Parliament. Available at: www.europarl.europa.eu/RegData/etudes/STUD/2015/519236/IPOL_STU(2015)519236_EN.pdf (2020年6月20日閲覧).

Gilbert, N. (2011) 'A comparative study of child welfare systems: abstract orientations and concrete results', *Children and Youth Services Review*, 34(3): 532-6.

Gilbert, N., Parton, N. and Skivenes, M. (eds) (2011) *Child Protection Systems: International Trends and Orientations*, New York: Oxford University Press.

Gypen, L., Vanderfaeille, J., de Maeyer, S., Belenger, L. and van Holen, F. (2017) 'Outcomes of children who grew up in foster care: systematic review', *Children and Youth Services Review*, 76(C): 74-83.

Helland, H. and Skivenes, M. (2019) 'Adopsjon til barnets beste' ['Adoption in the best interest of the child'], *Tidsskriftet Fosterhjemskontakt*, 2: 2-7.

Hjern, A., Vinnerljung, B. and Brännström, L. (2019) 'Outcomes in adulthood of adoption after long- term foster care: a sibling study', *Developmental Child Welfare*, 1(1): 61-75.

Howe, D. (2009) 'Nature, nurture and narratives', in M. Wrobel and E. Neil (eds) *International Advances in Adoption Research for Practice*, Chichester: Wiley- Blackwell, pp 1-16.

Kääriälä, A. and Hiilamo, H. (2017) 'Children in out- of- home care as young adults: a systematic review of outcomes in the Nordic countries', *Children and Youth Services Review*, 79: 107-14.

Palacios, J., Brodzinsky, D., Grotevant, H., Johnson, D., Juffer, F., Marninez- Mora, L. Muhamedrahimov, R., Selwyn, J., Simmons, J. and Tarren- Sweeney, M. (2019) 'Adoption in the service of child protection. An international interdisciplinary perspective', *Psychology, Public Policy, and Law*, 25(2): 57-72.

Selman, P. (2009) 'From Bucharest to Beijing: changes in countries sending children for international adoption 1990 to 2006', in G. Wrobel and E. Neil (eds) *International Advances in Adoption Research for Practice*, Chichester: Wiley- Blackwell, pp 41-70.

Skivenes, M. (2010) 'Judging the child's best interests: rational reasoning or subjective presumptions?', *Acta Sociologica*, 53(4): 339-53.

Skivenes, M., Barn, R., Kriz, K. and Pösö, T. (eds) (2015) *Child Welfare Systems and Migrant Children – A Cross-Country Study of Policies and Practice*, New York: Oxford University Press.

Tefre, Ø. (2020) 'The child's best interest and the politics of adoptions from care in Norway', *The International Journal of Children's Rights*, 28(2): 288-321.

Thoburn, J. and Featherstone, B. (2019) 'Adoption, child rescue, maltreatment and poverty', in S. Webb (ed) *The Routledge Handbook of Critical Social Work*, London: Routledge, pp 401-11.

Tregeagle, S., Moggach, L., Trivedi, H. and Ward, H. (2019) 'Previous life experiences and the vulnerability of children adopted from outof-home care: the impact of adverse childhood experiences and child welfare decision- making', *Children and Youth Services Review*, 96(1): 55-63.

Triseliotis, J. (2002) 'Long- term foster care or adoption? The evidence examined', *Child and Family Social Work*, 7: 23–33.

UN General Assembly (2010) 'Guidelines for the alternative care of children', resolution adopted by the General Assembly 64/ 142. Available at: https://digitallibrary.un.org/record/673583 (2020 年 12 月 9 日閲覧).

UN General Assembly (2019) 'Promotion and protection of the rights of children: follow- up on the outcome of the special session on children', report of the 3rd Committee: General Assembly, 74th Session. Available at: www.un.org/en/ga/62/plenary/children/bkg.shtml (2019 年 6 月 23 日閲覧).

Vinnerljung, B. and Hjern, A. (2011) 'Cognitive, educational and self- support outcomes of long- term foster care versus adoption. A Swedish national cohort study', *Children and Youth Services Review*, 33(10): 1902–10.

第 I 部

リスク志向の児童保護システムにおける公的ケアからの養子縁組

2 英国における公的ケアからの養子縁組
―― 経験から学ぶ

ジュン・ソバーン

はじめに

　1980年代まで、イングランド[1]における養子縁組の大半は乳幼児を対象としており、生みの親が養子縁組を求めるか、継親が連れ子を養子にするかたちで行われていた。1927年養子縁組法（Adoption Act 1927）の制定後ほどなく、縁組の件数は徐々に増え、1960年代にピークに達した。養子縁組は、形式的には、生みの親（通常は母親）からの要望にもとづく措置といえる。しかし、現実には、（ほぼ産後間もなく）乳児を、（主に）子どものいないカップルと養子縁組するよう「手放した」親は、非嫡出子であるというスティグマや、子どもを養育できる住環境や収入がないためにそうしていた。1950年代以降、福祉の法規定の改善と、抱えるスティグマの低減、避妊の利用により、養子縁組数は減少に転じた。

　生まれた家庭外での養育が必要とされる子どものために、1963年若者及び子ども法（Children and Young Persons Act 1963）の制定以来、とりわけ重視されてきた点がある（さらに、1989年児童法（Children Act 1989）の第17項によって補強された点でもある）。それは、生みの親を支援して、子どもに家庭外養育が必要となる事態を避けること、そして、なるべく迅速に公的ケアを終了して家族再統合を目指すことだった。子どもが家庭に戻れる見込みがないならば、裁判所命令によって、もしくは自治体が親権を肩代わりする場合に限って親権の制限が

可能となる。少数の公的ケアからの養子縁組は行われたが、幼児期を過ぎた子ども、障害のある子ども、民族マイノリティの家系に生まれた子どもについては、概して進捗しなかった。端的にいえば、1970年代半ばまでイングランドの状況は、今日、ヨーロッパのほとんどの国の司法において見受けられる養子縁組のありかたと、とても近い状況であった。

やがて、行政上の決定として生みの親の同意なく行える養子縁組に関しては、親の法的な権利に対する認識の欠如が、専門職の懸念として示されるようになった。また、1970年代初期には、慣れ親しんできた「愛情ある里親」から「引き離される」子どもをメディアが報道しはじめた。さらに同時期に、政治家も一般市民も憤りを覚えた、ある子どもをめぐる事件があった。親族里親のもとから生みの母と継父の家に戻ったマリア・コルウェルが、継父に殺害されたのだ（DHSS, 1974; Butler and Drakeford, 2011）。これが、1975年児童法（Children Act 1975）の制定につながり、裁判所命令さえあれば親権を奪うことができると定められた。この児童法は子どもの利益にならないなら家族再統合を阻止できるよう自治体の権限も強化するとともに、里親が2年間ともに暮らしてきた子どもを養子とする権利を強めた。

1975年の法律制定に寄与したもう1つの要素は、調査にもとづいた本として反響を呼んだ Jane Rowe and Lydia Lambert の『*Children Who Wait*（家族を待つ子どもたち）』(1974) であった。この書物が示したのは、子どもが短期的の公的ケアを受けた後に親もとへ戻るという施策にもかかわらず、実際には公的ケアが継続される例が相当数あり、予定外の措置変更により度重なる環境変化にさらされる子どもが多いということだった。同じ頃、米国から、いわゆる「措置が困難」な子どもが公的ケアから養子縁組された成功例が伝えられ、政策立案者や児童福祉の専門職の関心を集めた。当時の専門職間の議論で、公的ケアを受けている子どもをそれまで面識のない養親に措置することが奨励されるようになった。専門家による自主的な支援機関が、米国のモデルをもとに、公的ケアを受けている「措置が困難」な子どもを養子とする家族を募って研修を行い、養子縁組した家庭を支援した。年齢がまだ低いにもかかわらず、それまで「養子縁組は不可能」とみなされていた子ども、特に、黒人や障害のある子ども、そして児童ホームで暮らす年長の子どもを、家庭に託したのである

(Fratter et al., 1991)。

　こうした支援機関は、子どもが「安定性」と「永続性」を得る権利を強調した。主に養親のもとに措置を行ったが、一方で、特に生みの親とつながりが強い場合は、特別にリクルートした「永続的」な里親の家庭に措置することもあった。養子縁組後の生みの家族とのコンタクトを保つことも、それが適切である場合には推奨された。自治体によっては、専門家による独自の養子縁組事業を立ち上げ、子どもが6カ月にわたって公的ケアを受けているなら（なるべく養子縁組の実現に向けた）パーマネンシープラン（permanence plan）を策定する、という期限（タイムリミット）を設定した。

　こうした「親の権利」と「子どもの権利」のバランスをめぐる法律上の変遷は、里親／養親の権利重視の方向性と同様に、問題なく進展したわけではなかった。先述のマリア・コルウェルの死後、類似の懸念への対応策として政府委員会が組織された（Short, 1984）。委員会は、子どもにとっての安定性を重視する方向性におおむね従いながらも、親の同意のない養子縁組の動向については、注意を喚起していた。その報告書は「永続性と養子縁組は、同義語とみなすべきではない」（Short, 1984: 75-8）とまとめている。これを受けて、親、子ども、養育者の権利のバランスを再検討する流れが進み、1989年児童法（Children Act 1989）につながった。この法律は、子どもが適切な保護を受ける権利を強化しただけでなく、生みの親が、自分の子どもを養育できるように支援サービスを受給する権利も推進した。

　1990年代後期以降、基本施策と実践の指針が変更され、公的ケアを終了して養子縁組する数が増加した。これは、自治体と養子縁組機関への資金供給が増えて、養親候補者を集めやすくなったためである。こうした施策と資金面の変化（Cabinet Office, 2000）によって、2014年には公的ケアからの養子縁組が5,050件とピークに達した（0～17歳の子ども10万人当たり約40人に相当する）。その後、今度は司法の側から、控訴審の判決のかたちで注意喚起がなされた。（控訴院の家事部の裁判長、Sir James Munbyが、判例集のRe B-S [2013] EWCA Civ1146に収録された判決で示した点として）親の同意なしで公的ケアから養子縁組することは、「それ以外に方法がない場合」に限って認められる、という規定を、再確認したのである。また当時は、（2002年に導入された「特別後見命令」の利用によっ

て）公的ケアを受ける子どもを親族のもとに措置する数も増加傾向にあった。

　やがて、公的ケアを終了して養子縁組に至る数は、2013／14年の5,050件から、2017／18年の3,820件（表2.1および2.2）へと減少に転じたが、0〜17歳の子ども10万人当たり32人に相当し、他のヨーロッパ諸国よりかなり高い。しかし、このイングランドでの減少とは対照的に、米国では公的ケアからの養子縁組数は増えている（Burns et al., 2019; およびベリックによる本書5章参照）。

　年長の子どもの養子縁組については、その拡充に努めてきたにもかかわらず、1990年中頃以降、公的ケアから養子縁組に措置された子どもの大多数は、措置時点で生後24カ月未満の乳幼児であり、きょうだいのない白人英国人が多いことがデータで示されている。長期の里親養育を受ける子どものために、安定性を確保する取り組みも行われてきた。法の改正や法定指針がいくらか改定されたが、やはり、生みの家族がコミュニティ内で子どもを育てていく権利と、必要時に限った介入策としての児童保護のあいだで、適切なバランスをいかに取るかが、引きつづき注目されている。そうしたなかで、公的ケアからの養子縁組は、児童保護事業の一環として、規模は小さくても重要な役割を果たす位置づけにある。

法律と指針

　原則として、子どもが公的ケアを受ける措置は、自発的な合意（便宜的な「配慮」にもとづく承諾）もしくは、裁判所命令（「公的ケアを受ける」という決定）によって開始される。この原則は、イングランドとウェールズの1989年児童法（Children Act 1989）とそれに付随する指針によって規定された（法律上の用語では、公的ケアを受けている子どもはすべて「社会的養護児童（looked after）」と呼ぶ）。1989年児童法の1991年の施行以来、治安判事（訳注：法律家でない判事として、家事の審理を担う）と州裁判所がより密に連携して、家事専門の裁判官が審理を扱うようになってはいたが、後に2013年刑事・裁判所法（Crime and Courts Act 2013）が制定されるまでは、家庭裁判所で審理を行うことが正式に指定されていたわけではない。

この児童法の中核は、第1条が示す原則、および、確認事項として示されたリストであり、子どもの公的ケアに関して裁判所が下すいかなる命令においてもこれらを考慮しなければならない。確認事項のリストは以下のとおりである。

・子どもの福祉が最優先されなければならない。
・不必要な遅延は、避けるべきである。
・裁判所と自治体は、子どもの望みと気持ちを確かめ、適切に考慮しなければならない。
・環境の変化がもたらし得る影響、および、年齢、性別、成育の背景ほか裁判所が関連を認めるあらゆる特性、ならびに、見込まれる弊害もしくは現実的な弊害といった身体面、情緒面、教育面のニーズを考慮する必要がある。
・両親の見解、および、子どものニーズに応じるそれぞれの親の能力を、検討しなければならない。

　裁判所は、当事者が具体的な手続きを進めるために裁判所命令を申請するか否かにかかわらず、当事者に対して適用できる命令の範囲を検討しなければならない。
　上記のように児童法の確認事項リストでは、子どものどのような特性によるニーズを考慮するのか詳しく列挙しているが、実際に養子縁組措置命令を下す検討段階においては、より一般的な「子どもの固有のニーズ」という概念に置き換えて考える。子どもにふさわしい養親探しに、より柔軟性をもたせるためである。
　確認事項のリストは、後に以下の4点も追加されている。

・実の家族の一員ではなくなり、養子縁組家庭の子どもとなることが（生涯にわたり）子どもに及ぼしそうな影響。
・子どもが親族その他の人と育んできた人間関係で、裁判所もしくは支援機関が妥当と認めた関係性。
・子どもの親族かそれに相当する者が、子どもの発達において安定した環境

を提供する、ないしは子どものニーズを満たす、能力および意思。
・子どもの親族かそれに相当するあらゆる人々が、子どもに対して抱く望みと気持ち（Section 1,4,f of the Adoption and Children Act 2002／2002年子どもおよび養子縁組法第1条4項（f））。

養子縁組の方針決定

　子どもの親が（判明していて）いずれも養子縁組を希望し、説明を受けたうえで、立ち会いのもとで同意の署名をするケースは、それほど多くない（推定で年間100件以下）（同意の署名ができるのは、もっとも早い場合でも生後6週間経ってからである）。こうした事例でも、養子縁組措置命令が下される前ならば、親が同意を取り下げると、子どもは7日以内に親もとに戻らなければならないと定められている。

　親の希望によるケース以外では、いずれも、自治体がケア命令を裁判所に申請する。ケア命令は、子どもに重大な害が及ぶか、および得る状況を親が引き起こしているという条件に該当する場合に、裁判所が下すものである。命令を下したほうが「下さないことよりも、子どもにとって好ましい」という条件に確かに該当することが、裁判所で示されねばならない（s 1 Children Act 1989／1989年児童法第1条）。

　親が説明を受けて立ち会いのもとで同意した場合、または、裁判所が親の同意の手続きを省くと判断した場合、自治体は子どもの措置命令を裁判所に申請する。先述した確認事項リストの規定が適用され、それに加えて、親がみつからない、養育能力を備えていない、もしくは「子どもの福祉のために」親の同意を省く「必要がある」、という条件に該当することも、裁判所で確かめられなければならない（同法第52条）。

　子どもへの悪影響が許容範囲を超え、「重大な害」に該当すると判断されたときは、養子縁組への同意は省略（dispending／免除）されることになる。これは、親の特定のふるまいのせいというより、当該の子どもの福祉ニーズのために、先述の確認事項リストに照らして行われる決定である。判例法が示すとお

り、同意を省く「必要がある」という文言は、現実的なあらゆる選択肢を検討して、それぞれ天秤にかけたうえで、やはり「それ以外に方法がない」という意味だといえる。

　ケア命令が下されると、自治体は、生みの親とともに親権を共有するが、親が行う子どもに関する方針決定の範囲を制限ができる。「適切なコンタクト」（両親ほか子どもにとって大切な家族親族との交流、および、きょうだいが離れて暮らしている場合の交流）が必要であるとの考えにより、方針としてきょうだい揃って措置できるよう努力する必要がある。裁判所が下すコンタクト命令については、条項（同法第34条）に規定されている（実際には、コンタクトを制限する時にしかこの条項を使わない）。

　措置命令が下されると、親権の行使は自治体に委ねられる。そして、養親候補者のもとに子どもが措置されたら、自治体と養親候補者が親権を共有する。生みの親が措置命令に対して不服を申し立てる権利は消滅し、状況の大幅な変化により裁判所が認めない限り申立てはできない。養子縁組の最終的な成立に先立って、裁判所が親、親族、きょうだいとのコンタクトの継続を命じることが可能だという規定がある（同法第26条）。しかし、この条項は、コンタクトの継続を望むきょうだいがいたとしても、稀にしか活用されていない（Monk and McVarish, 2018）。なお、ケア命令と措置命令を同時に適用する場合は、それぞれの命令を下す根拠を統合して判断したうえで、決定を示すことになる。

　一定期間が経過しても、子どもが養親候補者のもとに措置されていない場合や、養親候補者が適切な期限までに養子縁組を申請しない場合は、自治体、子ども本人、生みの親は、措置命令の撤回を申請できる。そのような事例では、子どもは親もとに戻るべき、もしくは特別後見命令により親族に託されるべき、という裁判所の判断もあり得るが、実際には引きつづき公的ケアを受ける子どもが多い。

　子どもが養親候補者と10週間以上暮らし、基準を満たしているというソーシャルワークの結果が報告されたら、養親候補者は家庭裁判所に養子縁組命令を申請できる。その結果、「養子となった者は、法律上、養親の子どもとして生まれたのと同様に扱われることになる」（第46条）。生みの親は、希望しなかった場合を除き、必ず養子縁組の審理（hearing）について通知を受ける。生

みの親は、審理に出席して発言する権利があるが、養子縁組への不服申立てができるのは、大きな状況変化により裁判所が許可した場合だけである。子どもは通常、こうした養子縁組の審理の場には参加しないが、個別に「裁判官と面談」して非公式な聴聞（hearing／意見聴取）を受けることになる。

　一連の命令が完結しても、その時点か後日に裁判所が命令すれば（同法51条）、子どもと「以前の」親、親族、きょうだいのコンタクトについての取り決めを、養親に課すことが可能である。コンタクト命令を決定するよう裁判所に申請できるのは、養親か子どもであり、（まず裁判所の許可を得たうえでなら）生みの親や、子どもとつながりのある他の人からの申請も可能だ。実際には、コンタクト命令の申請は一般的ではない。措置命令が下された時点で、養子縁組後の何らかのかたち（通常は支援機関を介した間接的な交流）のコンタクトについて合意することはよくあるが、コンタクト命令の申請は少ない。なお、条項では、里親について、子どもと12カ月にわたって生活していて、生みの親との家族再統合の計画がないならば、その子を養子とすることを奨励している。

　ここまで概観してきたプロセスは、認可された自治体か、自主組織の養子縁組機関（voluntary adoption agency: VAA）によって養子縁組に措置される子どもの場合のみに適用される。私的に取り決めた養子縁組は認められていない。しかし、3年間継続して子どもと生活してきた者は、養子縁組の申請が可能である。そうした申請については、養子縁組機関か自治体のソーシャルワーカーが、アセスメントを行ったうえで報告書を裁判所に提出する必要がある。

養子縁組支援事業と公的ケアからの養子縁組の実践

　2002年子ども及び養子縁組法（Adoption and Children Act 2002）の第3条は、子ども、養親候補者、養子縁組した／する予定がある子どもの生みの親族が、サービスを確実に利用できるようにすることを自治体に義務づけている。養子縁組事業の改善と、公的ケアからの養子縁組件数の増加という目標に向けて、2014年に政府は、養子縁組指導委員会（Adoption Leadership Board）を設置した。「養子縁組制度を主導し、実施状況の改善を促すため」（Coram-BAAF, https://coram-i.org.uk/asglb/ 2020年12月9日閲覧）である。2018年からは、養子縁組および特別後見指導委員会（Adoption and Special Guardianship Leadership Board）

に改められた。

　イングランドでの養子縁組は、ほぼすべて、登録事業者である自主組織の養子縁組機関（VAA）か、自治体を通じて行われる。国の査察当局も含めた大筋の合意として、イングランドの養子縁組の取り組みは概して質が高いといえる。自治体の担当部署も養子縁組機関（VAA）も、公認の経験豊富なソーシャルワーカーがほぼ配置されており、ソーシャルワーカーは資格取得後も専門研修を継続して受けている。こうした実践者が70年以上にわたり活用してきた資料として、英国養子縁組・里親養育協会（British Agencies for Adoption and Fostering：現在の名称はCoram-BAAF）によるトレーニング教材や調査報告、およびこの協会が刊行する専門誌『Adoption and Fostering（養子縁組と里親養育）』がある。また、会員制の全国組織である里親養育ネットワーク（Fostering Network）は、里親と養親向けに助言、刊行物、研究成果を提供している。2016年以降、養子縁組機関（VAA）と自治体の養子縁組部門は、実効性の向上とコスト削減のため一元化が求められ、地域養子縁組協会（Regional Adoption Agencies）というネットワークができた。

子どもおよび養子となった者のための支援サービス

　自治体では、子どもの担当のソーシャルワーカーが主導して、自発的もしくは裁判所命令によって公的ケアを受けることになったすべての子どものために、永続性を確保する「**パーマネンシープラン**（*permanence plan*）」を策定する。その取り組みでは、家族グループミーティングの役割が増しつつある（ミーティングは、ファミリーグループカンファレンスとも呼ばれ、専門家の支援により家族親族が一堂に会し、子どもの保護と公的ケアのニーズへの対応策に関する合意を形成する）。プランの策定は、子どもが生まれる前であっても、公的ケアを受ける可能性が生じた時点で着手するとよい（Dickens et al., 2019）。パーマネンシープランニング（permanence planning）に関する国の指針（DfE, 2015）は、国連の子どもの権利条約、欧州人権条約（Human Rights Convention）、および「必要時に限って（裁判所）命令を下す」原則に従い、第1の選択肢は、生みの親／両親のもとに戻ることであるべきとする。それが不可能なら、他の家族親族や近しい友人への措置を優先し、できれば特別後見命令を活用して、公的ケアを終了

できるとよい。

　特別後見命令の他に、長期の里親養育と養子縁組が、永続性を確保するための選択肢となり、あるいはティーンエイジャーならグループケアを受ける措置もある。諸外国と異なり、イングランドの法定指針においては、長期の里親養育を永続性の確保のための選択肢とみなす。そして、18歳を過ぎた若者が里親家族の一員としてとどまる「措置延長（staying put）」を奨励している。

　裁判所の手続き中かその後に、自治体の上級管理職により、養子縁組が子どもにとって適したプランであるという判断が下される。その時点で、子どもは、里親としての認定も受けている養親候補者のもとに措置されることもあり得る。だが、それよりも一般的なのは、まず短期間の里親養育を受け、裁判所の措置命令が下されたら、養子縁組家庭として特別に選ばれた家族のもとに移るという道筋である。養子縁組専門のワーカーが、子どもの担当のソーシャルワーカーと連携して、子どもが養子縁組について心積もりできるようにする。

　養親候補者とのマッチングが成立したら、子どもの担当ワーカーか養子縁組ワーカーが、子どもの転居の準備と、顔合わせの訪問の手はずを整える。措置の完了後、（通常は）養子縁組専門のソーシャルワーカーが、子どもを訪問してアイデンティティの問題に子どもと一緒に継続的に取り組み、生みの家族とのコンタクトに関する取り決めや、家族の集まりを支援する。養子縁組後に提供されるその他のサービスとして、新たに親となった養親から要請があれば支援を行う。子どもが深刻な困難に見舞われていたら、精神保健に携わるチームか自治体のソーシャルワークチームが関与することになり、場合によっては何らかの公的ケアを（通常は任意で）受けるようになるかもしれない。

　子どもが自らのケース記録（公的ケアを受けていた時期のケース記録も、養子縁組後の各時期の出来事の記録も）にアクセスできるよう、支援するサービスも重要である。また、生みの家族とのつながりが失われているなら、どの年齢の養子にとっても、コンタクトの再構築の支援が必要であろう（Howe and Feast, 2000）。

養親候補者と養子縁組家庭への支援サービス

　自治体の養子縁組部門は、養親を募集し研修を行ったうえで、子どもとマッチングすることもあれば、養親として適切な待機中の候補者がいるか、養子縁

組機関（VAA）に問い合わせることもある。政府出資のシステムにより、養親候補者は、養子縁組を計画している子どもの匿名の情報にアクセスできる。養子縁組を計画してからしばらく経っても、まだ公的ケアを受けている子ども（その多くは、幼児期を過ぎた子、障害のある子、マイノリティの家系の子、きょうだい揃って縁組する必要がある子）のためには、養子縁組機関が「アダプションパーティ」を開催し、養親候補者にとっては「待機中」の子どもたちと非公式なかたちで会える場となる。こうした方法の是非は、専門職のあいだで意見の分かれる問題であり、親と子のための利益団体においても、メディアでも議論となる。養子縁組の直前か直後には、養親と生みの親が顔を合わせる機会を設ける場合もある。紙面の都合で、さらに詳しい養子縁組の実践を記す余地はなく、次節では調査研究から明らかになった点について述べる。また、Coram-BAAFのウェブサイトには実践の詳細が掲載されている[2]。

　2002年子ども及び養子縁組法（The 2002 Act）は、養子縁組後の支援サービスの提供を、自治体に義務づけている。「措置が困難」とされる子どもが養子縁組に措置されると手当が支給される。2015年以降は、養親と養子となった若者が申請すると、セラピーの費用の助成を、政府出資の養子縁組支援基金（Adoption Support Fund）から受けられる（DfE, 2018）。

生みの親への支援サービス

　2002年子ども及び養子縁組法（The 2002 Act）の第3条は、養子縁組される子どもの生みの親に対するサービスと支援のリストを示している。公的ケアを申請して措置に至るまでの期間、親子のコンタクトは一定の監督下で行われ、ソーシャルワークの取り組みの中心は生みの親となる。そのなかで、生みの親が養子縁組の必要性を「受容」できるよう促し、養親との顔合わせを行うよう勧める。そして、よくあるように措置後に直接のコンタクトがない場合は、子どもと接する最後の機会として配慮の必要な面会を、慎重に手配する。また、子どもが養子縁組の理由を理解する助けとなるよう、生みの親に「後の人生のための手紙」を書いてもらう支援もできる。

　しかし、子どもの養子縁組が成立してからは、生みの親に対する支援サービスはごくわずかである。生みの家族への長期的な支援は、措置後も対面の機会

を設けられるよう養子縁組機関が支援しない限り、ほとんどが「レターボックスサービス」の提供によって子どもとの文通を仲介するだけになる（Neil et al., 2010, 2014）。だが、2002年の法律は、専門的に養子縁組を支援する機関について規定し、こうした専門機関が、自主組織のいくつかの養子縁組機関（VAA）とともに、生みの親とその親族に専門的支援を提供していくことになっている。さらに近年では、生みの親の自助グループが誕生して親への支援を提供するようになり、養子縁組後のサービスと密に連携した取り組みもある。2002年の法律は、養子縁組された子どもが21歳に達したら、生みの親は、子どもの身上を確認できる情報を知る権利があることを認めた。また、生みの親、養子となった子どものきょうだい、そして養子自身が、ソーシャルメディアを用いてつながりを模索する例も増えている。

イングランドにおける養子縁組の数と実情

1989年児童法の法案を作成した立法委員会（Law Commission）と政府チームは、親の別居や離婚後の取り決めに関する法律と、2002年子ども及び養子縁組法（Adoption and Children Act 2002）の立案も担い、考え方の一貫性を確保しつつ条項の細部を定めている。2002年の法律には、連れ子養子など家族内の養子縁組（in-family adoption）のための規定があり、また、イングランドの司法管轄外の子どもを、イングランドで養子縁組するための条項もできた。国際養子縁組については、イングランドでは以前から関心が高くない（表2.1）。民間の非政府組織（NGO）が、海外からの子どもとの養子縁組希望者向けに助言を提供するようになったが、イングランドには外国からの養子縁組の調整支援に特化した組織はない。海外からの養子を希望する者は、公的ケアからの養子縁組と同様に、ハーグ国際養子縁組条約（Hague Convention）で合意されているプロセスに従い、養親となるためのアセスメントを受ける。「Statutory Guidance on Adoption（養子縁組の法定指針）」（DfE, 2013）は、国際養子縁組について個別の節を設けている。表2.1が示すとおり、かつては連れ子との養子縁組が多かった。しかし、2002年の法律と指針は、家族内の養子縁組を推奨せずに、

継親が法定の後見人となり親権を共有する方法を提示するようになった。

　先述のとおり、公的ケアを終了して養子縁組する数は、近年減少している（表2.1および2.2）。国が管理するデータが示すところでは（DfE and National Statistics, 2019）、養子縁組が計画されている子どもと公的ケアから養子となった子どもの2017／18年の状況について、以下のように記録されている。

- 年末時点で計1万1,300人の子ども（男女ほぼ同数）に養子縁組計画があるが、そのうち養親候補者とすでに暮らし始めているのは2,230人にとどまる。調査年中に3,282人が養子縁組の成立により公的ケアを終了した（これは、公的ケアを終了した者、すなわちケアリーバー全体の13％に相当する）。公的ケアから養子となったこの3,282人のうち、78％が4歳以下であり、60％が生後1カ月未満で公的ケアを開始した子どもだった。そして84％は、白人英国人の家系の子どもであった（公的ケアを受けている子どものなかで白人英国人が占める割合は75％であるのに比して、養子縁組の成立に占める割合は高い）。
- 公的ケアから養子縁組された子どものほとんどは、養親として特別にリクルートした候補者の家庭に措置される。ただし、220人（10％）の子どもについては、子どもと生活をともにしている里親が、養親候補者として子どもと養子縁組した。
- 48％のケースは、生みの親の同意なく養子縁組が成立した（ただし、措置命令の段階で同意が示されていない割合は、さらに高いはずだ――裁判所に不服申立てしていないからといって、同意しているとは限らない）
- 養子縁組の計画のある子どものうち58％が、12カ月以上にわたって措置を待ち続けている。調査年中、670人の子どもは、措置の決定が破棄された。そのうち28％は裁判所が措置命令を取り消したからで、17％は子どもにマッチする養親がいなかったためである。
- なお、2018／19年については、養子縁組の命令の89％がカップルを養親とし（そのうち12％は、同性のカップル）、11％が単身者を養親とした。

　2002年の法律は、特別後見命令に関する条項によって、生みの親以外の親族（以前なら、養子縁組命令を求めた可能性のある親族里親（kinship foster carers）を含

む）が、法的に安定した長期の公的ケアを子どもに提供する道筋を示した。特別後見命令の条項は、里親が活用することもできる。この点は、里親による養子縁組数が比較的少ない理由の説明となる。特に米国（ベリックによる本書 5 章を参照）と比べると、他の点では養子縁組政策は共通しているが、イングランドでは里親による養子縁組が少ない。

表 2.1　英国（イングランド）の養子縁組数と比率　1980〜2018 年

	家族内の養子縁組（連れ子養子縁組を含む）	国際養子縁組	公的ケアからの養子縁組数（子ども 10 万人当たりの人数）	養子縁組総数
1980	3,668	-	1,634	10,609
1989	3,000（概数）	-	2,411	7,044
2000	-	326（2001 年の全英の数値）	-	4,943
2006	-	363（全英の数値）	3,300 (30)	5,556
2010 / 11	516	（総数に含まれる）	3,200 (28)	4,709
2015	435	（総数に含まれる）	5,360 (45)	6,197
2018	410	（総数に含まれる）	3,820 (32)	4,932

注：英国国家統計局（Office for National Statistics）が示す数値は、イングランドとウェールズの合算である。2006 年以降の養子縁組総数は、連れ子養子と国際養子縁組を含む。

出典：Office for National Statistics（2011）および Department for Education and National Statistics（2015, 2019）

表 2.2　公的ケアを開始した子ども、公的ケアを受けている子ども、公的ケアから養子縁組された子ども（英国（イングランド））　2005〜2018 年

	2005	2010	2015	2018
公的ケアを開始した子どもの数（子ども 10 万人当たりの人数）	25,000 (223)	28,090 (243)	31,350 (280)	32,050 (290)
年末時点で公的ケアを受けている子どもの数（子ども 10 万人当たりの人数）	60,300 (550)	64,400 (580)	69,470 (600)	75,420 (640)

	2005	2010	2015	2018
自発的な同意による公的ケアを受ける割合（年末時点）	29%	32%	28%	20%
裁判所命令で公的ケアを受ける子どもの数（年末時点）（公的ケア全体のなかで占める割合）	42,813 (71%)	43,440 (68%)	49,840 (72%)	61,710 (80%)
養親候補者と暮らしている公的ケアを受ける子どもの年末時点の合計数[a] （公的ケア全体のなかで占める割合）	3,000 (5%)	2,300 (4%)	3,580 (5%)	2,230 (3%)
調査年に養子縁組命令によって公的ケアを終了し養子となった数（子ども10万人当たりの人数）	3,700 (32)	3,200 (28)	5,360 (45)	3,820 (32)
調査年に公的ケアを終了して生みの親のもとに戻った数	11,000	9,800	10,700	8,810
公的ケアを終了して、親族または以前の里親の後見を受けるようになった数	70	760	3,570	3,430
（調査年に公的ケアを終了した子どもが）公的ケアを受けていた平均的な期間（平均年数）	2.13	2.37	2.15	2.1

注a：ここに示した数字は、自治体による公的ケアに該当する子どもであり、実際には、里親養育を受けるか、養子縁組措置命令の条項に沿って養子縁組を申請しようとする者に措置されている。掲載したパーセンテージは、年末時点で公的ケアを受けている子ども全体に占める割合。なお、各年内に養子縁組命令にもとづき養子縁組が成立して公的ケアを終了した子どもの数は、次項目に示した。

出典：Department for Education and National Statistics（2015, 2019）

養子縁組に関する調査研究と養子縁組以外の選択肢

　振り返ると1970年代半ば以降、公的ケアからの養子縁組と、それに代わる長期の措置について、多くの調査研究の報告がある。養子縁組の実践は、米国における研究報告の影響を多分に受けているが、ここでは、イングランドにおける調査結果を概観し、特に養子縁組がもたらす成果に目を向けたい（調査研究の概要については、Thomas, 2013）。

　まず生みの親については、各種の研究も個人の体験記も、養子縁組で子どもを失うことが、多くの生みの母と父に長期にわたりネガティブな影響をもた

らすという点で一致している（Howe and Feast, 2000）。また養子縁組家庭に関しては、長期的にみた養子縁組の成果についての研究として、乳幼児期に養子となった子どもの調査が多い。だが、ここでは公的ケアから養子縁組された子どもに関する研究のみを紹介する。たとえば、子どもと若年成人（ヤングアダルト）のウェルビーイングと本人たちの見解の報告として、Thoburn et al.（1986, 2000）、Hill et al.（1988）、Thomas et al.（1999）、Neil et al.（2014）、Selwyn et al.（2014）の研究がある。イングランドの法律は、公的ケアから養子縁組する措置の決定について、将来を見据え「生涯にわたって」「子どもの福祉」のために、養子縁組が確かに「必要である」か、判断するよう義務づけているため、長期的な成果に関する調査研究はとりわけ意義深い。養子縁組に関する長期的な調査として主要な文献は、Selwyn et al.（2014）と Neil et al.（2014）によるものである。いずれも、養子縁組が不調となる率は極めて低いと報告している。Selwynと共著者は、養子縁組後の破綻率は、12 年間で約 3 ％と推定する。ただし、命令が下される前に破綻した事例は含まれていない。Neil と共著者の報告では、3歳未満で措置された子どもについて、ティーンエイジャーとなってから追跡調査したところ、実際に破綻した例はなかった。しかし、いずれの研究も、養子縁組家庭の約半数が、とりわけ子どもがティーンエイジャーの年頃に、かなりの困難に直面したと報告している。Neil et al.（2014）によると、子どもが 15～17 歳の時点では、おおむね順調と評価される例は、半分以下にとどまる。

　近年、BBC ラジオ 4 の『*File on Four*（ラジオ 4 ファイル）』という番組の調査で、（自主回答した）3,000 人の養親の半数以上が、ともに暮らす子どもに暴力行為があったと述べた。殴られる、蹴られる、ナイフで脅される、などの経験をしたという。そして、約半数が養子縁組は「困難をともなうが安定している」と答えたのに対し、「充実していて安定している」との回答した養親は約 4 分の 1 にとどまった（Harte and Drinkwater, 2017）。

　その他にも参考になる情報は、養親、生みの親、ティーンエイジャーや大人になった養子の支援組織や自助グループから得られる。Featherstone and Gupta（2018）は、養親、生みの親、養子、ソーシャルワーカー、法律家を集めてフォーカスグループとし、養子縁組の倫理面、特に人権と子どもの権利の問題を討議してもらった報告である。このグループが示した結論を一般化でき

るとの主張ではないが、こうした異なる立場に属する人々のあいだで、ある合意が見出された。それは、養子縁組による法的な親子関係の断絶や、個々の事情を配慮せず画一的に取り決めたコンタクトのモデルは、公的ケアが長期化し新しい家庭に落ち着く必要がある多くの子どもにとって、適切なありかたではないという点である。

　長期的視野に立つ研究はいずれも、Neil et al.（2014）で顕著なように、養子縁組後のコンタクトの各種取り決めに関する知見を提供しており、また、きょうだい間のコンタクトへの関心も高まっている（Monk and McVarish, 2018）。親もとに戻れない子どものために、代替となる永続性を確保する選択肢（alternative permanence options）として、長期の里親養育や養子縁組を位置づけ、幼い時に措置された子のほうが、幼少期を過ぎてから措置された子どもよりも順調だと述べる調査報告が多い。永続性を確保する選択肢について、Biehal et al.（2010）は、養子となった子どものほうが、長期の里親養育を受ける子どもよりも、成果の測定を行ったほとんどの面で優れていたと報告した（ただし、教育面における積極性と進捗の測定では、成果に目立った差異はなかった）。とはいえ、報告の最後に記されているように、養子は大半が幼少期に新しい家庭の一員になったのに比べ、長期の里親養育家庭に5歳未満で加わった子どもは調査対象にほとんどいないという差異のため、成果の比較は妥当とはいえない。適切に管理された安定した里親養育を受ける子どもを主に、その成果を報告した Schofield and Beek（2009）、Biehal et al.（2010）、Sebba et al.（2015）は、楽観的な材料を示している。また、親族養育（kinship care／キンシップケア）については、調査研究が増えつつあり、一般に親族後見人は年齢が高く経済的に厳しい状況にあるにもかかわらず、実際に措置が不調となる割合は低いとされる（Wade et al., 2014）。

結び

　公的ケアからの養子縁組件数の減少は、1つには、親族養育の活用の強化が功を奏している結果だといえる。それに加え、子どもが里親家庭に定着できる

ようにする方針変更もあった。いずれも、永続性を確保するための選択肢を天秤にかけるにあたって、きめ細かく、バランスを考慮する必要性を伝えている。養子縁組を促進するときょうだいが離れ離れになってしまう、との懸念が増すと同時に、きょうだい一緒の措置を待っていると一時的な養育への措置期間が長期化しやすいとのエビデンスもある。このため、状況によっては養子縁組よりも、きょうだい揃って速やかに里親養育に措置するか、せめて子どもが安心できる（きょうだい間の）コンタクトを維持して早期に措置するほうが望ましいのではないか、と問う声が上がっている。

　政策立案者と実践者にとって何より重要なのは、里親家庭、養子縁組家庭、セラピスト、教師、ソーシャルワーカーが示す認識のとおり、家庭外養育の長期にわたる公的ケアが必要な子どものほとんどは、特別なニーズ（special needs／スペシャルニーズ）を抱えているという理解であろう。まず子どもたちは、公的ケアを受けるに至った理由を受け入れねばならず、大半の子どもが、一度ならず離別を経験し、親から受けたネグレクトや虐待のトラウマを抱えている。親族、里親、養親、いずれのもとに措置されるにせよ、子どもとその養育者には、特別な支援サービスが必要であり、少なくとも、ストレスが強いときのための特別な支援が欠かせない。近年、公的ケアからの養子縁組の申請が減少しているのは、公的ケアから養子縁組した子どもの親であることは、やりがいがあり報われる面がある一方で、特有の困難をともなうことを養子縁組ワーカーが養親候補者にはっきり伝えているためともいえる。

　イングランドにおいて公的ケアからの養子縁組は、ある種の岐路に立っている（Thoburn and Featherstone, 2019）。2019年の選挙による新政権は、公的ケアからの養子縁組数の増加を目指す現状の政策を維持するようだ。2020年1月に政府は、養親候補者として人々が手をあげるのを奨励するため、養子縁組後の支援サービスへ資金提供の増額を約束した。しかし、同意のない養子縁組は「最終手段」であるべきだという裁判所の判断と、公的ケアを終了して養子縁組する数を増やすという政府の方針には隔たりがある。

　本章の締めくくりに、高等法院の家事部長だったSir Andrew McFarlaneの言葉を引用する。養子縁組となる者の境遇に思いをはせて次のように語り、その講演は広く報じられた。養子縁組とは「ある個人の（および他の人々の）法的

なアイデンティティを生涯構成する地盤を、根本から変換するものだ」と述べ、「だが養子縁組は、最善の選択肢なのだろうか」と問いかけたのだ。どうすれば、それが最善だと、養子縁組命令によって示せるのか、特に家庭での虐待が中程度から軽度のケースでは、養子縁組が必要な根拠をいかに示すのか、まさに適正なバランスが求められている（McFarlane 2017: 24）。

注

1 英国の4カ国（イングランド、スコットランド、ウェールズ、北アイルランド）はいずれも公的ケアからの養子縁組を行っているが、児童保護と養子縁組サービスの法律と手続きは、それぞれ異なる。養子縁組措置の件数と比率も各国で異なるが、共通性もある。本章は、イングランドに焦点を当てて論じた。

2 Coram-BAAF のウェブサイト https://corambaaf.org.uk/ に詳細な情報があり、参照されたい。

参考文献

Biehal, N., Ellison, S., Baker, C. and Sinclair, I. (2010) *Belonging and Permanence. Outcomes in Long- Term Foster Care and Adoption*, London: BAAF.

Burns, K., Kritz, K., Krutzinna, J., Luhamaa, K., Meysen, T., Pösö, T., Segado, S., Skivenes, M. and Thoburn, J. (2019) 'The hidden proceedings – an analysis of accountability of child protection adoption proceedings in eight European jurisdictions', *European Journal of Comparative Law and Governance*, 6: 1–35.

Butler, I. and Drakeford, M. (2011) *Social Work on Trial: The Colwell Inquiry*, Bristol: Policy Press.

Cabinet Office (2000) *The Prime Minister's Review of Adoption*, London: Performance and Innovations Unit.

DfE (Department for Education) (2013) *Statutory Guidance on Adoption*, London: DfE.

DfE (2015) *Permanence, Long-Term Foster Placements, and Ceasing to Look after a Child: Statutory Guidance for Local Authorities*, London: DFE.

DfE (2018) *The Adoption Support Fund Guidance*, London: DfE.

DfE and National Statistics (2015) *Children Looked after in England and Adoptions 2013–2014*, London: National Statistics.

DfE and National Statistics (2019) *Children Looked after in England and Adoptions 2017–2018*, London: National Statistics.

DHSS (Department of Health and Social Security) (1974) *Report of the Committee of Inquiry into the Care and Supervision Provided by Local Authorities and Other Agencies in Relation to Maria Colwell and the Coordination between Them*, London: HMSO.

Dickens, J., Masson, J., Garside, L., Young, J. and Bader, K. (2019) 'Courts, care proceedings and outcomes uncertainty: the challenges of achieving and assessing "good outcomes" for children after child protection proceedings', *Child and Family Social Work*, 24(4): 574–81.

Featherstone, B. and Gupta, A. (2018) *The Role of the Social Worker in Adoption- Ethics and Human Rights*, Birmingham: BASW.

Fratter, J., Rowe, J., Sapsford, D. and Thoburn, J. (1991) *Permanent Family Placement: A Decade of Experience*, London: BAAF.

Harte, A. and Drinkwater, J. (2017) 'Over a quarter of adoptive families in crisis, survey shows', BBC, *File on Four*, 28 September.

Hill, M., Lambert, L. and Triseliotis, J. (1988) *Achieving Adoption with Love and Money*, London: NCB.

Howe, D. and Feast, J. (2000) *Adoption, Search and Reunion: The Long Term Experience of Adopted People*, London: BAAF.

McFarlane, Lord Justice A. (2017) *Holding the risk: The balance between child protection and the right to family life*, London: Family Justice Council.

Monk, D. and McVarish, J. (2018) *Siblings, Contact and the Law: An Overlooked Relationship*, London: Nuffield Foundation.

Neil, E., Cossar, J., Lorgelly, P. and Young, J. (2010) *Helping Birth Families: Services, Costs and Outcomes*, London: BAAF.

Neil, E., Beek, M. and Ward, E. (2014) *Contact after Adoption: A Longitudinal Study of Adopted Young People and Their Adoptive Parents and Birth Relatives*, London: BAAF.

Office for National Statistics (2011) *Adoptions in England and Wales*, London: ONS.

Rowe, J. and Lambert, L. (1974) *Children Who Wait*, London: BAAF.

Schofield, G. and Beek, M. (2009) 'Growing up in foster care: providing a secure base through adolescence', *Child and Family Social Work*, 14: 255–66.

Sebba, J., Berridge, D., Luke, N., Fletcher, J., Bell, K., Strand, S., Thomas, S., Sinclair, I. and O'Higgins, A. (2015) *The Educational Progress of Looked after Children in England*, Oxford: Rees Centre.

Selwyn, J., Wijedasa, D. N. and Meakings, S. J. (2014) *Beyond the Adoption Order: Challenges, Interventions and Disruptions*, London: DfE.

Short, R. (1984) *Report of the Social Services Select Committee on Children in Care*, London: HMSO.

Thoburn, J. and Featherstone, B. (2019) 'Adoption, child rescue, maltreatment and poverty', in S.A. Webb (ed) *The Routledge Handbook of Critical Social Work*, London: Routledge, pp 401–11.

Thoburn, J., Murdoch, A. and O'Brien, A. (1986) *Permanence in Child Care*, Oxford: Blackwell.

Thoburn, J., Norford, L. and Rashid, S. P. (2000) *Permanent Family Placement for Children of Minority Ethnic Origin*, London: Jessica Kingsley.

Thomas, C. (2013) *Adoption for Looked after Children: Messages from Research – An Overview of the Adoption Research Initiative*, London: BAAF.

Thomas, C., Beckford, V., Lowe, M. and Murch, N. (1999) *Adopted Children Speaking*, London: BAAF.

Wade, J., Sinclair, I., Stuttard, L. and Simmonds, J. (2014) *Investigating Special Guardianship: Experiences, Challenges and Outcomes*, London: DFE.

3 エストニアにおける公的ケアからの養子縁組
——ソビエト時代の遺産を克服できるか

カトレ・ルハマー
ユディット・シュトレンプル

はじめに

　養子縁組は、これまでエストニアの政策展開においても、学術的な議論においても、十分な注目を集めるトピックとはなっていない。それでもエストニアの子どもは、国内でも国外でも養子縁組されている。その大半は、国内での連れ子の養子縁組だが、児童保護システムの一環としての養子縁組もある。エストニアでは、政策の文言において「公的ケアからの養子縁組」という言葉は使わない。代わりに「新しい家庭との養子縁組」と呼んで一括りにしており、統計上は、産院や生みの親の家庭から公的ケアを経ずに直接養子となる事例も合わせた数値となっている。

　ソビエト連邦から独立したばかりの時のエストニアにおいて、養子縁組の規定は、引きつづきソ連時代の法令を継承していたが、この数年、養子縁組の実践は、急激な変化を遂げている。政策の文面上は、(施設養育ではなく) 家庭における代替養育を推進する必要性が認識され、後見、里親委託、養子縁組が求められているが (Ministry of Social Affairs, 2011)、家族親族内の養子縁組[1]と公的ケアからの養子縁組は、減少傾向を示している。近年の公的な養育への措置数は、ほぼ一定 (子ども10万人当たり1,000人) だが、養子縁組数は、2010年の子ども10万人当たり41人から、2018年の10万人当たり9人に落ち込んでいる (表3.1)。

エストニアでは法律上も実践においても、生物学上の親の身元も含めて養子縁組について徹底した秘匿性を重視する。この方針の背景には、すべての子どもは、母、父、各1人に限って親をもつべき／もつはずだ、との考えがある。この原則は、ソ連の法律に由来し、独立後の1990年代も変わらず、今なお公的ケアからの養子縁組において一般的な概念である。2017年には、あらゆる養子縁組の支援に関する制度体系が、全面的に見直され一元化された。

本章は、その変更点を、法律、政策、実践の面で述べ、エストニア国内の養子縁組、およびエストニアから国外への国際養子縁組の現状を検討する。国の政策文書、法律、裁判所手続き、および専門家へのインタビューを参照しながら、制度上の枠組みと実践に関する見識、ならびに、養親候補者と養子縁組家庭を開拓して準備を進める方法を提示する[2]。現状に関する理解を深めるために、本章は最初に、エストニアの養子縁組の歴史的な展開を概観し、そうした経緯が公的ケアからの養子縁組へ及ぼす影響に触れる。続いて、養子縁組のプロセスの各段階を事前準備から順を追って概説し、養子縁組後の状況に触れて締めくくる。

エストニアの養子縁組：歴史の概観

親の立場を重視する、親中心の養子縁組システムの起源は、ロシア帝国に遡る。当時、養子縁組は、子どもがなく後継者を求める貴族の特権であり、さらに、婚外の子どもを養子にしようとする者の権利として位置づけられていた（Commission of Laws, 1817）。こうした伝統は、エストニアが最初にロシア帝国から独立した時期（1918～45年）に継承され、法律の規定には、養子縁組は、養子に害を及ぼしてはならない、14歳以上の養子は縁組に同意する必要がある、養子縁組の決定は裁判所が下す、とある（Junkur, 1940; Roosaare, 1944）。

ソビエト占領下の時代（1945～91年）[3]、養親候補者（婚姻家族法（Marriage and Family Code）第112条）は、当局に後見人となる申請をすることで（同法113条[1]）、手続きプロセスを開始した。養子となる子どもが10歳以上であれば、子どもの同意が必要だった。ただし、養子縁組する家庭に子どもがすでに暮らし

ていて、自分がその家族の生物学上の子どもでないことを知らない場合は除かれる。子どもが措置されている施設と、子どもの法定後見人の同意も必要だった（同法117～120条）。

　養子縁組には、生物学上の親の書面による同意が必要で、養子縁組が成立するまでは、親は同意を撤回する権利がある。そうした同意なく養子縁組が可能なのは、裁判所が生物学上の親の親権を剥奪した場合、親に法的な行為能力が備わっていない場合、親が行方不明の場合、親が1年以上子どもと生活をともにせず子育てをしなかった、あるいは子どもの扶養に関与しなかった場合である（同法111, 115～116条）。

　地方政府の行政機関が（当時の共産党の政治的支配下で）、養子縁組の決定を下していた（同法113条[1]）。子どもの利益をふまえて養子縁組を無効とする権利をもつのは、裁判所だけだった。たとえば、生物学上の親の同意を適切に得ていなかったという理由で、親の訴えにより養子縁組を無効にすることが可能だった（同法128～134条）。

　子どもは、任意であれ強制であれ親から引き離されると、たいていは施設養育に措置された。シングルマザーは、自発的に子どもを施設養育に託す権利があり、定期的に子どもを訪問してコンタクトを維持すれば、親権が失われることはなかった（Supreme Soviet Presidium of USSR, 1944）。母親が子どもの訪問を怠った場合は、行方不明と宣告されて親権を喪失し、生母の同意のない養子縁組が可能になる（婚姻家族法（MFC）9条、74条）。たとえば1988年3月時点で、タリン児童ホーム（Tallinn I Children's Home）の子どもの44％は、親がシングルマザーだった。1987年の調査では、シングルマザー39人のうち定期訪問を行っていたのは4人だけで、また、子どもの養育を望まず親権を手放すことにも同意しない母親が7名いた（Rahnu, 1988）。障害のある子どもについても、親が特別な施設に子どもを託すことが強く奨励され、そうした子どもたちは、養子縁組されなかった（Tobis, 2000; Linno and Strömpl, 近刊）。

　1986年からは、自治体の教育局が養子縁組の調整と決定を行い、公的ケアを受けている子どもと養子縁組希望者の情報についても把握した。養子縁組の決定は、人口動態統計部門で記録された（Rahnu, 1988, 22; Laas, 1991）。養子縁組のプロセスでは、養親と子どもの健全な関係の確立を重視していた。

当時、養子縁組の前提条件として、秘匿性が重要だった。養親は、希望すれば子どもの出生証明書に親として記載された（婚姻家族法（MFC）123条[1]）。養子縁組によって、子どもと生みの親のコンタクトはすべて断たれ、子どもは完全に養子縁組家庭の一員となった。養子縁組の秘匿性は、以前の生活を覚えていない幼い子どもの場合に不可欠だと考えられた。

それとともに、養親となる母親は、妊娠し産院で出産したかのように装えば、社会的スティグマを回避できた（Rahnu, 1988: 26）。養親は、養子とした子どもの名前も苗字も変更でき、誕生日も（実際の誕生日の前後3カ月以内であれば）変えられた。養子縁組に関する情報はすべて、封印されて地方自治体の教育局で厳重に保管された。

公的ケアからの養子縁組の現状

エストニアの児童保護システムは、リスク志向である（Gilbert et al., 2011）。その焦点は、子どもにとって家庭となる環境で暮らすための支援（Linno and Strömpl, 近刊）、および子どもにとっての家族といえる関係の維持（エストニア共和国憲法第26条）にある。調査研究の指摘のとおり、エストニアでは養子縁組を行うことの説明責任を果たすための制度が不十分である（Burns et al., 2019）。エストニアの養子縁組制度は、ソビエトの養子縁組の規定に深く根差したものだ。法律自体はソ連との類似性がかなり残っているが、養子縁組の実践と、特に養子縁組に関するカウンセリングのプロセスは、近年、実質的な面で発展を遂げている。

国内外の法的枠組み

1991年の独立以降、エストニアにおける養子縁組を規定してきた法律は、1969年婚姻家族法（1969 MFC）（1994年まで施行）、および1995年家族法（Family Law Act1995: FLA）の2つで、このうち家族法は2010年に改正された。また、2016年児童保護法（Child Protection Act 2016: CPA）の基本原則である、子どもの最善の利益や子どもの意見聴取の重要性は、養子縁組においても当てはまる。

国際条約による養子縁組の規定は、エストニアに法的義務を課すとともに、何にも増して、国内法の施行の指針となった (Luhamaa, 2015, 2020)。エストニアは、養子縁組について定めた以下の人権条約の加盟国である。

・子どもの権利に関する条約（子どもの権利条約）――エストニアは1991年に批准・発効
・欧州人権条約 (European Convention on Human Rights: ECHR) ――1996年批准・発効
・国際養子縁組に関する子の保護及び国際協力に関する条約（ハーグ国際養子縁組条約）――2002年に批准・発効

　これらの条文、特に子どもの権利条約は、国内の裁判所で、児童保護と養子縁組の法律と規定を解釈する際に活用されている（最高裁判所、行政司法審議会 (Administrative Law Chamber) [2012] No. 3-3-1-53-12 の判例を参照）。
　1995年まで、養子縁組は、地方自治体が決定する行政上の事項にすぎなかった (Bernstein, 1997)。1995年から2017年まで、養子縁組の段取りと調整を担うのは、各県の委員会であり、一方で、その決定権をもち責務を担うのは裁判所だった。そして、各県の児童福祉課 (Child welfare services: CWS) が、養親候補者の登録、身元調査、養子縁組に向けた養親候補者の準備支援、養子にふさわしい子どもを探す支援、必要書類の作成作業を行った。こうした分業によるばらつきは、2003年と2017年に子どもの権利委員会から批判を受けた。子どもの権利委員会は、里親と養親のモニタリングに一貫性がないとも指摘し、エストニアが包括的な国の政策と指針を確立し、里親養育と養子縁組の双方を視野に入れた中核的なモニタリングの仕組みを構築するよう推奨したのだ (CRC Committee, 2003: para 37; 2017: para51)。こうした一貫性を欠いていたシステムは、2017年に刷新され、養子縁組に密接に関わる業務は、国の社会保険局 (Social Insurance Board: SIB) が一元化して管理することになった（家族法第158条）。
　国の社会保険局の業務を支えるのが、地方自治体の児童福祉課であり、通常、この児童福祉課が、親から養育を受けられない子どもの後見人となる。今日では、自治体の児童福祉課は、里親養育や施設養育の運用管理とその子ども

たちのソーシャルワークを担当している。自治体の児童福祉課が養子縁組のプロセスに関与する部分もあるが、中核となる責任を担うのは、国の社会保険局である。社会保険局が、養子縁組する親の評価を行い、必要書類を揃え、子どもと養親候補者をつなげ、裁判所に文書を提出し、また、養子縁組家庭の評価指針も示すのだ。国や自治体の他には、非政府組織（NGO）が、生物学上のつながりのない子どもを養育する家族の支援活動（相談支援、養子縁組家庭や里親家庭向けの研修、スーパービジョンの提供など）を行っている。

養子縁組統計

このように組織の業務の位置づけが見直されたことを反映し、エストニアの養子縁組の統計にも変化が生じている。1995年から2017年まで、エストニアは15の県に分かれ、各県が中央政府の代理を担っていた。県の委員会が、養子縁組の責務を負い、各地方自治体[4]は、児童保護の責任を担ったのだ。県委員会と各自治体が別々に統計を取っていたため、当時は統一された集計が存在しない[5]。そして2017年以降、養子縁組の業務は、社会保険局の部門において一元化された。表3.1は2010～18年のエストニアにおける養子縁組の統計をまとめたもので、公的ケアから養子縁組される前の子どもの措置状況を示している。

エストニアで公的な養育を受ける子どもは、2つのグループに分けられる。個人が後見人となっている（通常は、親族のもとに措置された）子ども、および、地方自治体が後見人となり（Linno and Strömpl, 近刊）、里親家庭、家族の家（family house）、もしくは施設での養育に措置されている子どもである[6]。こうした公的な養育を受ける子どもの数は減少しつつある。地方自治体による後見で公的な養育を受ける子どもが、段階的な減少傾向にあるのだ。子どもの措置は、概して施設よりも家庭への措置を目指す方向にある。

1980年代後期、エストニアでは年間約400の養子縁組があった。主にその3分の2は、親族の家庭か、生物学的な親の配偶者による養子縁組だった（Rahnu, 1988: 2）。近年のデータから、公的ケアからの養子縁組は以前に比べて減っていることがわかる。施設養育から養子となる子どもの数が、減少しているのだ。一方で、里親養育から養子縁組された子どもは徐々に増加しており、

この変化は、これまで里親養育は養子縁組につながらなかったが、近年、里親委託が順調なら養子縁組への展開が可能になったという動きを反映しているようだ。子どもが国による養育を受けることにともなう親権の剝奪については、件数を集計したデータはない。そのため、養子縁組できる状態にある子どもの数も、統計には示されていない。

表3.1 児童保護の統計（0〜17歳）および新しい家族と養子縁組前の子どもの措置状況（合計数と子ども10万人当たりの人数）

	2010	2014	2018
子ども人口　1月1日時点[注d]	245,360	243,640	252,117
公的な養育を受ける子ども[注a, d]	2,852 (1,162)	2,556 (1,049)	2,451 (972)
上記のうち後見を受ける子ども[注b, d]	1,348 (549)	1,331 (546)	1284 (509)
公的ケアからの養子縁組数の合計[注e]	101 (41)	53 (22)	22 (9)
上記のうち国外への養子縁組[注c, e]	28 (11)	5 (2)	0
上記のうち国内での養子縁組[注e]	73 (30)	48 (20)	22 (9)

注a：公的な養育とは、後見人のもとでの養育、施設養育、里親養育を意味する。したがって、公的な養育を受ける子どもの数は、年末時点で代替ホームでの施設養育、里親養育、親族による養育を受ける者の合計数となる。
注b：後見とは、裁判所が子どものために任命した後見人のもとに措置されていること（通常は親族後見人への措置）であり、子どもへの責任は、新たに後見人が負うようになる。
注c：エストニアで公的な養育を受けていた子どもが、外国に住む養親と縁組。
注d：その年の1月1日時点での数値（ストックデータ）
注e：その年間の件数（フローデータ）

出典：Statistics Estonia and Estonian Ministry of Social Affairs（2010-18）

主要原則と規範

　エストニアの裁判所は、通常、親権を制限するだけで、親権の剝奪は最終手段とみなしている（最高裁判所、民事審議（Civil Law Chamber）[2019] No. 2-18-3298の判例などを参照）。エストニアの児童保護制度の法律と実践は、ニーズにもとづく対応が基本前提であり、法律は「支援が必要な子ども」や「危険にさらされ

ている子ども」に焦点を当て、子どもの利益[7]を目的として保護を行う（児童保護法第1条[1]; Petoffer, 2011; Riisalo, 2011）。

　親権喪失と養子縁組は、基本的には別の手続きによるもので、前者は、子どもが公的な養育を受けるようになることで親が親権を失い、後者は、適切な養親がみつかった時に開始する手続きプロセスである。養子縁組の法律は、子どもの利益と、子ども中心の視点によるプロセスを重視する（家族法第147条）。実践においては、養親候補者の数が限られているため、養子縁組のプロセスは、子どもと養親候補者の適切な組み合わせが焦点となる。子どもが新しい家庭で暮らすようになる前に、（国際養子縁組も含めて）養子縁組が決まる事例もある。これは、養子縁組成立前に子どもがいくつかの環境を転々として暮らす事態を、専門家としては避けたいという事情による。

　養子縁組の主要な目的は、健全な家庭環境をすべての子どもの成長のために提供することである（家族法第147条）。この原則は、子どもに関するあらゆる事例において、児童保護を目的とした介入策の基本である。

　エストニアにおける子どもと家族に関わる政策は、実態としても制度としても、養子縁組の問題に特に焦点を当ててはいない。社会問題省が刊行した『*Strategy of Children and Families for 2012-2020*（子どもと家族のための戦略2012～2020年）』は、児童保護の手段のなかに公的ケアからの養子縁組を位置づけてはいるが、以下のような矛盾が生じかねない言及がある。まず、この戦略書は、施設養育の代わりに、里親養育、後見、養子縁組など家庭を基盤とした代替養育への措置を増やす必要性を強調している（Ministry of Social Affairs, 2011: 30, 46）。だが他方では、この戦略書は、養子縁組の検討について、子どもと生物学上の家族のつながりが完全に断絶している場合か、家族との関係が子どもとウェルビーイングを脅かす場合に限るべきだ、と指摘している（Ministry of Social Affairs, 2011: 47）。いずれにしても、家族の価値を重視しすぎると、生物学的な親と家族再統合できると期待し、施設養育に措置される期間が長期化しやすいため、子どもの利益を損ねる可能性がある[8]。

養子縁組前の実践

　養子縁組のプロセスには2段階あり、養子縁組家庭と養子の準備段階、および、裁判所での方針決定プロセスである。裁判所の段階に先立つ養子縁組の手続き段階に関して、以下の記述は、本章の情報収集のために実施した社会保険局の代替養育部門責任者へのインタビュー[9]で、数回にわたって聞き取った内容である。

養子縁組登録
　社会保険局が統括する全国の養子縁組登録には、養子縁組希望者の情報に加え、養子縁組成立の結果も含まれる。一連のデータは秘匿され、社会保険局の養子縁組専門家だけがアクセスできる。こうした一元化により、養親候補者の情報の重複や、養子縁組の実務の地域差がなくなった。養子縁組家庭の評価と養子縁組に向けた準備も、一元化し標準化した。このように統合をはかった背景には、どの家族も平等に扱い、家庭の評価を、統一システムにおいて無料で行えるよう整備するねらいがあった。

養子縁組家庭との事前準備
　社会保険局は、自治体の児童福祉課や他の専門家（大学の研究者、社会問題省の職員、関係するNGOの職員など）と協力し、養子縁組希望者の家庭調査（family study）ためのシステムを開発した。養子縁組家庭の準備のあらゆることが、標準化されている（SIB, 2018）[10]。こうした準備プロセスは、家族との協働に重点を置く。社会保険局は、全国の4つの地域統括局において業務を行い、その専門職は各地域の取り組みに精通している。養子縁組のためには、国の社会保険局と各自治体の児童福祉課が、平等な立場で協力する必要がある。
　養子縁組を希望する家族との最初のミーティングでは、各種の代替養育（後見による養育、里親養育、養子縁組）と、準備プロセス（家庭の評価、および支援システム）に関する情報を、養親候補者に提供する。養親候補者は、初回ミーティング後に、検討し直す時間を与えられる決まりになっており、やはり養子縁組を引きつづき希望するならば、次のミーティングへの参加を促される。必要で

あれば、意思決定の前に、経験豊富な他の養親とも面談できる。

養親候補者は、申請書に記入し、申請の動機を文書化する（養親候補者の配偶者も個別に文書を作成する）。こうした書面はすべて、養子縁組の準備開始時点で内容を登録し、家庭を評価するための根拠とする。

続いて社会保険局の専門官は、家庭調査（family study）を実施し、その期間中に養親候補者の家庭を訪問して、同居する家族全員と話をする。家族は、議論のトピックスを事前に伝えられているので、面談に向けて準備ができる。社会保険局は、養子縁組前に家族の各メンバーが抱いている動機を見極めるために、家庭調査は不可欠だと考えている。心の奥に潜在的な動機を抱えている場合や、家族への支援やセラピーが必要になる可能性があるからだ。

養親候補者が参加できる事前研修として、Parent Resources for Information, Development and Education（PRIDE ／里親、養親、親族養育者のための情報、能力開発、教育資源）という研修プログラムがある。PRIDE は、一般には里親家庭を対象としているが、養子縁組家庭への支援やカウンセリングもある。社会保険局は、この研修への参加を養親候補者に義務として課すかどうか、決定する権限をもつ（家族法第158条[5]）。実情としては、研修のディスカッションのトピックスが非常に個人的な内容であるため、研修に来なくなる養親候補者もいる。また、PRIDE の事前研修中に気が変われば、養子縁組ではなく、里親となる選択も可能である。だが気が変わらず、引きつづき養子縁組を希望する場合でも、PRIDE の研修全般の受講が、養親に義務づけられているわけではない。

家庭調査の結果、養親として適切なら、認定養親として登録され、ふさわしい子どもを探すプロセスが始まる（2019年にこのプロセスにあったのは75の家族である）。筆者がインタビューした社会保険局の養育部門責任者は、養親として適切とみなされるなら、養子縁組手続きがまだ進行中であっても、その家庭に子どもを措置することが最善策だと主張した。そうできないことがよくあるのは、生みの親が親権を完全に喪失しておらず子どもが生物学上の親のもとに戻る可能性があることを養親が恐れるため、永続性の合意がまだない段階での養子縁組措置に抵抗を示す家庭が多いからだ。

養子となる子どもを探す

　社会保険局は、養子となる可能性のあるあらゆる子どもの情報を収集しており、本人と養育者に接触して、その子どもにとって最善の養子縁組家庭を探す。それと同時に、養子縁組家庭の心情を考慮し、その考えも尊重する。こうした話し合い、助言、プロセスについて、すべて社会保険局で記録しており、集められたデータは秘匿される。社会保険局は、子どもと養親の社会的な背景、たとえば民族的な背景や文化、宗教を、可能な限り考慮する（家族法147条[1]）。

　エストニアの法律は、養子縁組する子どもと親の双方について、健康状態を把握する重要性を強調する（家族法第158 [6]条）。養子を迎える親は、子どもの先天性の病気や、健康上の問題が生じる可能性を、情報として知らされるべきである。これは、経験を積んだ養親からよく指摘される問題である（Petoffer, 2017）。

　社会保険局でのインタビューで、ある職員は、養子を迎えようとする親の希望は往々にして変わると話していた――以前は、なるべく幼い子を探す親がほとんどだったが、今日では、より年長の子どもの養子縁組も成功している。たとえば、ある家庭は、幼い女の子を養子にしたいと思っていたが、養子縁組を待機している子どもたちがいることに気づき、ティーンエイジャーの男の子と養子縁組するに至った。また別の家族は、養子を1人希望していたが、養子縁組プロセスで出会った3人きょうだいを、離れ離れにしたくないと思って全員を養子にした。

子どもの幅広いネットワークにおける準備

　養子縁組の準備は、子ども中心とし、子どものニーズを考えなければならない（家族法第151条、158条[6]）。子どもは、各自の成熟度に応じて養子縁組の手続きに関与する権利がある。養子縁組は、養子となる子どものネットワーク内の、他の子どもたちのウェルビーイングにも影響するはずだ。社会保険局は、子どもを取り巻く幅広いネットワーク、すなわち生物学上の親族、きょうだい、および子どもに関わりのあるすべての人を把握して、養子縁組に備えてもらう必要性を重視する。エストニアでは、代替養育を受ける子どもに関わる情

報は、社会サービス支援台帳（Register of Social Services and Supports: STAR）に集められている。その背景には、すべての子どもは自分の人生の経緯（ライフストーリー）を知る権利がある、という基本姿勢があり、これには、あらゆる関係者や養育者についての情報を知る権利も含まれる。

養子縁組の前提として、生物学上の親は、可能な限りのサポートと援助を受けたうえで、裁判所の決定による親権喪失に至る。生物学上の親は、自分の子どもが養子縁組される計画について情報を受け取り、養子縁組の法的な意義と現実的な意味について説明を受ける（最高裁判所、民事審議（Supreme Court, Civil Law Chamber）[2013] No. 3-2-1-154-13 の判例参照）。また、養子縁組後に生物学上の親とのコンタクトを維持したいか、どのように保つかは、養子縁組家庭の判断に委ねられる。たとえば、養親が生物学上の親の写真を預かり、それによって子どもが生みの親のイメージを心にとどめておけるようにする。社会保険局の代替養育部門責任者が、インタビュー時に指摘したように、生物学上の親は、裁判所の決定までは、養子縁組する家庭との連携が可能であるにもかかわらず、決定が下されると、養子縁組後の家庭に介入する権利はなくなるのである。同時に、養子縁組家庭は、生物学上の家族について知りたいことがあれば、社会保険局に問い合わせることで、助けが得られる。

裁判所における手続き

養親候補者が申請書を提出することで、裁判所での養子縁組手続き段階に入る（家族法第159条；民事手続法（Code of Civil Procedure: CCP）第564条）。手続き開始後、社会保険局は、申請者の健康状態に関する報告書、経済状況、申請者の住居など、必要な背景情報を裁判所に提供し、さらに、申請者が子どもを育て、思いやり、扶養する能力があるか、見解を提示する（民事手続法第567条）。社会保険局は、裁判所が選任した子どもの法定後見人（個人または地方自治体）とともに、裁判所の審理に参加する（家族法第158条）。裁判所は、養子縁組申請者の養親としての適性と、子どもとの絆についても評価する。

養子縁組には、養親となることを望む者、子どもの後見人（家族法第153条）、

養親となる者の配偶者（家族法第154条）の同意が必須である。生物学上の親の同意は、子どもの監護権を完全に喪失していない場合に必要となる（家族法第152条）。子どもが10歳以上であれば、文書による同意が義務づけられており（家族法第151条）[11]、それより年下の子どもの希望も、意見表明できる程度に成熟しているなら、裁判所において考慮されるべきである。

　裁判所は審理を1回ないしは数回行い、そのケースについての事実を立証し、必要な同意が得られているかを確認する。裁判所は、生物学上の親に連絡して聴聞を行う。生物学上の親の聴聞は、他の関係者とは別に行い、何であれ懸念を聞き取り、必要とあれば親権を完全に喪失させる。裁判官の判断で、すべての当事者を一度に集めるか、別々の機会にするかを決めてよい。だが、裁判所は必ず、養子と縁組しようとする親と、10歳以上の子どもの聴聞を行うことになっている。ほとんどの場合、養親候補者、子どもの後見人（通常は地方自治体）、および社会保険局は、同時に聴聞に出席する。裁判所は、法廷での全体の審理より前に、子どもの聴聞を行うのが一般的である。社会保険局によると、一連の裁判手続きは、長くはかからず数週間で終了する。

　民事手続法にもとづき養子縁組を成立させる決定は、各種の審理全般を担当する地方裁判所の裁判官1名によって下され、一連の手続きは厳格である。法定での審理は、非公開にすることができる（民事手続法第38条[1] 4）。

養子縁組の決定

　養子縁組は、裁判所の書面による命令によって、実効性をもつ正式な決定となり、養子縁組の情報が住民台帳に加えられるとともに、養子縁組の法的根拠が示される。裁判所による文書は、生みの親が養子縁組に同意したかどうかについての言及もある。裁判所の判決は、養親がその文書を受け取った時点で発効する（民事手続法第268条[2]）。養子縁組が認められたら、その命令に対する不服申立てや変更はできない（民事手続法第568条）。ただし、必要とされる同意に不備があった場合はその限りではない。

　ソビエト時代のシステムと同様、現代のエストニアの法律も、養子縁組の秘匿性を重視する（家族法第164条）。養子縁組を秘匿する目的は、子ども、生物学上の親、養親の私生活を確実に保護し、あらぬ干渉と差別の可能性を阻止す

るためである。したがって、裁判所命令とそのケースのファイルにアクセスできるのは、養親、子ども、およびその情報を国のデータベースに入力する職員に限られる（家族法第164条；民事手続法第59条[4]）。

　生物学上の親は、養子縁組家庭についての情報を得ることはできず、それを望んでも、コンタクトの機会を設けられるかどうかは、養子縁組家庭の判断次第となってしまう。こうした問題の解決に向けて、社会保険局は、子ども時代に養子縁組されて大人になり、自分の生物学上の親族を探したいと思っている成人から、意見を傾聴している。

養子縁組に関する費用

　養子縁組の準備段階では費用は無料である。裁判手続きの費用は、通常は各当事者が支払う。子どもの法定代理人の費用は、国の法律扶助の制度で賄う。2017年福利厚生法（Family Benefits Act 2017）の第23条により、養子縁組家庭は、一括払いの養子縁組手当を受ける権利がある（2020年1月時点で320ユーロ）。その他に、養子縁組家庭は一般家庭向けの子ども福祉手当を受給できる。また、養子縁組休暇を取得でき、その期間は出産休暇と同等である。

養子縁組の成立とその後の支援

　養子縁組によって、子どもにとっての従来の家族関係は終了し、それまでの親子関係にもとづく権利と義務はすべて失われる（家族法第162条）。ただし、裁判所が、きょうだい関係の維持が必要だと認めることがある[12]。子どものアイデンティティに関わる権利を守るために、社会保険局の専門官は、養親に働きかけて子どもに養子縁組について話すよう検討を促している。これは、事実にもとづく情報が、養子縁組にまつわるトラウマの影響を抑える、というエビデンスにもとづくアプローチである。具体的な進めかたは、養子となった子どもの成熟度次第であり、子どもが自分のライフストーリーに対して抱く興味によって決まる。

　2020年時点でエストニアの養子縁組システムは、国内および国際養子縁組

後のアフターケアの支援サービスを備えていない。養子縁組のプロセスを始める前から、その受け入れ家庭で暮らしていた子どもはほとんどいないため、プロセス完了後にようやく子どもは新しい家庭に移る。養子縁組の成立に先立って、養子縁組家庭と子どもが接触する機会も、概して限られている。それにもかかわらず、プロセス完了後は、養子を迎えた家庭は、事実上放っておかれる。特別なサービスはなく、養子縁組後に、子どもが適応したかどうかや、ウェルビーイングについての評価も行われていない。

国際養子縁組

　国外への養子縁組は、エストニア独立後間もない年月に始まった（Valkama, 1993; Vetik, 1995）。国内で公的ケアを受ける子どもが、外国の適切な家庭の養子となる縁組を、エストニアは開始したのである。2002 年にハーグ国際養子縁組条約（Hague Convention）を批准してからは、エストニアから国外への養子縁組は限定的となり、2020 年には、最小限の国際養子縁組（主にスウェーデンの家庭との縁組）だけが承認されることになった。国際養子縁組の調整は、社会保険局が担い、養親に関する書類を準備するためには、受け入れ国の児童福祉課の協力を得る必要がある。それ以外の点については、エストニアの裁判所が決定を行い、通常の国内養子縁組と同じ手続きに従う。養子縁組後の家庭を支援するアフターケアの有無は、養親の国のシステム次第である。

養親からの声

　エストニアの学術研究において、公的ケアからの養子縁組に着目したものは少ない。このトピックの修士論文が数点刊行されていて（Bonder, 2012; Petoffer, 2017）、なかには国際養子縁組に焦点を当てたものもある（Amberg, 2014; Karu, 2015）。

　2020 年に、「It's my story（私の体験）」という小規模な調査が行われ、107 名がアンケートに回答し、その後一部の回答者が対面の個別インタビューに応じた（MTÜ Oma Pere et al., 2019）。この調査研究で、ほとんどの養親は、2017 年の改定前の養子縁組制度を経験していた。回答者の多くが、養子縁組までの待機期間の長さが問題だと述べた。たとえば、誕生以来、施設養育を受けていた子

どもを、3年間待ってから養子縁組した養母がいる。その子が生まれたとき、すでに養親として適切との評価を受けて養子縁組の準備が整っており、しかも子どもの生母も養子縁組に反対していなかったのに時間を要したという。また、107名の回答者のうち68名が、養子の健康状態について十分な情報を受け取っていなかったと述べた。さらに、養子から今後質問される可能性に備えて、生物学上の親について情報収集を続けている養親もいた（MTÜ Oma Pere et al., 2019）。

結び

　エストニアは、独立以来の年月を経て、近年ではすべての子どものために、家庭を基盤とした養育の提供を目指している。とはいえ、まだ十分な成功の実績があるとはいえない。後見を受ける子どもの数の増加は、国が親族への措置を奨励するようになったためである。このアプローチと通底するのは、エストニアで一般的な家族保護の概念であり、そうした考えでは、親族に育てられた子どものほうが、養子縁組された子どもよりも、生物学上の親と家族再統合できる可能性が高いとみる。養子縁組の統計には減少傾向が見受けられ、1つには国際養子縁組数の減少が原因だが、それだけではなく、適切な養子縁組家庭を探す困難さのためでもある。

　養子縁組家庭向けのサービスの考え方には、養子縁組した家族を、生物学上の家族と同等に、自らの力で子育てに対処するものとみなす以前からの認識が反映されている。養子縁組に措置されると、子どもは改めて家族による養育に身を置くことになり、国による各種の介入はなくなる。養子縁組家庭を一般家庭と同等とするこうした方向性は、養子縁組の秘匿性の重視と、養親に取り立てて多くの研修を強制しない点にみて取れる。エストニアで養子縁組の秘匿性の見直しを進めるのは、容易ではない。そのためには、考え方を改めて、子どもを自分自身の人生の主体とみなす必要がある。養子縁組の事前に、子どもを取り巻く幅広いネットワークと連携する取り組み、および、養子縁組後も確実にきょうだい関係を維持する試みは、エストニアのシステムの長所である。実

際にきょうだい間のコンタクトが保たれているかどうかは、さらなる調査が必要である。

謝辞

本研究は、European Union's Horizon 2020 の研究開発プログラムのもと、European Research Council からの助成を受けている（助成承認番号 No 724460）。

免責事項：本章は筆者個人の見解によるものであり、助成機関は、ここに掲載された情報のいかなる利用についても責任を負わないものとする。

注

1　親族との養子縁組、または、継親による連れ子養子の縁組。

2　詳細なデータを示し、裁判前の手続きと実践についてご説明いただいた、社会保険局の代替養育部門責任者 Nadezhda Leosk 氏に、お礼申し上げる。

3　この時代の全般的なことは、Taagepera（1993）などを参照。

4　Territory of Estonia Administrative Division Act 1995 の行政区分にもとづき、2017 年までは計 213 の自治体があり、2017 年の変革以降は 79 の自治体がある。

5　養子縁組を希望する者は、複数の県に自ら登録して、養子縁組可能な最適なマッチングの子どもを、どの県からも探すことができた。

6　エストニアの法律では、施設養育の各ユニットを「代替ホーム（substitute homes）」と呼ぶ。

7　エストニアの法律では「子どもの利益」と記し、「最善の」利益、という表現は用いていない（Luhamaa, 2015: 148-51）。

8　子どもから引き離した生物学上の親への支援サービスは、限られている。親子関係が比較的良ければ、訪問を行う機会の提供が、主な支援である。生みの親の養育能力を向上させるサービスは特にない（Ministry of Social Affairs, 2011; Osila et al., 2016）。

9　以下を参照 www.sotsiaalkindlustusamet.ee/et/lapsed-pered/lastekaitse/lastekaitse-osakonna-kontaktid（2020 年 4 月 1 日閲覧）。インタビューは 2019 年 8 月に Judit Strömpl が実施。

10　「養子縁組の準備で踏まなければいけない各段階とその内容、すなわち養子縁組申請に記載する情報の一覧と、社会保険局が集めるべき関係書類の一覧」（2018）の規定が、Riigi Teataja I, 31.01.2018, 3（エストニアの法令データベース）に示されている。

11　興味深いことに、当初の 1995 年家族法は、同意が必要な子どもの年齢を 7 歳としてい

た。さらに 1995 年家族法では、ソビエト時代の原則を引き継ぎ、子どもが過去の経緯を知らずに、生まれた家庭以外ですでに暮らしている場合、その家庭での養子縁組は子どもの同意がなくても可能だった。2010 年家族法では、この原則はなくなった。

12　エストニア、養子縁組審判 AEST-01-XX、裁量研究プロジェクト（Discretion Project）（European Research Council Consolidator による助成）。以下に掲載 www.discretion.uib.no/projects/discretion-and-the-childsbest-interest-in-child-protection（2020 年 4 月 1 日閲覧）。

参考文献

Amberg, A. (2014) 'Rahvusvahelise lapsendamisprotsessi kogemuste kirjeldused' ['Experiences in the international adoption process'], master's thesis, University of Tartu.

Bernstein, L. (1997) 'The evolution of Soviet adoption law', *Journal of Family History*, 22(2): 204–26.

Bonder, R. (2012) 'Lapsendamissaladuse avaldamine avalikes huvides' ['Disclosure of the confidentiality of adoption deriving from the public interest'], master's thesis, University of Tartu.

Burns, K., Križ, K., Krutzinna, J., Luhamaa, K., Meysen, T., Pösö, T., Sánchez- Cabezudo, S. S., Skivenes, M. and Thoburn, J. (2019) 'The hidden proceedings – an analysis of accountability of child protection adoption proceedings in eight European jurisdictions', *European Journal of Comparative Law and Governance*, 6(1): 1–35.

Commission of Laws (1817) *Sistematicheskiy svod sushchestvuyushchikh zakonov Rossiyskoy Imperii, s osnovaniyami izdavayemyy Komissiyeyu sostavleniya Zakonov* [*A Systematic Collection of Laws of Russian Empire Published by Commission of Laws*], V Sanktpeterburge: Pechatano Tipografii Pravitel'stvuyushchego Senata.

CRC Committee (2003) 'Concluding observations: Estonia (initial report)', CRC/C/15/Add.196.

CRC Committee (2017) 'Concluding observations: Estonia (second to forth report)', CRC/C/EST/CO/2-4.

Gilbert, N., Parton, N. and Skivenes, M. (eds) (2011) *Child Protection Systems: International Trends and Orientations*, New York: Oxford University Press.

Junkur, E. (1940) 'Lapsendamine' ['Adoption'], thesis, University of Tartu.

Karu, H. (2015) 'Rahvusvaheline lapsendamine Eestist Rootsi: lapsendajate ja spetsialisti vaatenurk' ['Inter-country adoption from Estonia to Sweden – adopters' and specialists' points of view'], master's thesis, University of Tartu.

Laas, A. (1991) 'Lapsendamine' ['Adoption'], thesis, University of Tartu.

Linno, M. and Strömpl, J. (近刊) 'Child protection systems in Estonia and Latvia', in J. D. Berrick, N. Gilbert and M. Skivenes (eds) *Oxford International Handbook of Child Protection Systems*, Oxford: Oxford University Press.

Luhamaa, K. (2015) Universal Human Rights in National Contexts: Application of International Rights of the Child in Estonia, Finland and Russia, Tartu: University of Tartu. Available at: https://dspace.ut.ee/handle/10062/47885 (2020 年 4 月 1 日閲覧).

Luhamaa, K. (2020) 'International human- rights supervision triggering change in child- protection systems? The effectiveness of the recommendations of the CRC Committee in Estonia', *Juridica International*, 29: 108–23.

Ministry of Social Affairs (2010–18) 'Population statistics: Statistics Estonia. Table RV0241: Population by sex, age and administrative unit or type of settlement', 1 January.

Ministry of Social Affairs (2011) *Strategy of Children and Families for 2012–2020. Smart Parents, Great Children, Strong Society*, Tallinn: Ministry of Social Affairs.

MTÜ Oma Pere, MTÜ Eesti Asenduskodu Töötajate Liit, MTÜ SEB Heategevusfond and Tartu Ülikool Tallinna Ülikool (2019) 'Asendushooldusele paigutatud laste õigus identiteedile' ['The right to identity of children placed in substitute care'], unpublished research report.

Osila, L., Turk, P., Piirits, M., Biin, H., Anniste, K. and Masso, M. (2016) *Young People Aging Out of Care*, Tallinn: Praxis.

Petoffer, S. (2011) 'Oma Pere peab tähtsaks seda, mis eelneb ja järgneb lapsendamisele' ['Own family deems important what happens before and after adoption'], *Sotsiaaltöö* [*Social Work*], 4: 33–4.

Petoffer, S. (2017) 'Perekonna hindamine lapsendamist ettevalmistavas protsessis' ['Family assessment in the adoption preparation process'], master's thesis, University of Tallinn.

Rahnu, T. (1988) 'Lapsendamine' ['Adoption'], master's thesis, University of Tartu.

Riisalo, S. (2011) 'Kaasaegne lapse parimaid huve arvestav lapsendamine' ['Contemporary adoption of children considering the best interest of the child'], *Sotsiaaltöö* [*Social Work*], 4: 31–2.

Roosaare, E. (1944) 'Adoptsioon' ['Adoption'], thesis, University of Tartu.

Supreme Soviet Presidium of USSR (1944) 'Riikliku abi suurendamisest rasedatele naistele, lasterikastele ja vallasemadele, emade- ja lastekaitse tugevdamisest, aunime "Sangar- ema" sisseseadmisest ja ordeni "Ema au" ning medali "Emamedal" asutamisest' ['Decree on increasing state support to pregnant women, women with many children, single mothers, increasing protection of mothers and children'], ENSV Teataja 1945, 4.

Taagepera, R. (1993) *Estonia. Retur n to Independence*, New York: Routledge.

Tobis, D. (2000) *Moving from Residential Institutions to Community-Based Social Services in Central and Eastern Europe and the Former Soviet Union*, Washington, DC: World Bank Publication.

Valkama, L. (1993) 'Rahvusvahelise lapsendamise korraldamise õiguslikke probleeme Eestis' ['Legal problems relating to international adoptions in Estonia'], master's thesis, University of Tartu.

Vetik, S. (1995) 'Laste adopteerimine ja sellega seoses toimunud muutused' ['Adoption of children and related changes'], master's thesis, University of Tartu.

アイルランドにおける公的ケアからの養子縁組
―― 誰の最善の利益なのか

ケネス・バーンズ
シモーン・マコックレン

はじめに

　アイルランドの養子縁組のモデルは、大人中心で秘匿性を保つ閉鎖的なシステムから、すべての子どもを――親が婚姻関係にあるか否かにかかわらず――等しく扱うシステムへと転換をはかっている。子どもは親とは別の独自の権利を備え、今日では、子どもの最善の利益が、養子縁組の方針決定の最優先事項である。アイルランドの重要な歴史として、子どもが国外の家庭の養子となっていた時代があった。海外に、特に米国に子どもを送り出す慣習は、1952年の養子縁組の法制化後もしばらく続いた（Milotte, 2012）。アイルランドは後に、海外からの養子縁組の受け入れ国となった。

　この数十年間をみると、現代のアイルランドで主流となっている養子縁組は、連れ子養子である（AAI, 2014-19）。しかし、この状況は、近年制定された2015年児童および家族関係法（Children and Families Relationship Act 2015）により変化すると見込まれる。この法律は子どもの後見人とみなす対象を拡大しており、場合によっては、あえて養子縁組を申請する必要がなくなる者もいるかもしれない。

　アイルランドの養子縁組の歴史、および国外での養子縁組に子どもを送り出していた慣習は、国家とカトリック教会の不健全な癒着の影響を受けていた

(Whyte, 1971; Milotte, 2012)。養子縁組システムを現代的に改める取り組みがかなり進んでいるとはいえ、こうした改革の流れは、歴史的に国家が養子縁組をいかに扱ってきたかをめぐる、相次ぐ批判の声に押されたものなのである（the Mother and Baby Homes Commission of Investigation [Murphy, 2019]）。

　またアイルランドでは、近年の法制化の進展がケアシステム内の子どもに及ぼす影響をふまえつつ、オープンアダプションの実践を位置づける法的基盤の必要性についても検討している（Department of Children and Youth Affairs, 2019）。今のところ、アイルランドでオープンアダプションが行われるのは、ほぼ例外なく、生みの親による自発的な養子縁組で、生まれたばかりの子が措置される場合である。

　この10年、アイルランドは子どもを対象とするサービスの改革に、かなりの労力と資源を投じてきた（Burns and McGregor, 2019; Burns et al., 近刊）。たとえば、ウラクタス（国民議会）は10年間で、児童保護と福祉に特化した政策の発表と法の制定を加速させている。アイルランドは、子ども・平等・障害・融合・若者省（Minister for Children, Equality, Disability, Integration and Youth）を専従の組織として設立し、2014年には児童保護機関の一元化を行った。こうした転換戦略の一環により、アイルランドの養子縁組システムの改革もかなり進んだ。2010年、アイルランド養子縁組中央機関（Adoption Authority of Ireland: AAI：以下、アダプション・オーソリティー）が設立され、養子縁組事業が整備された。憲法修正が可決されると、ウラクタスは従来とは異なる養子縁組のアプローチを実行に移し――たとえば、国によるケア（state care）を受ける子どもの養子縁組が容易になった――、また、養子縁組を申請できる個人やカップルの範囲拡大に向け、新たな養子縁組実施要件を示した法律を導入した（McCaughren and McGregor, 2018）。

　アイルランドは、かなり革新的な、宗教色のないリベラルな国へと転換を遂げており、同性婚を平等に扱い、政治指導者が同性愛者であることを公言している（たとえば前首相（ティーショク））（訳注：2020年退陣後、本書刊行後の2022年から再び首相を務めるバラッカー氏）。離婚も認めており、生殖に関する権利（一定の条件下での中絶を含む）を向上させ、多様な種類の家族を積極的に受け入れ、結婚していない者の子育てを認めている（Connolly, 2015; Central Statistics Office, 2017）。

だが本章で検討するように、アイルランドの社会政策と法律の改正や、国のケアを受ける子どもの養子縁組のアセスメントの実践を見直した後も、こうした革新的な政治的、社会的文脈に反する状況は残っていると考えられる。筆者は、より一層、子ども主体で子どもの権利にもとづいたモデルへの転換が望ましいと訴えているが、今なおアイルランドは、こうした変換を現場でいかに有意義に実現すればよいか、システムの面でも専門職の取り組みの面でも、途上の段階といえる。

本章は、養子縁組のシステムについて、特にこの10年間の改革を振り返り、新しいシステムが、子ども、親、児童保護、里親養育と養子縁組のソーシャルワーカーに及ぼす影響を考える。近年の法制定は、ケアシステムから養子縁組する資格のある子どもが一層増える道を拓いたが、今のところ、公的ケアを受けていた子どもがその里親家庭の養子となった数の増加を示すエビデンスはほとんどない。アイルランドで養子縁組命令が下されるのは、主に子どものなかでは比較的年長のティーンエイジャーである。しかし新たな法的措置により、ケアシステム内の子どもの養子縁組家庭への移行が、これまでの平均よりも低い年齢で行いやすくなるだろう。

養子縁組を推進する新たなアプローチは、アイルランドが誓約している家族再統合の原則に照らして、慎重に設計する必要がある。家族の尊重は、アイルランドの社会政策（Department of Children and Youth Affairs, 2017）に明記され、アイルランドが同意している欧州人権条約第8条（European Convention on Human Rights Article 8）にも規定があるからだ。本章の締めくくりに、公的ケアを受けている子どもの安定性という目標達成に向けた養子縁組の活用が、本来的な困難さをともなうことを検討する。

本章の焦点は、国によるケア、なかでも長期の里親養育を受ける子どもの養子縁組の考察に絞られる。アイルランドの養子縁組について、より広く扱った文献に興味のある読者は、以下のテーマと出典を参照してほしい。本章は包括的な検証を行っていないが、他の文献は、アイルランドの養子縁組の調査研究（O'Brien and Mitra, 2018a）、アイルランドの養子縁組政策と法改正の総合的分析（McCaughren and Ní Raghallaigh, 2015; O'Brien and Mitra, 2018b）、母子ホーム（Powell and Scanlon, 2015; Garrett, 2017）、養子縁組記録と出生証明書へのアクセス（Irish

Association of Social Workers and Council of Irish Adoption Agencies, 2020）を論じている。

アイルランドにおける養子縁組の略史

　1952年時点で、西洋世界で養子縁組の法規定をもたない国はわずか8カ国になっており、同年にアイルランドは養子縁組を法制化した（Kornitzer, 1952）。1952年養子縁組法（Adoption Act 1952）は、クローズドアダプションのモデルにもとづくもので、法律のあらゆる面にカトリックの教義が浸透していた。1900年代、アイルランドの社会政策、社会規範、法律は、抑圧的で保守的なローマ・カトリックの精神の強い影響下にあり、教会と国家は辛うじて分立しているにすぎなかった。婚外で妊娠した女性とそのパートナーは、社会的にも道徳的にも受け入れられず、家族からもコミュニティからも疎外された。婚姻関係によって生まれた子どもは「嫡出」、婚外の子どもは「非嫡出」とする届け出は、1923年から、この区別が廃止される1987年まで、甚大な影響を子どもにも親にも及ぼした。1923～1984年に「非嫡出」と記録された子どもは計12万5,701人に上った（Ferriter, 2019）。アイルランドは、福祉国家といっても、ひとり親家庭に支援を提供していなかったうえ、生殖をめぐる権利やそのためのテクノロジーを徹底して抑制し、中絶の手段はない国だった。

　婚外の妊娠に気づいた人々にとって、選択可能な道筋は、主に修道会が援助していた養子縁組であった。そうでない場合、自らのコミュニティから排除され一人で育てたり、母子ホームで子どもと暮らしたりするなどの選択肢があったが、母子ホームでの乳幼児死亡率は、「嫡出子」の乳幼児より6倍以上高かった（Milotte, 2012; Garrett, 2017; McCaughren and Powell, 2017）。あるいは、国外への移住や、英国で中絶してもらうという選択肢もあった。アイルランドは、教会が――国家が――認めた婚姻関係による交わり以外の妊娠に対して、敵対的かつ懲罰的な国だった。ひとり親への経済支援は1973年まで実施されず、ほとんどの女性にとって、養子縁組を考える以外の選択肢は無きに等しかった。ひとり親として生きるという展望を見出せず、自分ではどうにもできないうえ、実施されている社会政策もないとなれば、親子いずれの立場から

みても、養子縁組が「解決策」となる。子どもは、結婚している夫婦の家庭に――たいていは、子どものいないカップルのもとに――措置され、「非嫡出」というスティグマは解消される。母親は、「過ち」とされる過去を捨てて人生を「立て直し」、家族やコミュニティに再び受け入れられる。1952年に法制化された養子縁組は、クローズドアダプションのモデルであり、女性は「道徳的過ち」を忘れ去り、「前を向いて」人生を歩むことが奨励された。婚外の妊娠に対し懲罰的に養子縁組を強制するこのシステムは、人間的とはいえず、この制度の影響を被ったすべての人に癒えない傷を残し、国家の汚点となっている。わが子の養子縁組を認めた母親のなかには、説明を受けたうえでの自分の意思による完全な同意ではなかった女性がいたことも、今日知られている（Adoption Rights Alliance et al., 2014; Lee, 2014）。

　アイルランドでの養子縁組は、1960年代後期／1970年代初期に年1,400件と最盛期だったが、それ以降徐々に減少している。次節で示す養子縁組の統計は、アイルランドでいわゆる「養子縁組」とみなされるものの総数を、正しく反映してはいない。統計の数値以外にも、私的な養子縁組や非公式な養子縁組が行われたと示す証拠があるからだ。具体的には、養護施設から「里子に出される」子どもがいて、事実上の養子縁組などと呼ばれた（Milotte, 2012）。アイルランドで子どもの養子縁組が法に則って行われなかった例がかなりあることも知られていて、実際には「養親」であるにもかかわらず、血のつながりのある子のように偽って届け出ていた。こうした非公式の養子縁組は、親族内で行うこともあれば、カトリック教会の庇護や、他の自主組織の養子縁組機関による支援で行うこともあった（McConnell, 2019）。

養子縁組および国によるケアを受ける子どもの統計、1958〜2018年

　先の2016年の国勢調査では、アイルランドの総人口は476万で、そのうち0〜17歳の子どもは119万502人である。図4.1のグラフは、アイルランドの過去60年の養子縁組数（連れ子養子を含む）を、データにもとづき5年ごとに示している。アイルランドでは、1964年から1984年まで（1979年を除き）、毎年

1,000 件以上の養子縁組があった（AAI, 2014-19）。養子縁組がもっとも多かったのは 1967 年（1,493 件）である。この 1967 年に、養子縁組数が、「婚外出産」全体に占める割合を算出すると、驚いたことに 97％に相当する。その後、婚外出産が養子縁組につながる割合は、2008 年までに 0.8％に減少した（The Adoption Board, 2009）。また、1978 年の養子縁組（1,223 件）と 2018 年の養子縁組命令（72 件）を比べると、約 17 分の 1 に減っている。

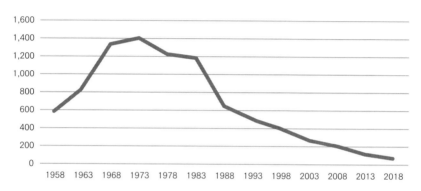

出典：Adoption Authority of Ireland（2014–19）

図 4.1　1958〜2018 年の養子縁組命令

　1980 年代と、特に 1990 年代に、アイルランドで社会政治改革が進み、福祉国家として発展すると、養子となる子どもの数の急激な減少につながった。その要因は主に、人口構成の変化の影響であり、また法改正や社会改革により、親が養子縁組を「選択すること」を迫られる従来の慣習が廃れてきたためでもある。避妊法の導入と、生殖をめぐる権利の拡大、出生率の低下、社会の自由化、教会と国家の分離の促進、社会政策形成と道徳「規範」設定におけるローマ・カトリック教会の役割の大幅な低減、「非婚」の親であることに対するかつての社会的スティグマの軽減といったあらゆる面が、養子縁組の活用の急な落ち込みの原因となっていた。

　養子縁組を望むカップルの数が、養子縁組可能な国内の子どもの数を上回ったため、1990 年代には海外からの養子縁組数が急増した。1990 年 1 月から

2010年10月までに、アイルランドで4,382件の国際養子縁組があった。2010年に制定された養子縁組法が、より厳しい規制を設けると、国際養子縁組数は減少した。とはいえ、2010年11月から2019年9月までに、707件の国際養子縁組が行われている（AAI, 2020）。このように、アイルランドでカップルが乳幼児を養子縁組する手段としては、国際養子縁組がかなりの部分を占めるようになっている。

　表4.1に一覧にしたデータは、アダプション・オーソリティーによる養子縁組命令の総数と、里親養育を受けていた子どもの養子縁組の総数である。2013年から2018年にかけて、養子縁組総数は38％減少している。だが、養子縁組総数の落ち込みにもかかわらず、国のケアを受ける子どもの養子縁組は、少ないとはいえ一定数が常に行われている。比較のために過去の数値を示しておくと、1973年には、養子縁組命令1,402件中、公的ケアからの養子縁組は10件（0.7％）。1987年には、養子縁組1,223件中、国のケアを受けていた子どもの縁組が52件（約4％——この数値は乳幼児の養子縁組も含む可能性がある）。2001年には、養子縁組命令293件中、長期の里親養育に措置されていた子どもの養子縁組の命令が18件（6％）である（The Adoption Board, 2003; AAI, 2014-19）。このように長年の傾向として、アイルランドでは長期の里親養育からの養子縁組は、限られている。その理由については次節で考察する。

　公的ケアからの養子縁組を促進する近年の法改正の効果は、表4.1に示したデータには表れていない。養親となる適格性と適切性のアセスメントを、子ども家庭機関（Child and Family Agency）に申請した数は2018年に212件だった。そのうち27件（13％）が国内養子縁組の申請、68件（32％）が連れ子養子の縁組の申請、76件（36％）が国際養子縁組の申請であった。同年に、養親のアセスメント報告が155件、各地の養子縁組審議会（local adoption committees）に提出され、そのうち32件（21％）が、里親養育からの養子縁組の申請だった。一方、2018年に養子縁組の申し出があった子どもは177人で、そのうち45人（23％）（原文ママ）が、里親養育からの養子縁組を求めるものだったが、この比率は前年の2017年と比べると3割以上減っている（Child and Family Agency, 2020a）。たとえ、国のケアを受ける子どもの養子縁組が、見込みどおり実現し増加していくとしても、それがデータに明確に表れるのは、さらに数年先にな

る。申請してから養子縁組命令が下されるまでに、時間を要するからである。

国による公的ケアから養子縁組された子どもの数は、依然として少なく、2018年に25人で、この数は同年末に公的ケアを受けていたすべての子ども（5,974人）の0.42％にすぎない。2018年末に5,974人が公的ケアを受けていたということは、アイルランド全体で、0〜17歳の子ども10万人当たり502人の割合であり（Child and Family Agency, 2020a）、これはヨーロッパ諸国のなかで、とりわけ低い比率である。2018年の養子縁組は72件であり、子ども10万人当たり6.05人が養子になったといえる。72件中25件が公的ケアからの養子縁組で、10万人当たり2.1人に相当する。

表4.1　養子縁組命令および国のケアを受ける子ども　2013〜2018年

年	養子縁組命令総数	養子縁組命令（連れ子養子）	公的ケアからの養子縁組された子ども（養子縁組総数に占める割合）	年末時点で国のケアを受ける子ども
2013	116	86	17（15％）	6,469
2014	112	74	23（20.5％）	6,454
2015	94	66	13（14％）	6,384
2016	95	65	19（20％）	6,267
2017	72	37	21（29％）	6,189
2018	72	35	25（35％）	5,974

出典：AAI（2014-19）および the Child and Family Agency（2014-19）

2018年のアイルランドの出生数は6万1,016人である（Central Statistics Office, 2019）。生まれて間もない子どものどの程度が養子縁組命令の対象となったか、その割合は算出されていない。近年のアイルランドの養子縁組は、新生児や乳幼児ではなく、ティーンエイジャーが主だからである。2018年の72件の養子縁組について、年齢別の内訳は、17歳の子どもの養子縁組命令が30件、12〜16歳の子どもが23件、7〜11歳が7件、2〜6歳が9件、1歳が3件であった（AAI, 2014-19）。

現在では、図4.2に示したように、生みの親が養子縁組に賛成しない場合、

親の同意を省くよう、子ども家庭機関（Child and Family Agency: Tusla ／ツスラ）か養子縁組申請者が上位裁判所に申立てできることになっている。2018 年に上位裁判所は、「養子縁組命令とそれにともなう問題について、2010 年養子縁組法（Adoption Act 2010）にもとづく」申立て 22 件を、「解決した」という（Courts Service, 2019: 65）。だが、その詳細を裁判所の年次報告書は示していないため、そのうち何件が、長期の里親養育からの養子縁組に生みの親が不服申立てした事例だったのかは把握できない。

国によるケアを受けている子どもの養子縁組プロセス

　アイルランドでは、養子縁組の方針決定に向けて、単一の組織が専門的アプローチを行う。それが、2010 年 11 月 1 日に設立された養子縁組中央機関のアダプション・オーソリティーであり、2010 年養子縁組法（Adoption Act 2010）のもとで組織された独立機関だ。以前は An Bord Uchtála、すなわち養子縁組委員会（Adoption Board）として知られていた。現在のアダプション・オーソリティーは、フルタイムの職員を配置した専門的な準司法機関である。アダプション・オーソリティーの委員会は——フルタイム職員とは別に——、法律、ソーシャルワーク、精神医学、心理学の分野に通じた委員によって構成される。委員は、独立の公職任命部門（Public Appointments Service）によって選任され、任期が決まっている。準備段階のアセスメントや書類上の業務は、子ども家庭機関（Child and Family Agency）や認可を受けた養子縁組機関が行うが、養子縁組に関する聴聞と、最終的な養子縁組命令の決定は、アダプション・オーソリティーが**単独**で行う。子ども家庭機関の管区ごとに設けられた養子縁組審議会（adoption committees）は、養子縁組サービスを管理統制するとともに、ソーシャルワーカーが推薦する養親申請者の適格性と適切性のアセスメントと、そのケースのアダプション・オーソリティーへの提言について、独自に再検討する。アダプション・オーソリティーは、独立した方針決定機関であるため、提起されたケースについて各地の子ども家庭機関の養子縁組審議会（local Child and Family Agency adoption committee）の推薦に従う義務はない（図 4.2）。

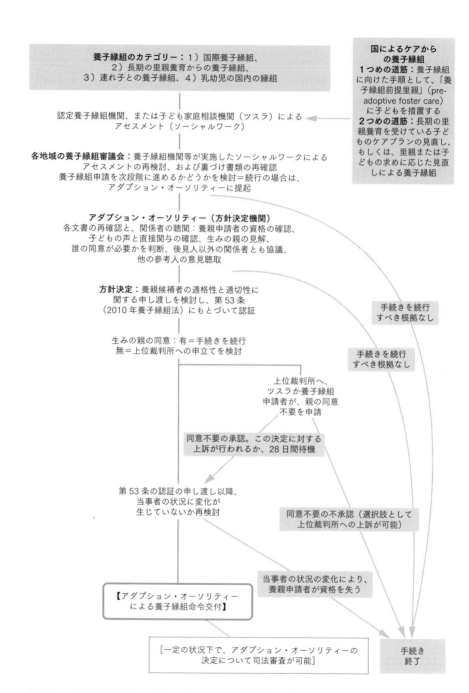

図 4.2　養子縁組申請、アセスメント、方針決定のプロセス（アイルランド）

アイルランドには、養子縁組のカテゴリーが5種類ある。国際養子縁組、長期の里親養育からの養子縁組、親族による里親養育からの養子縁組、連れ子の養子縁組、国内の乳幼児の養子縁組である。本章のこの節では、もっぱら長期の里親養育からの養子縁組のプロセスを論じる。

　2018年にアイルランドで国による公的ケアを受けている子ども（5,974人）の93％が、里親養育下にある（5,551人）。その内訳は、一般の里親養育（3,957人［66.2％］）と、親族による里親養育（1,594人［26.7％］）で、大多数が子ども家庭機関（ツスラ）の支援を受けている。比率は少ないが、私的な里親養育の取り決め（388人）もあり、緩やかに増加している（Child and Family Agency, 2020a）。アイルランドでは、里親はもっぱら里親養育を担う者として認定され、里親と養親を兼ねるかたちのアセスメントはない。しかし、実践の現場で言われるように、近年では、新しい養子縁組法のもと、「それまで」里親だった者が、公的にケアしている子どもとの養子縁組を申請している。こうした状況では、里親としてすでに認められている者が、さらに養親としてアセスメントを受ける。

　生まれた時点で国による里親養育に措置され、明らかに養子縁組を意図している例は、極めて少ない。養子縁組が、養育の選択肢としてあまり活用されないのは、これまでコンカレント・プランニング（同時進行計画）という方針がなかったからだ。また、アイルランドの児童保護システムが家族再統合をとりわけ重視するためでもある。つまりアイルランド憲法の家族中心主義の強い影響の表れであるとともに、家族再統合を優先し、養子縁組によって親権を奪うことは何としても避けようとする、社会政策と現場の方向性を色濃く反映している。

　児童ケア法の2007年修正条項（The Child Care (Amendment) Act 2007）は、1991年児童ケア法（Child Care Act 1991）に第43A条の規定を追加することで、長期の養育を行っている里親の権利を拡大した。これによって里親は、医療行為への同意やパスポートの発行といった日常的な問題について、以前より自律的に判断できるようになっている。子どもと5年間暮らしていれば、里親は権利拡大を申請でき、事前に子ども家庭機関（ツスラ）が権利の付与に同意しなければならない。

　図4.2は、アイルランドにおける養子縁組の申請とアセスメントのプロセス

について、流れを図示している。国によるケアを受ける子どもの養子縁組には、2つの道筋がある。

　1つめの道筋は、最初から親が乳幼児を養子縁組させる目的で、「養子縁組前提里親（pre-adoptive foster care）」への措置を申請し、その措置に同意する。養子縁組前提里親の役割は、子どもを養育することであり、その子どもは生みの親のもとに戻るか、養子縁組に措置されることになる。これまでは、養子縁組前に里親に措置された子どもが、その里親の養子になることはできなかった。従来は子どもが養子縁組前提里親の養育を受けるとしても、生みの親が養子縁組に同意するまでの期間を過ごす場所としてであった。アイルランドの法律では、新生児の場合、生後6週間以上になるまでは、生みの親に養子縁組への同意を求めてはいけないと定められている。生みの親は、希望するなら、子どもと養子縁組するカップルの選定に関与できる。養親候補者を選んだら、養子縁組に向けた措置――いわゆる試験的な養子縁組期間――に移行し、これが、最終的な同意に署名が行われ、アダプション・オーソリティーによる養子縁組命令がなされるまで続く。

　国によるケアを受ける子どもが養子となる2つめの道筋は、生みの親の同意のない養子縁組である。これは、家族再統合の見込みがないと明らかになった時点でケアプランを見直し、里親、子ども、または児童保護ソーシャルワーク部門のいずれかの申請で、養子縁組に向けたプロセスを開始する。

　2012年に行われた子どもに関わる条項についての憲法修正と、それに関連する授権法の交付と施行以前は、国のケアを受ける子どもを養子縁組しようとしても法的に難しく、特に生みの親が婚姻関係にあり子どもが婚外子でない状況では困難だった。養子縁組により親権を奪うという考えは標準的ではなかったので、子どものための児童ケアレビュー（ケアプランニング）のプロセスの一環として、常に家族再統合を考慮し、長期養育のほうが養子縁組より望ましいとみなされていた。

　アイルランドで児童保護と福祉を担うソーシャルワーク部門において、長期の里親養育からの養子縁組が推進されなかったのは、以下の理由がある。ソーシャルワーク部門にとっても、国の政策としても、家族再統合が標準的な目標だったこと。長期の養育を受ける子どもの養子縁組は、特に親が婚姻関係にあ

る子どもの場合、法的にも手続き上も難しかったこと。クローズドアダプションのモデルによる親権の剥奪について、専門職間でも地域社会においても抵抗があること。養子縁組が成立すると（児童保護の部署がケースへの対応を終えるので）里親への支援と手当支給がなくなること。家族重視の憲法が、文化的な規範であること。システムとして養子縁組を示した手引きや政策の枠組みの欠如、つまり、子どものための児童ケアレビューにおいて、実現すべき養育の選択肢として、そもそも養子縁組を考えていなかったこと。こうした一連の状況を背景に、何が子どもの最善の利益かという方針決定が行われていたのである。

アイルランドで国によるケアからの養子縁組が少ない理由

　これまで述べてきたように、アイルランドでは歴史的に、子どものケアシステムを養子縁組への道筋として活用してはいない。養子縁組法の2017年修正条項（Adoption (Amendment) Act 2017）制定以前は、「アイルランドの規定では、子どもが18歳になるまで親権を放棄できないことになっており、また、養子縁組が法的に可能なのは、婚外で生まれた子どもに限られていた」(Palmer and O'Brien, 2019: 399)のである。養子縁組の必要性の根拠となる判断基準は高く設定され、その基準に該当しているという証明も現実には難しく、結果として、多くの子どもが国によるケアを受け続けるしかなかった(McCaughren and McGregor, 2018)。こうした背景により、これまでアイルランドの養子縁組は、親が同意している「自発的」なものが主で、同意のない養子縁組は稀だった。1988年養子縁組法（Adoption Act 1988）によって、里親による養子縁組が可能になっても、その基準となる条件を満たすのは、まず不可能だった。

　今日の実情としては、国による長期のケアを受ける子ども（およびその里親）は、18歳に達する前に、養子縁組命令の交付を申請している。養子縁組命令は、その交付時点で18歳以下の子どもに限って受けられる。そのため統計が示すように、アイルランドで国による公的ケアから養子縁組される子どもの年齢は、比較的高い傾向があるのだ。とはいえ、近年の憲法修正や法改正によっ

て、今日では、国のケアを受けるより幅広い子どものために、養子縁組の可能性が拓かれている。アイルランド憲法の修正条項42A（Article 42A）には、「法の定めるところにより（…）子どもの（…）養子縁組に関する（…）あらゆる手続きの決定については、子どもの最善の利益について最大の考慮を払うものとする」とある。この条項はまた、親が婚姻関係にある子どもでも、長期の里親養育を受けている場合、一定期間を経れば養子となる資格があると定めている。

養子縁組法の2017年修正条項（The Adoption（Amendment）Act 2017）は、「所定の期間」、つまり連続36カ月にわたって国のケアを受け続けている子どもで、生みの親が育てられる十分な見通しがない場合は、養子縁組が可能となると定める。そして2017年修正条項によると、そのような子どもが、養子縁組の申請者と少なくとも18カ月継続して居住しているならば、養子縁組命令が下される。同条項はまた、子どもが自分の意見を形成する力に言及し、アダプション・オーソリティーと裁判所は「子どもの見解を確かめ、子どもの年齢と成熟度を考慮して、その見解を相応に重視するものである」としており、養子縁組命令の決定において「子どもの最善の利益について最大の考慮を払う」と定める。

新たなアセスメントモデルへの移行

養子縁組に関するアイルランドのかつての法律は、海外で養子となるアイルランドの子どもの多さをふまえて起草したもので、当時は養子縁組といえば、養親となるカップルに赤ちゃんを措置することだった。以来アイルランドの状況はかなり変化し、養子縁組に措置される子どもの年齢層の変化のみならず、今日では子どもの後見人となる人の幅も広がっているため、あえて養子縁組する必要がないという人もいる（後見人の資格についての情報はChildren and Family Relationships Act 2015）。新たな2015年児童および家族関係法（Children and Family Relationships Act 2015）は、里親家庭の子どもが養子縁組によって法的にその家族の一員となる可能性を拓き、その道筋はより明確で簡便になっている。

今日まで、カップルや個人を里親**もしくは**養親として、二重にアセスメントする養育者認定システムは運用されていない。里親認定か、養親認定かによって、アセスメントの基準を区別してきた。子どもは、里親養育を受ける（そして、実の家族との再統合を期待する）か、養子縁組されるか、いずれかだったので、里親の養子となる可能性の検討は限定的だったのである。

クローズドアダプションからオープンアダプションへ

2010年養子縁組法（Adoption Act 2010）は多くの意義ある変化をもたらしたが、法律上は依然としてクローズドアダプションのモデルが基本となる。とはいえ、現場のソーシャルワークにおける養子縁組の実践は、かなりオープンなアプローチを取り入れてきた。実のところ、かつての養子縁組の法律は、養子となった子どもが生みの親とコンタクトを保つとは考えられなかった時代に制定されたものだ。養子縁組後の支援が及ぶ範囲が広がるなか、今日アイルランドでは、オープンアダプションの検討が現実味を帯びてきている（Department of Children and Youth Affairs, 2019）。

アイルランドの昨今のオープンアダプションや、それに近いセミオープンアダプションに関する論評（Department of Children and Youth Affairs, 2019）は、自発的なオープンアダプションの取り決めが一般的になってきたが、正式な支援システムが整備されていないと指摘した。また、実際に行われている各種のオープンアダプションの取り決めに、一貫性がないことも明らかにした。この論考は、今後のアイルランドでどうすればオープンアダプションを実践できるか、数々の提言を行った。なかでも、「情報交換など自発的なかたちの養子縁組後のコンタクトを支援するサービスの法的基盤」が必要だという（Department of Children and Youth Affairs, 2019: 3）。さらに、養子縁組後のコンタクトを支援する必要性をふまえ、その支援サービス提供の指針を定めるべきだと提唱する。そして、オープンアダプションを実際に経験している子どもの視点を取り入れること、および、生みの親とその親族、養親、養子となった子どものための、オンライン情報サイトの開発が提案されている。

現状では、養子縁組家庭への措置に携わった機関が、引きつづき養子縁組後の支援を提供するのが一般的で、オープンアダプションにおける養子への支援

もある。しかし、論評によると、子ども家庭機関（ツスラ）は「『門戸開放』を示しているとはいえ、オープンアダプションを行う家庭のニーズに応じた方法をとることによって、実践が進化する必要がある」（Department of Children and Youth Affairs, 2019: 52）。

　従来の乳幼児の養子縁組と異なり、長期の里親養育を受けている今日の子どもは、コンタクト、つまりアクセスを可能にする取り決めを通じて、生みの家族とのつながりを確立する傾向がある（Section 37 of the Child Care Act 1991）。子どもにとって血のつながりのある家族との関係が法的に断ち切られても、国連の子どもの権利条約にもとづく権利が守られるよう、国家が保障することになる。アイルランドの「**里親養育国家基準**（The National Standards for Foster Care）」（Department of Health and Children, 2003: 12）に明記されているように、里親養育を受ける子どもは「家族との関係を維持し友好を深めるよう奨励され、そのための援助を受ける」ことが必須で、コンタクトは子どもの希望に沿って行われねばならない。ケアシステムの対象となる子どもは、往々にして通常以上に複雑なニーズを抱えている。そのため、里親が養子縁組する場合、継続的かつ時に集中的な養子縁組後の支援が必要になり、特に現状の一般的なケースよりかなり幼い子どもを里親養育から養子縁組したときの支えが求められている。このような子どもたちに対して国家は常に責任を負わねばならず、里親養育から養子縁組に移行したからといって、国の責任は完全になくなるべきものではない。

結び

　国によるケアから養子となる子ども数の増加を促進するために、再構築した新たな養子縁組のありかたを理解し、支持し、運用するには、実質的な文化の移行とかなりの労力が求められる。とはいえ、こうした変化が必要な背景として、20世紀のアイルランドの養子縁組システムが、当初は懲罰的で、往々にして痛ましく、ずさんだったという歴史的経緯をふまえねばならない。国によるケアからの養子縁組数の増加を推し進めようとしても、養子となった者が

出生をめぐる身元情報を知る権利などの根本的な問題に、養子縁組システムはいまだ対処できておらず、どうみてもその信頼性に疑問が残るといえるだろう。養子縁組は、未婚の親への対応策としての歴史があるため、公的ケアを受けている子どもを養子縁組と結びつけることに対し、親、子ども、里親、専門職の心情は、必ずしも肯定的ではなかった可能性がある。長期の里親養育など他のかたちの公的ケアよりも、養子縁組を優先する、もしくは、すべきだという共通認識が存在するのかどうか不確かである。子ども家庭機関（2020b）は、『Pathways to Permanency Handbook（パーマネンシーへの道筋の手引き）』を新たに刊行している。その方策により、パーマネンシーの新たなモデルと、コンカレント・プランニング（同時進行計画）のガイドラインを実践者向けに提供し、また、長期間公的ケアを受けている子どものために養子縁組の手引きを示すことが期待される。

　以前から、資金面の問題が、公的ケアの長期化傾向と里親の不安感の原因だといわれ、養子縁組命令が下されたら、国による経済支援がなくなることを里親と子どもは懸念している。Cregan（近刊）によると、経済面の問題が、養育している子どもとの養子縁組の障壁となる里親がいるかもしれないが、実際には、里親が国のケアを受けている子を養子とした場合、ほどなく支援給付の受給資格を得られる可能性は高い。国のケアを受ける子どもが生みの家族と関係を継続する傾向がある現代において、養子縁組が「はっきりした断絶」を意味するという従来の認識は、もはや適切ではなく、実際には、何らかのことが持続しながら養子縁組措置に至る。現に、里親の位置づけにも変化がうかがえる。過去には、短期にせよ長期にせよ里親養育は、一時的な**親代わり**となる取り決めとみなされ、里親養育を養子縁組の出発点とすることは無きに等しかったのだ。

　アイルランドの新たな養子縁組モデルは、子どもの権利とその最善の利益を、あらゆるパーマネンシープランニングと方針決定の中核に据えた。それにより子どもに対する従来の認識が変化し、今日では、子どもは意見をもち独立した権利主体である。子どもと若者の長期養育に関する決定はすべて、本人の最善の利益に即して、個々のケースに応じて判断せねばならず、大人の側や施設のシステム上の利益によって決めてはならない。

筆者としては、養子縁組が生涯にわたって及ぼす影響に着目し、養子縁組システムがあらゆる当事者の継続的なニーズに対し、いかに最善の支援を行うかに、注力すべきだと主張したい。とはいえ、子どもの最善の利益にもとづいた方針決定や、養子縁組のアセスメント、ケアモデルを重視した、より包括的で一貫性のあるシステムにアイルランドが移行しつつあると期待している。今日不可欠なのは、子ども家庭機関に養子縁組後の支援に従事する部署を設けて、組織立った合理的なサービスを提供することである。

謝辞

　本章の草稿へコメントをいただいた、子ども家庭機関の主席ソーシャルワーカー、Triona Hall に謝意を表したい。

参考文献

AAI (Adoption Authority of Ireland) (2014–19) 'Annual reports 2013–2018'. Available at: aai.gov.ie/en/what-we-do/further-information/publications.html (2019 年 7 月 25 日閲覧).

AAI (2020) 'Intercountry adoptions by parents habitually resident in Ireland: 1991–date'. Available at: aai.gov.ie/images/ICA_by_parents_habitually_resident_in_Ireland_Report_111219_FINAL.pdf (2020 年 3 月 12 日閲覧).

Adoption Rights Alliance, Parkes, A. and McCaughren, S. (2014) 'Time to reform adoption laws has arrived', Irish Examiner, 5 November. Available at: www.irishexaminer.com/viewpoints/analysis/time-to-reform-adoption-laws-has-arrived-296344.html (2020 年 3 月 12 日閲覧).

Burns, K. and McGregor, C. (2019) 'Child protection and welfare systems in Ireland: continuities and discontinuities of the present', in L. Merkel-Holguin, J.D. Fluke and R. Krugman (eds) *National Systems of Child Protection: Understanding the International Variability and Context for Developing Policy and Practice*, Dordrecht: Springer International / Palgrave Macmillan, pp 115–38.

Burns, K., Devaney, J., Holt, S. and Marshall, G. (近刊) 'Child protection and welfare on the island of Ireland: Irish issues, global relevance', in N. Gilbert, J. Duerr Berrick and M. Skivenes (eds) *International Handbook of Child Protection Systems*, London: Oxford University Press.

Central Statistics Office (2017) *Census of Population 2016 – Profile 4 Households and Families*, Cork: CSO.

Central Statistics Office (2019) 'Vital statistics yearly summary 2018'. Available at: www.cso.ie/en/releasesandpublications/ep/p-vsys/vitalstatisticsyearlysummary2018/ (2019 年 7 月 25 日閲覧).

Child and Family Agency (2014–19) 'Review of adequacy reports 2007–2017'. Available at: www.tusla.ie/publications/review-ofadequacy-reports/ (2019 年 10 月 3 日閲覧).

Child and Family Agency (2020a) Annual Review on the Adequacy of Child Care and Family Support Services Available 2018, Dublin: Tusla, Child and Family Agency. Available at: www.tusla.ie/uploads/content/Review_of_Adequacy_Report_2018_Final_for_Publication_V2.pdf (2020 年 1 月 23 日閲覧).

Child and Family Agency (2020b) *Pathway to Permanency Handbook (Draft Edition)*, Dublin: Tusla, Child and Family Agency.

Connolly, L. (2015) 'Locating the Irish family: towards a plurality of family forms', in L. Connolly (ed) *The 'Irish' Family*, New York: Routledge, pp 10–38.

Courts Service (2019) 'Annual report 2018'. Available at: www.courts.ie/annual-report (2020 年 12 月 15 日閲覧).

Cregan, M. (近刊) 'PhD research dissertation', *School of Applied Social Studies*, University College Cork.

Department of Children and Youth Affairs (2017) *Children First: National Guidance for the Protection and Welfare of Children*, Dublin: Government Publications.

Department of Children and Youth Affairs (2019) 'Review and consultation in respect of the potential introduction of open or semi- open adoption in Ireland. Report produced in accordance with Section 42 of the Adoption (Amendment) Act 2017 (November 2019)'. Available at: https://assets.gov.ie/38717/3defc42d3e84425ea00e621d1610f800.pdf (2019 年 11 月 7 日閲覧).

Department of Health and Children (2003) *The National Standards for Foster Care*, Dublin: Government Publications.

Ferriter, D. (2019) ' "I was not a human being": a history of Irish childhood', Irish Times No Child 2020, 19 January. Available at: www.irishtimes.com/news/social-affairs/i-was-not-a-human-being-ahistory-of-irish-childhood-1.3758896 (2020 年 1 月 1 日閲覧).

Garrett, P. M. (2017) 'Excavating the past: mother and baby homes in the Republic of Ireland', *British Journal of Social Work*, 47(2): 358–74.

Irish Association of Social Workers and Council of Irish Adoption Agencies (2020) 'Rights to birth certificates is still an option', press release, 16 January. Available at: www.iasw.ie/page/503 (2020 年 2 月 14 日閲覧).

Kornitzer, M. (1952) *Child Adoption in the Modern World*, London: Putnam.

Lee, P. (2014) 'Her story in her own words', keynote address at the 'Redefining Adoption in a New Era: Opportunities and Challenges for Law and Practice Conference', University College Cork.

McCaughren, S. and McGregor, C. (2018) 'Reimagining adoption in Ireland: a viable option for children in care?', *Child Care in Practice*, 24(3): 229–44.

McCaughren, S. and Ní Raghallaigh, M. (2015) 'Adoption in Ireland: exploring the changing context', in A. Christie, B. Featherstone, S. Quin and T. Walsh (eds) *Social Work in Ireland: Changes and Continuities*, London: Palgrave Macmillan, pp 71–87.

McCaughren, S. and Powell, F. (2017) 'The fate of the illegitimate child', in N. Howlin and K. Costello (eds) *Law and the Family in Ireland 1800–1950*, London: Palgrave Macmillan, pp 195–213.

McConnell, D. (2019) 'Bill to restore birth certs for illegally adopted', Irish Examiner, 29 January. Available at: www.irishexaminer.com/breakingnews/ireland/bill-to-restore-birth-certs-for-illegallyadopted-899929.html (2020 年 2 月 14 日閲覧).

Milotte, M. (2012) *Banished Babies (2nd edn)*, Dublin: New Island.

Murphy, Y. (2019) 'Mother and Baby Homes Commission of Investigation. Fifth interim report'. Available at: www.mbhcoi.ie/MBH.nsf/page/Latest%20News-en (2019 年 5 月 24 日閲覧).

O'Brien, V. and Mitra, S. (2018a) *An Audit of Research on Adoption in Ireland 1952– 2017*, Dublin: The Adoption Authority of Ireland.

O'Brien, V. and Mitra, S. (2018b) *An Overview of Adoption Policy and Legislative Changes in Ireland 1952–2017*, Dublin: The Adoption Authority of Ireland.

Palmer, A. and O'Brien, V. (2019) 'The changing landscape of Irish adoption: an analysis of trends (1999– 2016)', *Child Care in Practice*, 25(4): 399–418.

Powell, F. and Scanlon, M. (2015) *Dark Secrets of Childhood: Media Power, Child Abuse and Public Scandals*, Bristol: Policy Press.

The Adoption Board (2003) *Report of a Board Uchtála (The Adoption Board)*, Dublin: The Stationery Office.

The Adoption Board (2009) *The Adoption Board Annual Report 2008*, Dublin: The Stationery Office.

Whyte, J. H. (1971) *Church and State in Modern Ireland 1923–1970*, Dublin: Gill and Macmillan.

米国における公的ケアからの養子縁組
―― 政策と実践

ジル・デュール・ベリック

はじめに

　米国では、建国以前から養子縁組が行われ、1800年代半ば以降には成文法として定められた。それ以来、各州法と連邦法の重層性のなかで養子縁組の実践が広がり、今日米国は、養子となる子どもの総数と、公的ケアからの養子縁組数のいずれにおいても、各国のなかで抜きん出ている。本章は、米国の養子縁組の実践と政策について、歴史の概略を提示したうえで、公的ケアからの養子縁組に関する現状の考え方と実践的側面を検討し、この分野の将来的な課題を見極めて結びとする。

米国における養子縁組の概略史

　植民地時代、新たに移住してきたヨーロッパ系アメリカ人が、個人から個人への資産の引き渡しである相続を法的に確実にするために、養子縁組が使用された（Carp, 2005）。これらは「私的な養子縁組」であり、子どもの養育と監護権を、親（片親／両親）から別の大人へ移譲したのである。一般的に養子の候補は、ある程度の年齢の子ども（通常は男子）だった（Freundlich, 2001）。家族というものが、国を経済的に発展させる主要な原動力だったため、労働力の確

保のために養子縁組される男児も少なくなかった（Mintz, 2004）。1851年にマサチューセッツ養子法（Massachusetts Adoption Act）が州議会で可決され、それは私的な養子縁組に関わる適切な法的手続きを成文化した初の法律となった。この養子法は、生みの親と養親の権利に関わるものだった。また、養子縁組という法的取引に固有の要素である子どもにとってのニーズにも目を向けていた（Carp, 2005）。

話を20世紀に進めると、私的な養子縁組が盛んに行われる風潮が生まれた。第二次世界大戦中と戦後に、婚外妊娠の割合がかなり増え、そうした出産につきまとうスティグマが強かったためである。それと同時に、（過去何世紀にもわたり極めて高かった）乳幼児死亡率が減少に転じた。乳児用の調製粉乳が発明され、生みの母から離れた環境でも乳児は生きることができるようになった（Carp and Leon-Guerero, 2005）。こうした要因は、養子の供給側の主な原動力となった。同時に、家族をもちたい、家族を拡大したいと願う人々が、家庭を必要とする健康な白人の乳幼児を望む需要も高かった。児童福祉の一環としての養子縁組は、ソーシャルワークの実践における専門分野となり、養子縁組を希望するカップルと、新しい家庭を必要とする赤ちゃんの、双方の利益がはかられた。児童福祉の職員は、私的な養子縁組の仲介者の役割を担うために研修を受け、幼い子どもの法的な引き渡しを家族間で円滑に行えるようにした。その業務では、養親候補者として適切かどうかを評価し、親子の「マッチング」に多くの労力を注いだ。それは、子どもが「標準」か「不全」かについて評価したうえで、人種、民族、身体的特徴、宗教といったカテゴリーにもとづいて注意深く子どもと親を引き合わせたということである（Gil, 2005）。

この「マッチング」の実践は、たとえば白人の子は白人家庭、黒人の子は黒人家庭、プロテスタントの子どもはプロテスタント家庭での暮らしを確実とした。人種を意図的に一致させないマッチングを経験したのは、アメリカ先住民／アラスカ先住民の子どもたちだけだった。先住部族の子どもを白人家庭の養子とする縁組は、米国のいわゆる「インディアン問題」への対応策とみなされた。つまり、ネイティブアメリカンの子どもを白人として「通用する」よう育てれば、主流の文化への同化が進み、文化の違いによる長年の問題が減り、先住部族の主権を抑制できると期待したのだ。連邦政府は、ネイティブアメ

リカンの子どもと白人家庭の養子縁組を推進するインディアン養子縁組事業（Indian Adoption Project）を開始し、1958〜1967年に何百人もの先住部族の子どもが、自分の属するコミュニティの外で養子となった。1960年代、1970年代に里親家庭や養子縁組家庭に託された先住部族の子どもの5分の4が、先住民ではない家族と暮らしていたという推計がある（Unger, 1977）。

　効果的な避妊法が登場して普及するとともに、ひとり親につきまとうスティグマも低減していくと、養子縁組できる健康な赤ちゃんが少なくなり、私的な養子縁組市場への供給は減少した。同じ頃、児童福祉に関わるケース数が増大し、家庭外養育について、社会の認識が広がった。1970年代までにいくつかの要因で、児童福祉システムと公的ケアからの養子縁組が、世間の注目を集めるようになった。公的ケアを受ける子どもの数は増加していたが、新たな研究により、家庭外養育のシステムに長期間とどまると、懸念すべき影響が子どもに及ぶとする研究が示された。調査研究によると、長期にわたって公的ケアを受ける子どもの多くは、養育家庭からまた別の養育家庭へ転々とする不安定な状況に置かれ、児童福祉機関が、子どもの居所を一切追跡できなくなってしまう例もあった（Fanshel and Shinn, 1978）。

　アフリカ系アメリカ人の子どもは、家庭外養育に措置される傾向が目立つのに比して、養子縁組の確率は低い（Barth, 1997）。人種を超えた措置（アフリカ系アメリカ人の子どもと白人家庭のマッチング）は、1960年代を通じていくらか増えていたが、1970年代初期には、こうした実践に反対する声が強くなった。1972年、全米黒人ソーシャルワーカー協会（National Association of Black Social Workers）が、アフリカ系アメリカ人の子どもを異なる人種の家庭に託す措置の中止を求めた（NABSW, 1972）。その声明では、人種を超えた措置は文化的大虐殺（ジェノサイド）に等しいと述べ、白人の養親への警鐘として、黒人の子どもが、米国に蔓延する人種差別を生き抜く術を、白人家庭では適切に身につけられないと主張した。

　こうした人種、里親養育、養子縁組にまつわる緊張が、政治的にも喫緊の課題となり、ようやく1978年に、ネイティブアメリカンの子どもの養子縁組が連邦法で規定された。それがインディアン児童福祉法（Indian Child Welfare Act: ICWA）であり、里親養育委託の要件を定め、措置する際の優先順位として、

（好ましい順に）拡大家族、子どもの部族の家庭、他の部族の家庭とすべきであるとした。この法律では、親族ではなく先住部族でもない者への里親養育委託は、優先すべき選択肢がどうしてもみつからない場合に限って認められる。子どもが里親養育家庭で暮らすあいだ、ソーシャルワーカーには子どもと家族の再統合に向けた積極的な努力が求められる。インディアン児童福祉法は、生みの親が養育に適していないと、裁判所が「合理的疑いの余地なく」立証することを、養子縁組の承認基準としており、これは法的に非常に高いハードルとなる。

　この法律の2年後、1980年養子縁組援助・児童福祉法（Adoption Assistance and Child Welfare Act 1980: AACWA）を議会が可決し大統領が署名した。先住部族の子どもを除く米国のすべての子どもを対象とした法律で、先のインディアン児童福祉法と並列関係にあり、いくらか異なる特徴はあるが意図するところは同じだ。養子縁組援助・児童福祉法は、里親養育委託を避けるために（「積極的な努力」とはいわないまでも）「合理的な努力（reasonable efforts）」を各州に求めた。それでも家庭外養育が必要となった場合には、生みの親との家族再統合を目指すよう各州に求めた点は、先の法律と同様だ。措置する際に優先すべきことは、先の法律より緩やかに定めており、「（自分の家庭のように）極力制約が少なく、親の家から遠くない距離にあり、子どもの最善の利益とスペシャルニーズに一致する、可能な限り最適な環境」とした（米国社会保障法475条（US Social Security Act, s 475）[42 U.S.C. 675] 5 [A]）。

　養子縁組援助・児童福祉法の制定時、米国では20万人以上の子どもが家庭外養育を受けていた。その多くが数年間にわたり家庭外養育を受け、将来的な長期の生活の場を保障する取り決めは、ほとんどなされていなかった。この新たな法律では、「永続性」を中核に据えるようになり、児童福祉の公的機関に対し、公的ケアを受けている子ども全ケースについて支援計画策定を義務化し、生みの家族との再統合に向けた努力を可能な限り優先する責務を課した。同法は、子どもが安全に家庭に戻ることができるよう親に支援を提供する期間に上限を設けた。それ以後、パーマネンシーを確保するために次に望ましい選択肢は、養子縁組とされた。ただし、親権を終了させて養子縁組を実現する根拠について、「証拠の優越」（訳注：主張した事実が、それに対抗する証拠を上回る

程度の証明力）を示さねばならず、これが法的なハードルとなっていた。それでも、先住部族の子どもの養子縁組のハードルに比べれば、かなり低い基準である。

　養子縁組援助・児童福祉法の制定後間もない年の推計として、1982年に「養子縁組に向けた措置」を受けていた子どもは約1万7,000人だったとされる（ただし、このなかで、最終的に養子縁組が成立した子どもの人数については、確かなデータがない）。その10年後には年間約2万人が養子となり、1990年代半ばには年に約3万人が家庭外養育から養子縁組された（Maza, 1984; Flango and Flango, 1994; Testa, 2004）。

　議会指導者のなかには、家庭外養育からの公的な養子縁組の増加が緩やかなことを、もどかしく思う者もいた。養子縁組を通じて子どものためのパーマネンシーを迅速に実現しようとせずに、実の家族関係の維持に努める傾向が強い児童福祉の公務員に対して、不満も表明していた（D'Andrade and Berrick, 2006）。バランスとして、子どものパーマネンシーの権利のほうが、親の子どもに対する権利を上回るように議員らが努力した結果、1997年養子縁組・家族安全法（Adoption and Safe Families Act 1997: ASFA）が制定された。この法律は、家族再統合の推進のためのサービスを親が受けられる期間を、それまで以上に限定した。また、親への支援サービス提供を省略して迅速に養子縁組を進めることが認められる「例外的な状況」として、どのような例があり得るかを一覧にした。さらに、同法は、養子縁組の成立数が基準率より上回った州に、年ごとに養子縁組の「奨励金」を支給することを定めた（D'Andrade and Berrick, 2006）。

　家庭外養育からの養子縁組数は増加した。米国で、2000年には約5万人の子どもが、公的な児童福祉システムから養子となった。10年後には、さらに16％ほど増加し、公的な養子縁組は年間約6万人になった（Shuman and Flango, 2013）（詳細は表5.1）。今日、米国は「養子縁組大国」と称され、推計によると、米国の養子縁組率は他のどの国よりも高い（Pertman, 2011）。近年の推計が示すように、公的ケアからの養子縁組数は年間6万人ほどで安定しており（US DHHS, 2019）、この数は全米のあらゆる養子縁組の40％にあたる（他の60％は国際養子縁組と私的な養子縁組である）（Vandivere et al., 2009）。

表 5.1　米国における養子縁組の動向[注a]

年	家庭外養育を受ける子ども[注b]（子ども10万人当たりの人数）	家庭外養育からの公的な養子縁組数[注c]	子ども10万人当たりの公的な養育からの養子縁組割合[注d]	国際養子縁組数	子ども10万人当たりの国際養子縁組割合
2003	510,000（697）	50,355	68.8	19,237[注e]	26.0
2005	513,000（697）	51,323	69.8	20,679[注f]	28.1
2010	408,525（551）	52,340	70.6	12,149	16.4
2015	427,910（581）	53,549	72.7	8,650[注g]	11.75
2018	437,283（595）	63,123	85.9	4,059[注h]	5.5

注a：米国で私的に養子縁組された子ども数のデータは入手不可能である。
注b：データの出典は Adoption and Foster Care Analysis and Reporting System（AFCARS）reports #10–#26（US Department of Health and Human Services）。10万人当たりを算出するための子ども総数の出典は全米人口調査であり、0～17歳のすべての子を含む。家庭外養育を受ける子ども数の出典は AFCARS であり、2009年以降は0～20歳（2009より前は0～17歳）の子どもが含まれる。18歳以上の若年層は、一般に、家庭外養育を受ける子ども総数の10％以下となっている。
注c：データの出典は AFCARS reports #10–#26（US Department of Health and Human Services）
注d：データの出典：www.census.gov/programs-surveys/popest/data/tables.2010.html
注e：ここに示した数値は 2001年のデータである。2001～2010年のデータの出典は Selman（2009）。
注f：ここに示した数値は 2006年のデータである。
注g：ここに示した数値は 2012年のデータで、出典は Child Welfare Information Gateway, 'Trends in U.S. adoptions'. 以下を参照：www.childwelfare.gov/pubPDFs/adopted0812.pdf（2019年12月21日閲覧）。
注h：データの出典は National Council for Adoptions, 以下を参照：www.adoptioncouncil.org/blog/2019/03/fy2018-intercountry-adoption-report-released（2019年12月21日閲覧）。

今日の養子縁組

　養子縁組は、家に戻ることができない子どもにとって不可欠なパーマネンシーの選択肢とみなされる。理由の1つとして、他の選択肢である親族以外の家庭での長期里親養育は、子どものウェルビーイングのために好ましくないと、一般に考えられている。永続的ではない里親養育において、あまりに多く

の子どもが法的効力のない一時的な里親との関係を次から次へと経るという、耐えがたい経験をしている（Testa, 2005）。それに比べて、養子縁組は、子どもに多くの利益をもたらし、相続の権利を得るのに加え、子ども時代を通じた経済的安定が増す場合もある。養子縁組は、里親養育における経験と異なり、子どもに安定性と帰属意識を与えると示すエビデンスもある（Brodzinsky et al., 1998）。

　養子縁組はまた、比較的安定している例が多く、破綻率は低い。推計によると養子縁組が破綻したのは約8％であるが（Rolock, 2015）、ほぼ5％との数値を示す集計もある（Rolock et al., 2019）。一方、里親養育は、子どもにとって永続的とはいえない環境であり、幼い子どもを里親養育に委託するのは懸念が大きい。米国で家庭外養育を受け始める子どもの大半は、5歳以下である（US DHHS, 2019）。里親養育を受ける多くの子どもの年齢的な幼さを考えると、その後の里親養育の長期化は、問題が大きいと考えられる。家庭外養育を受ける子どもの年齢構成が低い傾向にあること、また、子どもは長期養育されるべきではないという見解が一般に受け入れられていることから、ほとんどの子どもはかなり幼い時点で養子となる。

　全米の養子縁組家庭から抽出したサンプル事例の調査では、養子縁組家庭に措置された時点ですでに6歳以上だった児童は、20％にすぎないとわかり、養子縁組の半分近く（45％）が1歳未満の子だった（Malm et al., 2011）。入手可能な最新データによると、2018年に養子となった子どもの平均年齢は6.1歳で、49％が男児であった。また、同年に養子となった子どもの約半数（49％）が白人であり、21％がヒスパニック系で、17％がアフリカ系アメリカ人を含む黒人だった（US DHHS, 2019）。通常は、年間10万人を超える子どもが、里親養育からの養子縁組が可能な状態にあるが（US DHHS, 2019）、一部には、養子となる見込みの低い子どもがいる。アフリカ系アメリカ人の子どもは、白人の子どもに比べて、養子縁組の可能性が38％低いのである。精神的な課題を抱える子どもも養子縁組の確率が低く、その他の障害のある子どものほうが養子となりやすい（Akin, 2011）。

　里親養育を受ける子どもにとって、パーマネンシーを確保する選択肢は、養子縁組だけではない。親族のもとに措置されている子どもの場合、養子縁組は

必ずしも適切な成果につながらないかもしれない。たとえば、親戚である生みの親の親権を奪う状況を、親族養育者が望まない可能性があるからだ。その代わり、親族が法定後見人となる制度の活用が増えており、子どものパーマネンシーの確保に適した選択肢となっている。後見が決まると、子どもの養育と監護権は後見人に委譲されるが、生みの親は、引きつづき、親であるという法的な権利を保持できる。こうした取り決めのもと、やがて生みの親は、家庭の安全性が大幅に向上すれば、子どもを戻すよう裁判所に申請できる。親族以外の者と暮らしている子どもにとっては、後見よりも法的拘束力があるとされる養子縁組のほうが、パーマネンシーの選択肢として適切であるが、親族と暮らすある程度の年齢の子どもが、後見のほうがよいと強く望むなら、その希望は考慮される。法定の後見は、親族のもとに措置されている子どもにとって利益が大きいとはいえ、やはり親族間でも養子縁組を希望する者は多い。養子縁組家庭に関するある調査では、養親の17％は、子どもが以前から知っていた親族であり、それに加え6％が、子どもと面識のなかった親族による養子縁組だった（Malm et al., 2011）。

　養子縁組に対する肯定的な見地と、考え方として養子縁組を推進する方向性が示されているとはいえ、その過剰な広がりを防ぐための法的な障壁は設けられている。養子縁組の政策は、50の各州でかなり幅があるが、一般的な諸条件がそのプロセスを形成している。通常、生みの親への支援サービスを、児童福祉機関が提供する。子どもを親から引き離して公的ケアを受けるよう措置したら、生みの親が、家庭の安全性と養育力の向上に向けて、支援サービスを利用できる期間が設けられる。その期間が満了しサービス提供が終わると、ソーシャルワーカーが、子どものためのパーマネンシープランを裁判官に提起する。このプランとして好ましいのは家族再統合だが、家庭に戻るのが不可能なら養子縁組が推奨されることになる。養子縁組を決定する前には、父親と母親の親権喪失の決定を含めて、裁判所による聴聞が度々あるはずである。

　親権喪失を決定するための法的な基準は、養子縁組・家族安全法（Adoption and Safe Families Act）のもとで1997年に変更され、現在では「明白で有力な証拠」が求められている（先に述べたように、先住部族の子どもの事例では、より高い基準が設けられており、「子どもの親である先住民の親権保持者による継続的な監護が、精神

的もしくは身体的に深刻な害を子どもにもたらし得る」との判断の正当性が、「合理的疑いの余地なく」立証されねばならない（National Indian Law Library, 2019））。一連の法的手続きのあいだ、収入の低い親には無料で弁護人がつき、また可能なら、親は自分で弁護人を確保してよい。いくつかの州では、子どもにも法律の専門家を配置しており、公的機関も弁護人を通じて申立てをする。

　親は、親権喪失の決定などいずれの決定に対しても、不服を申立てる権利がある。子どもの年齢と、居住している州によっては、子どもが養子縁組に関する自分の見解を述べるために出廷する場合もある。当事者のいずれか、もしくは複数の当事者による不服の申立てはよくあることで、概して養子縁組のプロセスが遅れる結果となる。とはいえ、不服申立ての権利は、親と子どもを等しく確実に保護するためのものであり、州が軽率に手続きを進めてしまうことを阻むという目的がある。不服申立てが認められている期間が過ぎたら、子どもは養子縁組をするための法的な制約がなくなったとみなされる。

　州による政策と実践は多様ではあるが、どの州でも適用される一般原則が、上述の内容以外にもある。それは、「子どもの最善の利益」であり、これを基準に養子縁組が適切であるかを判断する。まずは親権喪失が決まらないと養子縁組できないため、生みの親に目が行きがちだが、裁判手続きの焦点は親ではなく、もっぱら子どもなのである。子どもの最善の利益にかなう決定を下すには、本人の希望をたずねる、という方法をとる。州によって10歳かそれ以上の子どもは、通常、自分の意見の表明と同意を求められる。最終的に、養子縁組の決定は、秘匿されるのが普通である。当事者間の合意がない限り、生みの親は養親の身元を知ることはないはずで、子どもの名前と出生証明書は変更され、こうした証明書類は州が発行する（Hollinger, 2012）。

　養子縁組が成立すると、一般に養親は、まず税額控除の適用を受ける。そして普通は、里親養育補助金（foster care subsidy）と同様に、子どもが18歳になるまで毎月の補助を受け取る。こうした連邦政府の補助金を受給できるのは、「スペシャルニーズ」のある子ども、「措置が困難な」子どもと類別される者である（NACAC, 2019）。里親養育を受ける子どもの大半が、背景として恵まれない環境があり、健康、発達、精神面の問題を１つならず抱えていることを考えると（Burns et al., 2004）、大多数の子どもに受給資格があるとみなされる（連邦

政府のデータでは、養親の 93％が、養子縁組の補助金を受け取っている [US DHHS, 2019])。

　事実、ある調査によると、家庭外養育から養子縁組された子どもの約半数が、健康管理上の特別なニーズを抱え（Malm et al., 2011)、家庭外養育から養子となった男児のほぼ半数、女児の 5 人に 2 人程度は精神保健サービスを利用していた（Tan and Marn, 2013)。養子となった子どもは、公的資金によって精神保健等の医療を受ける資格（メディケイドと呼ぶ給付制度）が 21 歳まであり、医療保険改革法（Affordable Care Act）にもとづき、26 歳まで受給対象となる者もいる。また、養親の勤務先が提供する健康保険で医療費が賄われる者もいるだろう（CWIG, 2015)。養子縁組家庭への経済的な支援提供は、養子縁組できなければ里親養育を受け続けるであろう子どもの養子縁組を推進するインセンティブとして重要であり、この点はエビデンスにもとづき指摘されている（Argys and Duncan, 2007)。また、里親養育よりも養子縁組のほうが、公的な支出を抑えられると示すエビデンスもあり、裁判関係の費用補助やソーシャルワーカーその他のサービス提供に要する費用削減につながるともいわれる（Zill, 2011)。

養子縁組の今後の課題

　ある面で、米国における養子縁組の実践は、急速かつ大幅に変わりつつあり、これは養子縁組家庭の家族構成の変化と、社会環境の変容に応じたものだといえる。公的ケアからの養子縁組は、プライバシー保護、守秘義務、秘匿性を想定した私的な個人型の養子縁組と並んで発展してきた（Carp, 2004)。しかし、今日では、公的ケアからの養子縁組の主流は、里親の養子となる子ども（52％）か、親族の養子となる子ども（36％）（US DHHS, 2019）の縁組である。養子縁組手続きの開始前から、子ども、里親／養親、生みの親が、お互いを知っているほうが一般的なのだ。

　養子縁組に関わる三者全員（生みの親、養親、子ども）が互いを知っている場合、オープンアダプションが求められることが多い。オープンアダプションでは、子どもと生みの親のコンタクトを維持する各種の手段として、たとえば毎年交換する手紙や葉書、電話連絡、定期的な面会などがあるだろう。Grotevant and McRoy（1998）は、オープンアダプションについて、家族の多様な意向を考慮した「開放性の連続体」であると述べた。多くの州が、養子縁

組の時点で、オープンアダプションの合意を交わすことを認めている。こうした合意は通常拘束力をもたず、必須要件というよりも、当事者の希望と期待を表す目安とみなされる。オープンであることの合意を、時に州が仲介することもあれば、家族間で非公式に取り決めを交わす場合もある。

　ある調査は、養子の5人に2人程度は養子縁組以降に生みの親とコンタクトを取っていたとのエビデンスを示している（Malm et al., 2011）。合意されたオープンアダプションの方針は、一般に養子縁組後間もない何年かは守られるが、時とともに生みの親と子どものコンタクトの頻度は減少すると示す研究もある（Berry et al., 1998）。全体としては、オープンアダプションを経験した子どもが示す成果について、研究報告は肯定的でも否定的でもない（Grotevant et al., 1999）。公的ケアから養子縁組された子どもに関する全国調査では、オープンな養子縁組の子どもと、そうではないクローズドアダプションが行われた子どもの違いは、特に認められなかった（Vandiviere and McKlindon, 2010）。

　養子縁組後のコンタクトは、子どもと生みの親のあいだだけではなく、離れて暮らすきょうだい間でも合意が交わされる可能性がある。きょうだい関係は、公的ケアを受ける子どもにとって極めて意義深く重要だと示すエビデンスがある（Herrick and Piccus, 2005）。したがって、里親養育や養子縁組によってきょうだいが離れ離れになる場合は、十分な配慮が必要であり、その意味でオープンアダプションの合意は有益だといえる。しかし、徐々に、きょうだい揃って同じ養子縁組家庭に措置される例が増えており、きょうだい全員が同時に養子となる場合も、順を追って養子となる場合もある。全国調査によると、里親養育から養子縁組された子どもの5分の4以上は、そのきょうだいも里親養育に措置されていた。また、同調査では、里親養育から養子縁組された子どもの約5分の2は、きょうだいも同じ家庭の養子となっている（Malm et al., 2011）。

　養子縁組のプライバシーと秘匿性についての見解が変化するのと同様に、養親として誰がふさわしいのかという文化的規範も変わりつつある。養親は、カップルである場合が3分の2以上（68％）を占め、結婚しているカップル（65％）と結婚していないカップル（3％）がいる。その一方、単身の養親の数が急増しており、養親の4分の1以上を占める（養親の25％が単身女性、3％が単身男

性）(US DHHS, 2019)。いくつかの州では、レズビアン、ゲイ、バイセクシュアル、トランスジェンダー、クィアの人々のLGBTQコミュニティから、里親を開拓する取り組みも堅調である。米国では、ソーシャルワーカー向けの研修とサポートを拡充し、偏見やスティグマの問題に対処している（Mallon, 2008)。それでもやはり、州によっては、LGBTQの成人による養子縁組への関わりを奨励しておらず、また一部の州は、LGBTQコミュニティの人々に公的な養子縁組の機会を与えない民間の非営利機関を容認している（Agosto, 2012）[1]。

　性的指向をめぐり、それが養育に適しているかという議論は、歴史的な論争、すなわち、養子縁組の分野における人種の位置づけと、人種を超えた措置に関する論議と重なるものだ（具体的にはBartholet, 1991）。さらに以前から、宗教の異なる家庭への措置について、宗教の位置づけをめぐる議論もあった（具体的にはPfeffer, 2002）。しかし、議会が1996年多民族間措置法（Multi-Ethnic Placement Act）を可決すると、こうした論争は実質的に終結した。里親か養親の候補者と子どもの人種や民族を理由として、州が里親養育や養子縁組の措置を認めないこと、遅らせることを禁じたのだ。最新の全国調査では、公的ケアから養子縁組された子どものおよそ4分の1（28％）が、人種や民族か文化の異なる家庭で生活しており（Malm et al., 2011）、人種を超えて縁組した家庭で養子が示す成果は、概して好調だと示したエビデンスがある（Vandiviere and McKlindon, 2010）。多民族間措置法（Multi-Ethnic Placement Act）が可決された背景の一部には、人種を超えた措置を認めないことは人種差別的であり、したがって合衆国憲法の平等保護条項に反するという主張があった。

　州公認の児童福祉機関が、自分たちの宗教的見解に反するという理由で、LGBTQの個人やカップルとの連携を拒否することを、現状では10の州が認めている（Movement Advancement Project, 2019）。当面は、養親の性的指向に対する差別を、人種差別同様に禁止する法律が、議会で可決される見込みはなさそうだ。LGBTQ家庭を養子縁組から排除するよう主張する人々は、そうした家庭へのサービス提供を民営の機関に強制することは、各組織の宗教理念を倫理的に否定するものであり、したがって、LGBTQである養育者との連携の強制は、憲法修正第1条の宗教の自由に反する、と訴える。一方、LGBTQ家庭の排除に反対する人々は、憲法の平等保護条項を引き合いに出して、そうした家

庭も公的資金による養子縁組機関のサービスを受ける権利があり、その権利を奪ってはならないと反論する。

この他に広く注目を集めているトピックスは、養子縁組決定以降の子どものニーズに関することである。数々の研究が示すとおり、里親家庭から来た子どもの養育は、多くの家族にとって困難をともなうものだ（Hill and Moore, 2015; Good, 2016）。里親養育を受けていた子どもの大半は、健康、精神面、発達上の課題を抱えており、効果の高い対応ができる養育環境が求められる（Berrick and Skivenes, 2012）。そのため、養子縁組後のサービスの需要は高い。だが残念ながら、養子縁組後サービスを必要とする多くの養親が、サービスを利用できていない、サービスが自分たちのニーズに合わない、と指摘する（Barth and Miller, 2004）。そのようなことから、養子縁組の政策論議において、養子縁組後のサービスの必要性が引きつづき重要課題となると見込まれる。必要なサービスへの資金提供の責務を、連邦政府、州、自治体のいずれの管轄とし、提供期間をどの程度とするか、議論して決めることになる。

養子縁組について、将来的な政策と実践のありかたに影響し得るとりわけ難しい問題は、インディアン児童福祉法に関することだ。この1978年の法律は、先述のように、先住部族の子どもの養子縁組について厳しい条件を設けた。同法の意図は次のとおりである。

> 先住民族の子どもの最善の利益を保護するため、および、先住部族とその家族の安定性と安全性を向上させるために、先住民の子どもをその家族から引き離し、先住民の文化に固有の価値観を反映できる里親もしくは養親の家庭に措置することについて、連邦政府の最低限の基準を規定する（s 1902 ICWA／インディアン児童福祉法1902条）。

この法律は、州政府や自治体に対してかなりの制約を設け、子どもと親の分離を制限した。子どもが親と離れて里親養育を受けるなら、もっとも好ましい措置は拡大家族のもとで暮らすことで、そうでなければ同じ部族内の里親、もしくは他の部族の里親家庭、との優先順位を示し、同法は親権喪失の条件として非常に高いハードルを設定した。インディアン児童福祉法の目指すところ

は、先住民の子どもたちを養育する権限を先住部族に委ねることであり、子どもがその家族、部族、文化遺産から切り離されてしまう懸念を抑えるねらいでもあった。

　同法の支持者は、先住部族の絆の重要性を指摘し、子どもの最善の利益は、自身の部族のアイデンティティを保ちながら成長し向上する機会を得ることに他ならない、と述べる（Cross, 2014）。要するに、文化の継続性こそ、子どもの最善の利益なのだという主張である（Weaver and White, 1999）。一方、同法に対する批判派は、インディアン児童福祉法が、個々の親の利益よりも、部族としての利益を優先していると指摘する。特に、部族への所属意識には個人差があり、親によっては何ら個人的な意味がない場合／なさそうな場合でも、部族を重視していると批判する。そのようなことから、部族のコミュニティの権利を優遇するインディアン児童福祉法では、親の権利が、部族のコミュニティの権利と対立する可能性がある。

　同法は、連邦最高裁判所における2013年の判決で問題視された（養親カップルと女児を当事者とする訴訟、US判例集第570巻637ページ、最高裁判例集第133巻2552ページ［2013年］を参照）。この判例では、幼い女の子が本人の部族ではない養親のもとにとどまることを、最終的に許可しただけではなく、部族を優遇する制限を設けた同法にもとづく訴えに対して、裁判官が遺憾の意を表したのだ。

　また近年、児童福祉分野で盛んに議論されている判例があり、これも連邦最高裁判所の審理にすすむ可能性がある（Brackeen v Bernhardt 942 F. 3d 287-Court of Appeals, 5th Circuit 2019／BrackeenとBernhardtを当事者とする訴訟、控訴裁判所判例集第3シリーズ942巻287ページ、第5巡回区控訴裁判所2019年）。この判例に関して、インディアン児童福祉法に批判的な人々は、法律の根底にある人種による優遇は、憲法修正第14条の平等保護条項への違反とみなされるべきだと主張する。一方、同法の支持派は、この法律が示す措置の優先順位は、先住部族が、主権を有する国家（訳注：米国内の従属国）として存在する権利にもとづいて設けられており、人種に起因する優先ではないと反論する。もしも同法が無効になれば、その決定は養子縁組に広範な影響を及ぼし、さらには養子縁組とは直接関係がないところで、米国における部族の主権をめぐって数多くの問題が浮上するだろう。

結び

　米国では、親から離れている、または親を失った子どものために、法的拘束力のある関係を確実に存続させる手段として、長らく養子縁組を活用してきた。今日、公的ケアからの養子縁組は相当数あるとはいえ、11万5000人以上の子どもが、基本的には養子縁組という「ゴール」を目指しながら、なおも公的ケアを受け続けている (US DHHS, 2019)。そうした子どものなかには、いずれは養子となるか、あるいは、後見人のもとに移行する者、家族と再統合する者もいるはずだ。米国は、子どものための「パーマネンシー」という概念と、真摯に向き合ってきた。州によっては、子どもにとってのパーマネンシーを確保する機会を積極的に拡充し、長期養育を受け続ける子どもの割合が、大幅に減少している (Magruder, 2010)。

　連邦政府が展開する数々の政策は、米国における養子縁組推進のインセンティブであるとともに下支えになっている。今日、養親は、税額控除と直接給付金（direct payments）を通じて経済支援を受けており、また各州は、年間の養子縁組数を増加させると財政上の恩恵を連邦政府から得られる。米国で養子縁組の活況が翳りを見せる兆しはなく、むしろ盛んになっている。家族をもちたい、家族を増やしたい、または人のために善を行いたいと願う大人が子どもを求める一方で、生まれた家に戻れる見込みのない子どもたちがいる。この需要と供給の双方からみて、引きつづき養子縁組は、子どもの将来の安定に向けた実効性のある手段とみなされるであろう。

　近年、インディアン児童福祉法に関する議論は、先住部族の権利／コミュニティの権利を、親や子どもの個人としての権利より優先していることをめぐり、問題点を露わにしている。だが、こうした議論は、米国の養子の大半を占める先住部族ではない子どもには、関係がないとみなされる。より広く全米のコミュニティに関わる論点として、養子縁組の議論では、主に子どものパーマネンシーの権利が取り上げられている。このことから当面、養子縁組は継続的に行われるとみて間違いないだろう。

謝辞

本研究は、Research Council of Norway の助成を、独立プロジェクト――人文社会学プログラム（Independent Projects – Humanities and Social Science program）において受けている（助成番号 no. 262773）。

免責事項：本章は筆者個人の見解によるものであり、助成機関は、本稿に含まれる情報のいかなる利用についても責任を負わないものとする。

注

1 公的な児童福祉機関は、人種、国籍、宗教、性的指向による差別を行うことはできない。民営の機関（多くは宗教団体の関連組織）の場合は、里親養育を受ける子どもに養子縁組支援サービスを提供していても、差別に関して、公的機関と同じ基準の縛りはない。2019 年 11 月 1 日、トランプ政権は、LGBTQ の養親候補者に対する差別的扱いを容認する、新たな連邦規則を発表した。

参考文献

Agosto, A. (2012) 'Is there a relationship between LGBT couple adoption laws and change in adoption rates?', doctoral dissertation. Available at: http://hdl.handle.net/10211.3/10211.13_310 (2020 年 12 月 12 日閲覧).

Akin, B. (2011) 'Predictors of foster care exits to permanency: a competing risks analysis of reunification, guardianship, and adoption', *Children and Youth Services Review*, 33: 999–1011.

Argys, L. and Duncan, B. (2007) 'Economic incentives and foster child adoption', *Southern Economic Journal*, 74(1): 114–42.

Barth, R. P. (1997) 'Effects of age and race on the odds of adoption versus remaining in long-term out-of-home care', *Child Welfare*, 76(2): 285.

Barth, R. P. and Miller, J. M. (2004) 'Building effective post- adoption services: what is the empirical foundation?' *Family Relations*, 49(4): 447–55.

Bartholet, E. (1991) 'Where do black children belong? The politics of race matching in adoption', *University of Pennsylvania Law Review*, 139(5): 1163–254.

Berrick, J. D. and Skivenes, M. (2012) 'Dimensions of high- quality foster care: parenting plus', *Children and Youth Services Review*, 34(9): 1956–65.

Berry, M., Dylla, D. C., Barth, R. P. and Needell, B. (1998) 'The role of open adoption in the adjustment of adopted children and their families', *Children and Youth Services Review*, 20(1–2): 151–71.

Brodzinsky, D. M., Smith, D. W. and Brodzinsky, A. B. (1998) *Children's Adjustment to Adoption: Developmental and Clinical Issues*, Thousand Oaks, CA: Sage.

Burns, B. J., Phillips, S. D., Wagner, H. R., Barth, R. P., Kolko, D. J., Campbell, Y. and Landsverk, J. (2004) 'Mental health need and access to mental health services by youth involved with child welfare', *Journal of the American Academy of Child and Adolescent Psychiatry*, 43: 960–73.

Carp, W. (2004) *Adoption Politics: Bastard Nation and Ballot Initiative 58*, Lawrence, KS: University of Kansas Press.

Carp, W. (ed) (2005) *Adoption in America*, Ann Arbor, MI: University of Michigan Press.

Carp, W. and Leon-Guerero, A. (2005) 'When in doubt, count: World War II as a watershed in the history of adoption', in W. Carp (ed) *Adoption in America*, Ann Arbor, MI: University of Michigan Press.

Cross, T. L. (2014) 'Child welfare in Indian country: a story of painful removals', *Health Affairs*, 33(12): 2256–9.

CWIG (Child Welfare Information Gateway) (2015) *Healthcare Coverage for Youth in Foster Care and after*, Washington, DC: US Department of Health and Human Services, Children's Bureau.

D'Andrade, A. and Berrick, J. D. (2006) 'When policy meets practice: the untested effects of permanency reforms in child welfare', *Journal of Sociology and Social Welfare*, 33(1): 31–52.

Fanshel, D. and Shinn, E. G. (1978) *Children in Foster Care: A Longitudinal Investigation*, New York: Columbia University Press.

Flango, V. and Flango, C. (1994) *The Flow of Adoption Information from the States*, Williamsburg, VA: National Center for State Courts.

Freundlich, M. (2001) *Adoption and Ethics: The Impact of Adoption on Members of the Triad*, Washington, DC: Child Welfare League of America.

Gil, B. (2005) 'Adoption agencies and the search for the ideal family: 1918– 1965', in W. Carp (ed) *Adoption in America*, Ann Arbor, MI: University of Michigan Press.

Good, G. A. (2016) 'Adoption of children with disabilities: an exploration of the issues for adoptive families', *Early Child Development and Care*, 186: 1–20.

Grotevant, H. D. and McRoy, R. (1998) *Openness in Adoption: Exploring family Connections*, Thousand Oaks, CA: Sage.

Grotevant, H. D., Ross, N. M., Marchel, M. A. and McRoy, R. G. (1999) 'Adaptive behavior in adopted children: predictors from early risk, collaboration in relationships within the adoptive kinship network, and openness arrangements', *Journal of Adolescent Research*, 14(2): 231–47.

Herrick, A. M. and Piccus, W. (2005) 'Sibling connections: the importance of nurturing sibling bonds in the foster care system', *Children and Youth Services Review*, 27: 845–61.

Hill, K. and Moore, F. (2015) 'The postadoption needs of adoptive parents of children with disabilities', *Journal of Family Social Work*, 118: 64–182.

Hollinger, J. (2012) *Adoption Policy and Practice*, Neward, NJ: Matthew Bender Press.

Magruder, J. (2010) 'A comparison of near- term outcomes of foster children who reunified, were adopted, or were in guardianship', *dissertation*, University of California, Berkeley.

Mallon, G. (2008) *Social Work Practice with Lesbian, Gay, Bisexual, and Transgender People*, New York: Routledge Press.

Malm, K., Vandiviere, S. and McKlindon, A. (2011) 'Children adopted from foster care: child and family characteristics, adoption motivation, and well- being', Office of the Assistant Secretary for Planning and Evaluation, US Department of Health and Human Services.

Maza, P. (1984) 'Adoption trends: 1944-1975. Child welfare research notes #9', US Children's Bureau.

Mintz, S. (2004) *Huck's Raft: A History of American Childhood*, Cambridge, MA: Harvard University Press.

Movement Advancement Project (2019) 'Foster and adoption laws', LGBT Map. Available at: www.lgbtmap.org/equality-maps/foster_and_adoption_laws (2019 年 7 月 19 日閲覧).

NABSW (National Association of Black Social Workers) (1972) 'Position statement on transracial adoptions', National Association of Black Social Workers. Available at: https://cdn.ymaws.com/www.nabsw.org/resource/collection/E1582D77-E4CD-4104-996A-D42D08F9CA7D/NABSW_Trans-Racial_Adoption_1972_Position_(b).pdf (2019 年 6 月 19 日閲覧).

NACAC (North American Council on Adoptable Children) (2019) 'Eligibility and benefits for federal Title IV-E adoption assistance', North American Council on Adoptable Children. Available at: www.nacac.org/resource/eligibility-benefits-federal-assistance/ (2019 年 6 月 3 日閲覧).

National Indian Law Library (2019) 'Topic 18: adoption', National Indian Law Library. Available at: https://narf.org/nill/documents/icwa/faq/adoption.html (2019 年 6 月 3 日閲覧).

Pertman, A. (2011) *Adoption Nation: How the Adoption Revolution Is Transforming Our Families – and America*, Boston, MA: Harvard Common Press.

Pfeffer, P. F. (2002) 'A historical comparison of Catholic and Jewish adoption practices in Chicago, 1833–1933', in E.W. Carp (ed) *Adoption in America: Historical Perspectives*, Ann Arbor, MI: University of Michigan Press.

Rolock, N. (2015) 'Post- permanency continuity: what happens after adoption and guardianship from foster care?', *Journal of Public Child Welfare*, 9: 153–73.

Rolock, N., White, K., Ocasio, K., Zhang, L., MacKenzie, M. and Fong, R. (2019) 'A comparison of foster care reentry after adoption in two large U.S. states', *Research on Social Work Practice*, 29(2): 153–64.

Selman, P. (2009). 'The rise and fall of intercountry adoption in the 21st century', *International Social Work*, 52(5): 575–94.

Shuman, M. and Flango, V. E. (2013) 'Trends in U.S. adoptions: 2000–2009', *Journal of Public Child Welfare*, 7(3): 329–49.

Tan, T. X. and Marn, T. (2013) 'Mental health service utilization in children adopted from US foster care, US private agencies and foreign countries: data from 2007 National Survey of Adoption Parents', *Children and Youth Services Review*, 35: 1050–4.

Testa, M. (2004) 'When children cannot return home: adoption and guardianship', *The Future of Children*, 14(1): 115–29.

Testa, M. (2005) 'The quality of permanence: lasting or binding? Subsidized guardianship and kinship foster care as alternatives to adoption', *Virginia Journal of Social Policy and Law*, 12(3): 499–534.

Unger, S. (ed) (1977) *The Destruction of American Indian Families*, New York: Association on American Indian Affairs.

US DHHS (US Department of Health and Human Services) (2019) 'Adoption foster care analysis reporting system (2008– 2018) #26', Administration for Children and Families, Administration on Children, Youth, and Families, Children's Bureau. Available at: www.acf.hhs.gov/cb/resource/trends-in-foster-care-and-adoption (2019 年 6 月 3 日閲覧).

Vandiviere, S. and McKlindon, A. (2010) 'The well- being of U.S. children adopted from foster care, privately from the United States and internationally', *Adoption Quarterly*, 13(3/4): 157–84.

Vandivere, S., Malm, K. and Radel, L. (2009) 'Adoption USA: a chartbook based on the 2007 National Survey of Adoptive Parents', US Department of Health and Human Services, Office of the Assistant Secretary for Planning and Evaluation. Available at: http://aspe.hhs.gov/hsp/09/NSAP/chartbook/ (2019年6月3日閲覧).

Weaver, H. and White, B. (1999) 'Protecting the future of indigenous children and nations', *Journal of Health and Social Policy*, 10(4): 35–50.

Zill, N. (2011) *Adoption from Foster Care: Aiding Children While Saving Public Money*, Washington, DC: Brookings Institute.

第II部

家族サービス志向の児童保護システムにおける公的ケアからの養子縁組

6 オーストリアにおける公的ケアからの養子縁組

ジェニー・クルチナ
カトリン・クリズ

はじめに

> 子どもは、すでに数年にわたって、養親となる者の家庭で生活しており、こうした社会的地位は、法的地位に相当する。したがって養子縁組は承認されなければならない。(2017年裁判所審判、AAUT05-17)

オーストリアは、9つの州から成る連邦共和国であり、2019年1月1日時点の子ども人口は153万5,958人である (Statistik Austria, 2019a, 2019b)。オーストリアの連邦制は限定的で、各地の州(すなわち'Länder')が法制定の権限をかなりの部分で有している。その一例が子どもの福祉と保護の領域であり、そのためこの分野は各州の責務のもとにある。1989年の連邦政府の子ども福祉法 (The federal 1989 child welfare law) が、児童福祉部門 (child welfare services: CWS) の業務の根拠を規定したが、その他にも、9つの州が独自の法律を定めている。オーストリアにおける、非中央集権的な行政区域ごとのシステムは、全国的な判断基準が欠如しており、標準化された比較可能な統計はなく、地域ごとに実践がかなり異なるため、過去には厳しい批判にさらされた (Reinprecht, 2015)。2013年の連邦児童福祉サービス法 (Federal Child Welfare Services Law:

B-KJHG）は、サービス提供者向けの統一基準を導入して全地域の統計の標準化をはかったが、やはり連邦政府と各地域の州政府の責任能力については、制度的に区別されたままだった。各行政区が地域レベルで、引きつづき児童保護の法律の施行と責任を担っていた（Reinprecht, 2015）。そして、2013年児童福祉サービス法の冒頭部分の条項廃止が、児童福祉に関して連邦レベルから9つの州への地方分権化に追い打ちをかけ、地域ごと自治体ごとのサービスの違いが増幅した可能性がある。

法律と組織

　養子縁組は、オーストリア民法（Austrian Civil Code）の第191～203条に規定されており、養子縁組の条件を次のように述べる。「未成年の子どもの養子縁組は、子どものウェルビーイングに寄与する場合、および（子どもと養親間に）一定の関係が築かれているか、築かれる見込みが高い場合に、これを承認する」（オーストリア民法第194条）[1]。法律では、子どもが養親候補者と親子関係を育んでいる場合に、養子縁組が奨励されているとしても、里親養育を受ける子どもが里親と養子縁組する例は実際には少ない。各州の公的な児童福祉部門に、筆者が2016年・2017年の状況を問い合わせたところ、里親との養子縁組は、9つの州いずれも年に数件にとどまった。公的ケアから養子縁組された子どもの全国的な統計は示されていない。私たちは、情報の不足を補うために、何人かの主要な情報提供者と児童福祉分野の専門家へのインタビューに頼らざるを得なかった。里親養育を受けている子どもは、次のような状況で養子縁組される。まず、生みの親が、自分は再婚などで新たな家庭を築いていて、子どもの里親家庭での暮らしが順調な場合に、子どもと里親の養子縁組を希望する例。また、子どもと生みの親のコンタクトが長らく途絶えているため、里親が児童福祉部門に打診して、子どもを養子縁組するための裁判所への申立てを求める例。さらに、里親養育で育つ子どもが、現在の里親との養子縁組を求める例である。

　国内で養子縁組される子どもの大半は、生後間もなく養子となる。生みの親（ほとんどは母親）が、子どもの養子縁組を希望すると決めたため、もしくは母親が、個人が特定される身元情報を病院のスタッフに明かさずに「匿名で」出

産したためである。いずれの場合も、児童福祉部門が生まれた子の監護権を有し、延々と続く養子縁組申請者のリストから、養親候補者を選ぶことになる。現状では、子ども1人に対し、養子縁組申請者が平均10名いて、申請者によっては養子縁組まで5年近く待つ（Braunisch et al., 2018）。こうした子どもは里親養育家庭ではなく養子縁組を申請している家庭に措置され、養親は、生まれた子がまだ産院にいる段階で訪問できる。実際に養子縁組を行う前に6カ月間、乳児は将来の養親のもとで過ごす。この期間中であれば、生みの母親は特別な理由なく、養子縁組への同意の撤回が可能である。

　他国と異なりオーストリアの里親は、養育している子どもについて単独の監護権の申請が認められている。申請の条件としては、それが子どもの利益となり、里親との親子関係が育まれていて、生物学的な家族との再統合の可能性がない場合である（オーストリア民法第184条）。これによって里親は、生物学的な親や児童福祉部門の介入を受けずに子どもの人生に関わる決定が可能になり、そもそも子どもと養子縁組する必要がなくなる。かつては、子どもの単独監護権の取得後も、里子手当を受ける権利が保持されたが、今日では、その給付が必要な個人的・経済的事情がある里親のみ、受給を継続できるようになっている（ウィーン児童福祉事業法（Child Welfare Services Law of Vienna）第44条）。実際、この経済支援を失う点は、里親家庭が単独監護権の申請に積極的になれない要因となっている。里親養育家庭への手当の金額は各州で決められており、子どもの年齢とニーズによって異なる（たとえばウィーンは、6歳以下の子どもに毎月の基本手当として510ユーロを支給（Stadt Wien, 2020b））。子どもの視点からは、養子縁組のほうが、養親から経済支援を受ける権利があり、好ましいと考えられる。法律上、養親は子どもに対する経済的な責任があるが、里親はそうではないためである（そして、生物学上の親は、公的ケアに措置されている子どもを支える資金がないことは、かなり一般的である）。

傾向と統計

　オーストリアで一般に公開されている統計は、養子縁組時点の子どもの正確な年齢を把握していないうえ、養子縁組の種類も区別していない[2]。したがって、本書の論点である、公的ケアから養子縁組された子どものデータは入手

できない。オーストリア統計庁（Austrian Office of Statistics）による養子縁組統計は、裁判所における養子縁組の決定にもとづく集計である（Statistik Austria, 2019a）。連邦児童福祉事業法（Federal Child Welfare Services Law）は、連邦レベルで全国的なデータを収集するよう規定しているが、従来は、各州がそれぞれ独自に報告を作成していた。2015年以降は、全国的な数値が年次報告で公開されるようになり、国内の養子縁組数を示している。

国内の養子縁組数は、2002年の子ども10万人当たり約11人から、近年の10万人当たり約6人となっており、減少傾向にあると考えられる（Federal Ministry of Labour, Family and Youth, 2019a; Statistik Austria, 2019a）。表6.1は、オーストリアの児童福祉システムを利用した子どもの数を概観したものだ。表6.2は、家庭外養育を受けている子どもの数を示し、表6.3は、国内養子縁組と国際養子縁組の数である。表6.2と表6.3を比べると、子どもの保護の方策としての養子縁組が家庭外養育に比べていかに少ないかは明らかである。

表6.1　児童福祉システムにおける対応策の統計　2018年

オーストリアにおける児童福祉 児童福祉統計	統計値	子ども10万人当たりの数
児童福祉サービスを受給中の子どもの総数（養育支援サービスを受けている子ども、および家庭外養育の提供を受けている子ども）	49,580	3,228
養育支援策のサービスを受けている子ども	36,255	2,360
家庭外養育の提供を受けている子ども	13,325	867
――施設養育[注a]	8,110	528
――里親養育[注a]	5,325	347
裁判所命令によって対応した数	5,413	352
――家庭外養育の提供	4,784	311
――その他の支援サービスの提供	629	41

注a：子どもが両方の養育支援を受けている事例については、部分的に数値を調整している。
出典：Bundeskanzleramt（2019）

表 6.2　家庭外養育を受けている子ども

年	子どもの数	子ども10万人当たりの数
2005	10,043	622
2010	11,088	719
2015	13,126	868
2018	13,325	868

出典：Federal Ministry of Labour, Family and Youth（2019b）

表 6.3　オーストリアにおける養子縁組（連れ子養子を除く）

年	養子縁組数 国内養子縁組	養子縁組数 国際養子縁組	子ども10万人当たりの国内養子縁組の数	子ども人口[b]
2005	156	-	9.7	1,614,076
2010	110	-	7.2	1,541,669
2015[a]	104	30	6.9	1,512,787
2016	93	28	6.1	1,525,337
2017	82	20	5.3	1,533,569
2018	99	11	6.4	1,535,958

注a：2015年より前の国際養子縁組数は報告されていない。2002年より前の養子縁組数は把握できない。
注b：その年の年末で締めた翌1月1日時点の子ども人口。たとえば、2019年1月1日時点の人数を、2018年のデータとして示した。

出典：Bundeskanzleramt（2019）、Statistik Austria（2019b）

　里親養育は、理論上は、養子縁組に向けた出発点となり得るが、養子縁組に至ることは例外的だ。子どもが生物学的な親のもとに戻る可能性や、子どもが法的な成人年齢（オーストリアでは18歳）まで里親と暮らしている場合が少なくない（*Die Presse*, 2016a）。たとえばシュタイアーマルク州のグラーツでは、里親と養子縁組した子どもは3～4年に1人に限られる。このことから明らかなように、オーストリアの児童福祉システムは家族再統合を主眼としている。家族

再統合が不可能ならば、子どもが成人するまで長期の里親委託を行いつつ生物学的な親とコンタクトの保持を重視する。オーストリアにおける9つの州の児童福祉部門に筆者が独自に問い合わせたところ、里親と暮らす子どもの養子縁組は、各州内で年に0〜2件である（全国で、年に平均10件）。

一方、公式統計によると、オーストリアでは2018年に36の匿名出産があり、また、ベビーボックスに託された子が5名いた（Bundeskanzleramt, 2019）。いずれの乳児も6カ月以内に親が「名乗り出る」ことがなければ、養子縁組されるはずである。

オーストリアにおける児童保護のための養子縁組を支える原則と制度

オーストリアの児童福祉の法律と政策は、家族関係維持の原則、および補完性の原理に深く根差している。補完性の原理にもとづき、家族が支援できない場合のみ、児童福祉部門など州が社会的支援を提供するのである（Reinprecht, 2015）。養子縁組が子どもにとって最善の選択肢とみなされると、子どものためにパーマネンシーを確保する原則にもとづいて養子縁組を行う——子どもと強い絆を築いている養育者によって、法のもとに養子縁組される。また、養子縁組は、生物学上の関係についての原則（養子縁組に対する実親の同意、養子縁組後の子どもと生みの親の一定の法的関係の維持（訳注：118ページ参照)、子どもと生みの親のコンタクトの継続）に則って行われ、さらに、年長の子どもは養子縁組プロセスへの参加が原則となっている。

公的ケアを受けている子どものためのパーマネンシーの方策としては、養子縁組ではなく、里親養育のほうが一般的である。これは、公的ケアを受ける子どもの総数に比して、養子縁組数が少ないことから明らかだ。本章の冒頭で引用したように、里親家庭が子どもと養子縁組するためには、子どもが里親に対してすでにアタッチメントを育み、里親を社会的な親ととらえているということが、裁判所による判断の正当性の根拠として一般に用いられる。児童福祉部門では、生みの親に十分な支援を提供すれば、いずれ子どもは本来の家族と再統合できると見込んで業務を行っており、里親養育のほうが、養子縁組よりもパーマネンシーのための選択肢として好ましいとみているようだ。これは私たちのインタビューで、あるソーシャルワーカーが率直に述べたとおりであ

る。しかし実際には、家族再統合に至る子どもは限られており、全体のうち約90％の子どもが長期養育を受け続けている。また、すでにかなりの時間を里親と過ごしてきた子どもについて、一般に児童福祉部門は、生物学上の親のもとに戻る支援を行っていないという現実もある（Braunisch et al., 2018）。オーストリアの統計は、残念ながら、公的ケアを受ける子どもを長期的にとらえた情報を示していないため、平均的な公的ケアの開始年齢も、公的ケアを受ける期間の長さも不明である。

　家族関係維持の原則の重要性は、生物学上の関係重視の原則と結びついており、それはオーストリアの法律にも反映されている。オーストリアのシステムには、以下の独自の特徴がある。子どもは養子となっても生物学上の親との限定的な法的関係が保持されること、養子縁組後も生物学上の親から相続する権利を有すること（オーストリア民法（Austrian Civil Code）第199条）、生物学上の親は、補完性の原則に従って、子どもの親であり続けることである。これは、生みの親に子どもを養育するための支払い義務も存続するということだが、生みの親は養親に次ぐ位置づけとなる。そのため、養親が養子を扶養できなくなった場合には、生みの親が子どもを経済的に支えなければならない（オーストリア民法（Austrian Civil Code）第198条）。オーストリアの養子縁組制度の独自性は、*"Volladoption"*すなわち「完全な養子縁組」ではなく、養子がその養子縁組家庭に完全に加わり法的に統合されることを避ける*"Vertragsadoption"*「契約上の養子縁組」のみを認めている点である（Bundeskanzleramt, 2020a）。生物学上の関係重視の原則は、養子縁組に対する生みの親の同意を、とりわけ重視するという意味でもある。親の同意のない養子縁組は、同意を不要とする法的要件の基準が高く設定されているため、オーストリアでは極めて稀である（Burns et al., 2019）。これは、ソーシャルワークの文化として、子どもと生みの家族の絆をすべて断つことへの躊躇が強いためでもある。

養子縁組の前後の実践と養子縁組の方針決定

子ども、生みの親、養子縁組予定の親に関する実践

　養親候補者は、養子縁組申請者向けの準備研修コースへの出席が義務づけられている。こうした研修は通常、州から委託された慈善団体か非営利団体（NGO）が行う。ウィーンでは、Eltern für Kinder Österreich（オーストリア子どものための親協会／Parents for Children Austria）という組織が、養子縁組申請者の準備研修を請け負う（Eltern für Kinder Österreich, 2020a）。養子縁組の種類ごとに特定の科目を用意し、選択科目もある。準備研修は、講義、グループワーク、演習、振り返りから成り、研修課程の修了が養親としての適性の正式なアセスメントを受けるための要件となっている。ウィーンで養親の適性をアセスメントするのは、ウィーンにある児童福祉サービス機関の2名の専門官である（ウィーン児童福祉サービス法（Child Welfare Services Law of Vienna）第52条[1]; MAG ELF, 2015）。

　児童福祉部門は、子どもが生物学上の親を知る権利を重視する。そのため、子どもの家系について養親が理解することは、子どもの発達のために重要だと強調するとともに、養親は、子どもに対して誠実でオープンであるよう求められる（Stadt Wien, 2020a）。児童福祉機関は、法的な義務として、養子縁組の承認日から50年間、子どもの生物学的な親についての文書を保管する。子どもの親権を取得した者は、医療的もしくは社会的に特に重要な理由があれば情報の開示請求が可能である。ただしこれは、養子となった子どもが14歳に達するまでであり、それ以降は、子どもが開示請求の権利をもつ（ウィーン児童福祉サービス法（Child Welfare Services Law of Vienna）第49条）。

　児童福祉部門の支援機関が、子どものための養親をみつけたら、生みの親が許可する必要がある。生みの親による同意は、裁判官に対面で伝えるかたちで表明せねばならない。ただし、それが著しい困難や過度な費用負担をもたらす場合や、裁判所手続きの開始前であるならば、公正証書によって親の同意を表明できる（2003年非訟手続法（Non-Contentious Proceedings Act）第86[4]条）。生みの親は、裁判所の決定が下されるまでは、対面もしくは文書によって同意を撤回

できる（同法第87条）。

　オーストリア民法（Austrian Civil Code）の第6節（191条以下の条項）は、養子縁組を認めるための基準を正式に定めている。養親は、法的能力を備えた25歳以上の者でなければいけない。結婚しているカップルは、必ず共同で養子と縁組しなければならないが、これは、一方が養子縁組される子どもの生物学上の親である場合は該当しない。養子縁組申請者が、養子にしようとする子どもを受託中である場合、その養育の責務をいったん解き、義務の取り消しを証明したうえで、養子縁組が可能になる。加えて、上述のように生みの親の同意という要件も満たさなければならない。

養子縁組の方針決定

方針決定の主体と同意

　オーストリアにおける養子縁組は、必ず生みの親の同意によって行われるのが基本である。養子縁組は、生物学上の親と児童保護機関のあいだの契約書面によるクローズドアダプションか、生物学上の親と養親の契約書面によるオープンアダプションのいずれかである。養子となる子どもが十分な意思決定能力を備えていれば、本人が契約に署名する。養子縁組への同意は、生物学上の親、婚姻関係にある養親もしくは養親となる成人の配偶者、および、養子となる子どもの法定後見人から得なければならない。2018年半ばまでは、14歳以上の子どもによる養子縁組への同意も必要だったが、現在の法律で必須となっているのは、子どもの後見人の同意のみである。法律は、子どもに意思決定能力があると積極的に想定するよう求めており（オーストリア民法（Austrian Civil Code）第192条[2]）、実際にそれが可能な年齢を14歳と定めている州もある（Kinder- und Jugendhilfe Oberösterreich, 2019）。子どもに意思決定能力がないとみなされるなら、子どもの法定代理人が、子どもの最善の利益をふまえ、本人の代わりに養子縁組契約に署名する（同法第192条）。

　養子縁組は、裁判所に承認されて初めて効力をもつ（Bundeskanzleramt, 2020b）。養子縁組の審理は地方裁判所で進められ、家族法を専門とする裁判官が執り行う。こうした審理は、普通は非公開で行われる。裁判所は、決定を下

すにあたり、必ず児童福祉部門に"Stellungnahme"すなわち意見陳述を求め、筆者が行ったインタビューの回答者によると、通常は養子縁組に反対する重要な主張の有無を見定める。裁判所が養子縁組を承認すると、養子縁組が正式に成立する。養子縁組契約の作成は、弁護士、公証役場、児童福祉部門が行う（Land Salzburg, 2019）。同意を得なければいけないという必要要件は、厳密に適用される。裁判所が養子縁組を承認できるのは、生みの親、養親となる者の配偶者か家庭内パートナー、成年に達している子ども本人（ただし法的な行為能力を有しない者は除く）、もしくは未成年の子どもの代理人が、養子縁組に同意した場合に限られるのだ（オーストリア民法（Austrian Civil Code）第195条）。養子縁組には生みの親の同意が義務づけられているが、親の居所が少なくとも6カ月にわたり不明の場合、あるいは、親が一時的ではなく継続的に法的な行為能力を備えていない場合は、例外とされる（同法第195条[2]）。なお、養子縁組によって、養親となる者の生物学上の子どもの養育や扶養が脅かされる場合、裁判所は養子縁組の承認を拒否しなければならない（同法第194条[2]）。

　子どもには聴聞を受ける権利がある。ただし、聞き取りが（幼少であるなどの理由で）一時的状況に限らず長期的に不可能な場合や、子どものウェルビーイングを脅かす懸念がある場合、この権利を放棄できる（同法第196条）。通常、子どもは裁判官から直接聴聞を受けるが、その他に、若年者のための福祉機関、家庭裁判部局、少年裁判部局、または専門家による聞き取りなど、より適切な方法がとられるかもしれない。こうした各方面からの聞き取りが行われるのは、子どもが10歳未満の場合や、子どもの発達状況や健康状態からみて必要とされるときであり、また、そうした配慮をしないと、本当の気持ちや外からの影響ではない自分の本音を子どもが表現しにくい場合である（2003年非訟事件手続法（Non-Contentious Proceedings Act）第105条）。聴聞を受ける権利をもつその他の者は、子どもの現在の里親や、子どもが暮らす施設の管理者、および児童福祉部門である。聴聞を受ける権利の対象とならないのは、先に子どもの代わりに養子縁組契約書に署名した法定後見人、そして、聴聞の実施に著しく困難な状況をともなう者である。

関係機関の役割

　養子縁組の準備は、児童福祉機関によって行われる。児童福祉機関は、養子縁組手続き中の生みの親への助言と指導、養子および縁組する親への助言、準備支援、アセスメント、研修を行い、子どものニーズにもとづき適切な養親を選ぶ（ウィーン児童福祉サービス法（Child Welfare Services Law of Vienna）第50条などを参照）。2020年まで、養子縁組前後の実務と手続きに関する法規定を示していたのは、連邦児童福祉サービス法（Federal Child Welfare Services Law: B-KJHG）だったが、現在では各州の法律で定められている。

　8つの州では児童福祉部門と地域の役所が、都市州であるウィーンではウィーン社会福祉局（Social Work Department of the City of Vienna）の児童福祉部門が、養子縁組契約書を作成し、養子縁組申請を裁判所に提出し、養親のアセスメント結果を裁判所に提示する責務を担う（Bundeskanzleramt, 2020b）。オーストリアでは、養子縁組前に、子どもが養親候補者のもとで養育を受けねばならない最低限の期間を法的に定めていない（Sapinski, 2016a）。しかし、普通は少なくとも6カ月間、子どもが養親候補者と暮らしてから、児童福祉部門は裁判所への養子縁組申請を行う（その間、里親と違って、養親候補者への手当の支払いはない）。

　児童福祉部門が、生みの親と面会して養子縁組の法的な意義を説明し、養子縁組する親と生物学上の親が契約書に署名する（Bundeskanzleramt, 2020b）。そして、児童福祉部門は、"Adoptionsantrag"つまり「養子縁組申請書類」をすべて整えて、裁判所に届ける。里親養育から養子縁組する事例では、その申請には"Pflegeaufsichtsbericht"「里親に関する報告書」の提出も必要になる。内容としては、里親の経歴、里親の婚姻などパートナーシップについての経緯、職業的な地位、子どもの経歴と里親との関係の良好性、生みの親の来歴、誰もが養子縁組に賛成しているという事実、子どもと里親間の親子といえる関係の存在、そしてこの関係性が、児童福祉部門が養子縁組を申請する根拠であることが含まれる。裁判官は、生みの親か養子縁組する親、もしくは双方との面談を設定でき、年長の子どもの聴聞を実施できる。しかし、私たちの主要な情報提供者の1人は、一般に裁判所は、親の聴聞の機会を設けるより、児童福祉部門の報告書をあてにしていると話す。

養子縁組が承認されたら、それ以上、児童福祉部門が養子縁組家庭を調査することはない。しかし、養子縁組後のサービスとして、たいていは研修セミナーや支援グループのミーティングのかたちで支援を受けることができ、養子縁組家庭のためのNGOが提供する支援もある。国際養子縁組の場合、子どもの出身国によっては（たとえば南アフリカの場合）、児童福祉部門が、何年かにわたり出身国の当局に対し養子縁組後の報告書を提出することが義務づけられる可能性がある（Eltern für Kinder Österreich, 2020b）。

　養子縁組の決定は、裁判官が通常3～4ページにわたる文書のかたちで記述し、関係者に届けられる。その内容は、裁判所名と裁判官の氏名、決定日、裁判官による決定とその決定の種類（養子縁組の承諾決定か否か）で始まり、養親、子ども、生みの親に関する情報、決定の効力発生日、そして決定の背景となる根拠が続く（2003年非訟手続法（Non-Contentious Proceedings Act）第89条で指定されているとおり）。裁判官が決定の根拠を記す部分では、養子縁組に至る子どもの養育の経緯について背景事情の概略を示し、養子縁組の論理的な根拠を法律に照らして説明する。決定後14日以内は、不服申立てが可能だが、実際に控訴が認められるのは、法的に極めて重大な理由がある場合に限られる。たとえば、その裁判所の決定が最高裁判所の判例法に反している、あるいは、判例法がなかったり一貫性を欠いていたりする場合だ（Bundeskanzleramt, 2020b）。控訴すると、次段階の上級の裁判所による判断を経て、最高裁判所までいくことになる。養子縁組に関する地方裁判所の判決は公開されていないが、研究目的でのアクセスは、法務省の裁量により認められる可能性がある。最高裁判所は、不服申立てに対する判決を *Rechtsinformationssystem desBundes*（RIS）（連邦政府の法律情報システム）に掲載している（Bundeskanzleramt, 2020c）。

養子縁組後の生みの親ときょうだいとのコンタクトに関する取り決め

　オーストリアでは法律上、裁判所による養子縁組の承認後、生みの親や他の家族成員が子どもとコンタクトを取る権利は認められていない。だが、公的ケアを受けている子どもについては、コンタクトを取る権利が、KindNamRÄG 2013、すなわち2013年子どもの監護権および氏名権に関する改正法（Law Amending Child Custody and Right to a Name）によって拡充された。これにより今

日では、きょうだいを含む第三者は、公的ケアを受けている子どもとの間に個人的関係や、家族としての親しい関係がある場合、コンタクトの権利をもつ（オーストリア民法（Austrian Civil Code）第188条[2]）。コンタクトが子どもの最善の利益とみなされるなら、裁判所はそのために必要な命令を下すことができるのだ。こうした第三者がコンタクトを求める場合も、児童福祉部門がその申請を裁判所に提出する。そして、子どものウェルビーイングが脅かされない限り、コンタクト命令が下されねばならない。

　実際には、養子縁組後のコンタクトについても、裁判所への申請が滞りなくできれば、子どもと生みの親のあいだで、事前の取り決めにもとづいて継続できる可能性がある。こうしたコンタクトを求める申請がどの程度一般的なのか、裁判所が養子縁組後のコンタクトの権利をどの程度認めているのか、私たちにはわからない。一般には、養子縁組後の生みの親とのコンタクトの取り決めは、養子縁組契約書を通じた当事者間の合意によるものだろう。ただし、それによって法的な権利が生じるわけではなく、こうした合意は当事者に対する法的拘束力はない。

　コンタクトの取り決めは、養子縁組の種類次第ともいえる。オーストリアでは、匿名養子縁組、オープンアダプション、セミオープンアダプションの3種類の養子縁組がある（Bundeskanzleramt, 2020d）。匿名養子縁組の場合、児童福祉部門は、養親の特性（たとえば文化的、宗教的な背景）に対する生みの親の希望をなるべく考慮するが、養子縁組家庭について生みの親に伝える情報は、年齢、職業、婚姻期間、子どもの数などに限られる。そして、養子縁組家庭の名前と住所は伏せられ、生みの親は養子縁組家庭とコンタクトを取ることはできない。一方、セミオープンアダプションでは、生みの親は子どもの居住地を知らないが、地域の児童福祉機関か行政長官事務所を通じて、子どもとも養子縁組家庭ともコンタクトが可能だ。手紙や写真を送れるし、中立的な場所での面会も予定できるだろう。そして、オープンアダプションは、子どもが居住する養子縁組家庭の場所を生みの親が知っていて、児童福祉部門の関与なく直接コンタクトを取れることを意味する（Bundeskanzleramt, 2020d）。養子となった子どもは、14歳になったら、自身の養子縁組ファイルへのアクセスを請求でき（ウィーン児童福祉サービス法（Child Welfare Services Law of Vienna）第49条）、さらに

生みの親とコンタクトを取る選択が可能である。オーストリアで以上の3種類の養子縁組がどの程度の広まっているのかは不明だが、ウィーンでは今日、約3分の1がオープンアダプションである（Winroither and Weiser, 2014）。

結び

　他の多くの国と同様に、オーストリアの養子縁組システムは、研究も報告も乏しい状況である。各種の養子縁組とその数、および、各種の介入策の成果に関する具体的なデータが不十分なため、学術文献において、公的ケアからの養子縁組に関する調査が抜け落ちている。養子縁組システムの課題を指摘した言及はほとんどなく、少なくとも近年は見当たらない。メディアは、児童福祉部門が子どもを保護した段階を報道するだけで、養子縁組そのものを取り上げることは滅多にない。よくいわれるように、体系立てた調査研究は、現行の児童福祉部門の施策やプログラムを評価するにあたり、極めて重要なはずである。とりわけ、児童福祉部門への権限の委任が、法による不動の現実となっている今日、それを精査する研究は重要だ（Križ et al., 近刊）。私たちの知る範囲では、国内でどのような児童福祉政策がもっとも効果的と考えられるか、体系的な評価を行った実証的研究は存在しない。

　オーストリアでは、公的ケアからの養子縁組は、長期の家庭外養育の方策としては、いわば「ニッチ」であり、それよりも里親養育と施設への措置のほうが主流である。養子縁組ではなく里親養育を好む傾向が広がっていることには、いくつかの理由があるだろう。1つめの理由は、養子縁組できる子どもの数が極めて少ないので、養子縁組を希望する家庭にとっては待機期間が長く、2〜3年ほど要するためである（Bundeskanzleramt, 2020b）。乳児を希望する場合はさらに長くかかる（たとえばシュタイアーマルク州のグラーツでは、乳児との養子縁組の待機期間は約5年だ[*Die Presse*, 2016a]）。養親候補者数10名に対して、養子になれる子どもは、おおむね1名程度という割合である（Braunisch et al., 2018）。具体例として下オーストリア州（ニーダーエスターライヒ州）の場合、2014年に養親として申請し認定された者が123名いたが、国内の養子縁組に至ったのは

16件で、国際養子縁組は17件だった（*Die Presse*, 2016b）。2つめの理由は、里親家庭の需要が常に高いことに応えて、各地の児童福祉機関が里親養育の推進に着手し、積極的な取り組みを展開してきたことがある（Kraus, 2011）。だが、里親に委託しようとしても、3歳以上の子どもや発達に問題のある子どもの場合は、措置が非常に難しい（Tragler, 2018）。

　他国の法制度のもとでは、公的ケアを受けている子どもにとって長期の里親養育よりも養子縁組のほうが、より優れた成果につながり得るという、実証的なエビデンスが示されている（Triseliotis, 2002）。オーストリアでは、そのような成果のデータは得られないため、ここでエビデンスにもとづいた推奨ができない。思うに、家族再統合が実質的に不可能な子どもの養子縁組を積極的に推進していない現状は、公的ケアを受ける子どもから、養子縁組だからこそ得られる法的なかたちのパーマネンシーを奪っている、といえるかもしれない。この懸念は、特に、乳児期に公的ケアを開始した子どもや、生みの家族との有益なコンタクトがないまま長期の里親養育で安定したアタッチメントを育んでいる子どもに当てはまる。法的な永続性を妨げている可能性があるため、このような子どものためにパーマネンシーを確保する道筋として、養子縁組を検討することは妥当と考えられる。

　それでもなお、家族関係維持の原則、および生物学上の関係重視の原則の重要性から、オーストリアで選択される福祉施策は、当面、長期の里親養育であり続けるだろう。養子縁組までの待機時間の長さに加え、長期の里親養育を好むもう1つの根拠として、養子縁組の成立後は、子どもにとって生みの親や祖父母、きょうだいとのコンタクトを安定して行うのが実質的に難しいという懸念がある。児童福祉部門もまた、養子縁組を奨励しない現実的かつ重要な理由として、たとえば、公的ケアを受けている子どもの生みの親が、わが子を手放して養子縁組すると決断しても、子どもの里親が縁組を望まない場合をあげる。筆者によるインタビューの回答者の1人は、こうした例で児童福祉部門が養子縁組をそれ以上推し進めないのは、養子縁組によって、その里親から別の養育者に変わるという経験は、子どもの最善の利益とは思えないからだと明かした。

将来的な養子縁組政策への展望

　近い将来、養子縁組の領域で、国の政策が大幅に変更される見込みはない。第1に、公的ケアからの養子縁組は、近年の政治的課題としてあがっておらず、メディアや世間の議論においてもさほど注目を浴びていないからだ。養子縁組について近年の特に重要な変更点は、2015年にオーストリア憲法裁判所（Austrian Constitutional Court）が、同性カップルに、異性のカップルと同等の養子縁組の権利を認めた判決に関することである。2016年を迎えるまで、同性カップルの場合、継親と里親になることは可能でも、養子縁組はできなかった（Pickert, 2015）。保守政党がかなり抵抗を示したものの、2016年1月1日の新しい法律の施行により認められることになった（Ettinger and Aichinger, 2015; Sapinski, 2016b）。加えて、大幅な政策変更はないと考える第2の理由は、児童福祉政策について連邦政府から各地の州への地方分権化が近年進んでいるため、国の政策というより、各州における児童保護の領域の取り組みが、短期的には課題となる見込みだからだ。長期的には、公的ケアからの養子縁組に関連する課題として、児童保護を要する状況を予防するための方策を、一層重視する声が高まるかどうかが問われている。近年では、SOS子どもの村、およびAustrian Kinder- und Jugendanwaltschaft（オーストリア子どもと若者のオンブズオフィス）などの組織が、初期の段階で、生まれた家から子どもが引き離される事態を予防するために、さらなる家族支援の提供を政府に求めている（Austrian Ombudsman Board, 2020）。

謝辞

　本研究は、European Union's Horizon 2020の研究開発プログラムにもとづき、European Research Councilからの助成を受けている（助成承認番号No 724460）。

　免責事項：本章は筆者個人の見解によるものであり、助成機関は、ここに掲載された情報のいかなる利用についても責任を負わないものとする。

注

1 例外として、当該の子どもを扶養し養育することについて、とりわけ、養親候補者の生物学上の子どもへの影響に、深刻な懸念がある場合は、養子縁組は承認されない（オーストリア民法（Austrian Civil Code）第 194 条 [2]）。

2 本章の目的からは外れるが、言及しておくべき点として、オーストリアでは 18 歳を過ぎた者との養子縁組が可能であり、少なくとも 5 年間にわたって近しい（親子同等の）関係があることが要件となっている（オーストリア民法（Austrian Civil Code）第 194 条）。

参考文献

Austrian Ombudsman Board (2020) 'Mehr Unterstützung, dass Kinder bei ihren Familien leben können' ['More support, so that children can live with their families'], Austrian Ombudsman Board. Available at: http://volksanwaltschaft.gv.at/artikel/mehr-unterstuetzung-dasskinder-bei-ihren-familien-leben-koennen (2020 年 3 月 10 日閲覧).

Braunisch, S., Janik, R., Hardy, J. and Pfneisl, E. (2018) 'Kr isenpflegefamilien: Eltern auf Zeit' ['Emergency care families: temporary parents'], Addendum, 7 August. Available at: www.addendum.org/jugendamt/pflegefamilien/ (2020 年 3 月 10 日閲覧).

Bundeskanzleramt (2019) *Kinder- und Jugendhilfestatistik 2018* [*Children and Youth Welfare Statistics 2018*], Vienna: Bundesanstalt Statistik Österreich.

Bundeskanzleramt (2020a) 'Rechte des Adoptivkindes' ['Rights of the adopted child'], Federal Chancellery. Available at: www.oesterreich.gv.at/themen/familie_und_partnerschaft/adoption/1/Seite.720010.html (2020 年 3 月 10 日閲覧).

Bundeskanzleramt (2020b) 'Ablauf der Adoption' ['Adoption process'], Federal Chancellery. Available at: www.oesterreich.gv.at/themen/familie_und_partnerschaft/adoption/Seite.720003.html (2020 年 3 月 10 日閲覧).

Bundeskanzleramt (2020c) 'Rechtsmittel und Rechtsmittelklagen' ['Appeals'], Federal Chancellery. Available at: www.oesterreich.gv.at/themen/dokumente_und_recht/zivilrecht/2/Seite.1010340.html (2020 年 3 月 10 日閲覧).

Bundeskanzleramt (2020d) 'Arten der Adoption' ['Types of adoption'], Federal Chancellery. Available at: www.oesterreich.gv.at/themen/familie_und_partnerschaft/adoption/Seite.720002.html#offen (2020 年 3 月 10 日閲覧).

Burns, K., Križ, K., Krutzinna, J., Luhamaa, K., Meysen, T., Pösö, T., Sánchez-Cabezudo, S. S., Skivenes, M. and Thoburn, J. (2019) 'The hidden proceedings – an analysis of accountability of child protection adoption proceedings in eight European jurisdictions', *European Journal of Comparative Law and Governance*, 6: 1–35.

Die Presse (2016a) 'Fünf Jahre Wartezeit in Graz' ['Five years' waiting period in Graz'], 23 February. Available at: www.diepresse.com/4931475/funf-jahre-wartezeit-in-graz (2020 年 3 月 10 日閲覧).

Die Presse (2016b) 'Bisher kein Interesse in Oberösterreich' ['So far no interest in Upper Austria'], 23 February. Available at: www.diepresse.com/4931461/bisher-kein-interesse-in-oberosterreich (2020 年 3 月 10 日閲覧).

Eltern für Kinder Österreich (2020a) 'Ausbildung' ['Training']. Available at: www.efk.at/de/ausbildung/ (2020 年 3 月 10 日閲覧).

Eltern für Kinder Österreich (2020b) 'Ablauf chronologisch/ Wartezeit/Ausbildung' ['Process/ waiting period/ training']. Available at: www.efk.at/de/ablauf-suedafrika/ (2020 年 3 月 10 日閲覧).

Ettinger and Aichinger (2015) 'ÖVP-Frauen: Nein zu neuem Adoptionsrecht' ['ÖVP-women: no to the new adoption law'], *Die Presse*, 15 January. Available at: www.diepresse.com/4639414/ovpfrauen-nein-zu-neuem-adoptionsrecht (2020 年 3 月 10 日閲覧).

Federal Ministry of Labour, Family and Youth (2019a) 'Adoption', Factbook 'Kinder in Österreich' ['Children in Austria']. Available at: www.kinderrechte.gv.at/factbook/adoptionsverfahren/ (2020 年 3 月 10 日閲覧).

Federal Ministry of Labour, Family and Youth (2019b) 'Fremduntergebrachte Kinder', 'Adoption', Factbook 'Kinder in Österreich' ['Children in Austria']. Available at: www.kinderrechte.gv.at/factbook/fremduntergebrachte-kinder/ (2020 年 3 月 10 日閲覧).

Kinder-und Jugendhilfe Oberösterreich (2019) 'Informationsblatt für Adoptivwerberinnen' ['Information sheet for adoptive applicants']. Available at: www.kinder-jugendhilfe-ooe.at/Mediendateien/dl_adoption_infoblatt.pdf (2020 年 3 月 10 日閲覧).

Kraus, D. (2011) 'Der Trend zum Pflegekind: Immer mehr trauen sich' ['The trend towards a foster child: more and more dare'], *Die Presse*, 28 May. Available at: www.diepresse.com/666070/der- trendzum-pflegekind-immer-mehr-trauen-sich (2020 年 3 月 10 日閲覧).

Križ, K., Krutzinna, J. and Pantuček- Eisenbacher, P. (近刊) 'The Austrian child welfare system. Moving towards professionalization and participation', in J. Berrick, N. Gilbert and M. Skivenes (eds) *International Handbook of Child Protection Systems*, Oxford: Oxford University Press.

Land Salzburg (2019) 'Zur Adoption freigeben' ['Placing for adoption']. Available at: www.salzburg.gv.at/soziales_/Seiten/zur_adoption_freigeben.aspx (2020 年 3 月 10 日閲覧).

MAG ELF (Wiener Kinder- und Jugendhilfe) (2015) *Qualitätshandbuch –Soziale Arbeit mit Familien* [*Quality Handbook – Social Work with Families*], Vienna: Stadt Wien.

Pickert, N. (2015) 'Adoption? Das ist doch voll schwull' ['Adoption? That's totally gay!], Der Standard, 25 January. Available at: www.derstandard.at/story/2000010985308/adoption-das-ist-doch-vollschwul (2020 年 3 月 10 日閲覧).

Reinprecht, C. (2015) 'Immigrant children and families in the child welfare system in Austria', in M. Skivenes, R. Barn, K. Križ and T. Pösö (eds) *Child Welfare Systems and Migrant Children: A Cross Country Study of Policies and Practice*, Oxford: Oxford University Press, pp 82–105.

Sapinski, H. (2016a) 'Kurzes Familienglück: (Adoptiv-)Eltern für ein Wochenende' ['Short family happiness: (adoptive) parents for a weekend'], *Die Presse*, 25 May. Available at: www.diepresse.com/4993569/kurzes-familiengluck-adoptiv-eltern-fur-ein-wochenende (2020 年 3 月 10 日閲覧).

Sapinski, H. (2016b) 'Das Gesetz hinter dem Kinderwunsch' ['The law behind the desire to have children'], *Die Presse*, 21 May. Available at: www.diepresse.com/4993570/das-gesetz-hinter- demkinderwunsch (2020 年 3 月 10 日閲覧).

Stadt Wien (2020a) 'Ein Kind adoptieren' ['Adopting a child'], City of Vienna. Available at: www.wien.gv.at/menschen/kind-familie/adoption/adoptieren.html (2020 年 3 月 10 日閲覧).

Stadt Wien (2020b) 'Pflegekindergeld – Sozialinfo Wien' ['Foster child allowance – social information Vienna'], City of Vienna. Available at: www.wien.gv.at/sozialinfo/content/de/10/SearchResults.do?keyword=Pflegekindergeld (2020 年 3 月 10 日閲覧).

Statistik Austria (2019a) 'Age in single years by time section', STATcube. Available at: https://s tatcube.at/statistik.at/ext/statcube/jsf/tableView/tableView.xhtml# (2020 年 3 月 10 日閲覧).

Statistik Austria (2019b) 'Bevölkerung nach Alter und Geschlecht' ['Population by age and sex']. Available at: www.statistik.at/web_de/statistiken/menschen_und_gesellschaft/bevoelkerung/bevoelkerungsstruktur/bevoelkerung_nach_alter_geschlecht/index.html (2020 年 3 月 10 日閲覧).

Tragler, C. (2018) 'Pflegekinder: Aufwachsen mit zwei Familien' ['Foster children: growing up with two families'], Der Standard, 18 June. Available at: www.derstandard.at/story/2000081157854/pflegekinder-aufwachsen-mit-zwei-familien (2020 年 3 月 10 日閲覧).

Triseliotis, J. (2002) 'Long- term foster care or adoption? The evidence examined', *Child and Family Social Work*, 7: 23–33.

Winroither, E. and Weiser, U. (2014) 'Adoption: Der lange Weg zum Kind' ['Adoption: the long way to a child'], *Die Presse*, 15 March. Available at: www.diepresse.com/1575457/adoption-der-lange-wegzum-kind (2020 年 3 月 10 日閲覧).

フィンランドにおける公的ケアからの養子縁組
―― 里親養育に代わる選択肢となりにくい現状

ピア・エリクソン
タルヤ・ポソ

はじめに

　フィンランドでは、国際養子縁組と国内養子縁組は、養子縁組法（Adoption Act）に定められている。公的ケアから養子縁組される子どもは少なく、再婚家庭での連れ子養子が、国内の養子縁組の大半を占める。そのため、フィンランドの法律、政策、実践において「公的ケアからの養子縁組」という概念が存在しないことに、驚きはない。

　フィンランドでは、児童福祉の法律よりも、養子縁組の法律のほうが歴史は古い。1925年には、最初の養子縁組法が定められた。以来、養子縁組と児童福祉は、家庭生活への2種の異なる介入のありかたとして、法律面も実践面も別々に体系化されている。養子縁組の様相は、歴史を通じてかなり変化してきた。1970年代までは国内養子縁組が一般的だった（Kauppi and Rautanen, 1997）。戦後、多くの子どもが養子縁組によって新たな家庭に措置されたり、国外で養子となったりした（Kauppi and Rautanen, 1997; Pösö, 2009）。事実、第二次世界大戦直後は、養子縁組される子どものほうが、ケア命令による決定で里親家庭に措置される子どもより多かった。戦時中は、約7万人を「戦禍の子ども〈ウォー・チルドレン〉」として、安全のためにスウェーデンとデンマークに移送した（Korppi-Tommola, 2008）。養子縁組と「戦禍の子ども」の多さは、続く世代にも影響が及んだ。

大勢の人々が、国家の歴史の一部として、そしておそらく家族の歴史として、親子の離別を体験したからである。

1970年代には、次第に養子縁組の様相が変化し、フィンランドは国際養子縁組の受け入れ国となっていった。国際養子縁組は、それを規定した法案が1985年に可決されると、増加し始めた。国際養子縁組の数は、他の西洋諸国と同様に2000年代初頭に頂点に達し、それ以降は減少している（Selman, 2010; Official Statistics Finland, 2019）。

最初の児童福祉法（Child Welfare Act）は、1936年に導入され、子どもを親から引き離して公的な養育を行うための判断基準を初めて規定した。次の1983年児童福祉法（Child Welfare Act）は、家庭支援サービスを常に優先すべきで、親子の分離を行うのは、それが最終手段である場合に限ると定めた。児童福祉の当局は、かつても今も、子どもと家族が自らの属するコミュニティ内で支援を受けられるようにする義務がある。一般家族向けのサービスや手当だけでは、子どもの健康と発達を十分に確保できない場合は、さらなる家庭支援サービスを提供しなければならない。このように、フィンランドの児童福祉の法律と政策における重点は、明らかに家族サービス志向であるとともに、子どもの権利を重視する。こうしたフィンランドの方向性は、児童福祉の国際比較の文献でも言及される点である（Gilbert et al., 2011）。

法律と政策において、全般的かつ予防的な家庭支援サービスを重視しているにもかかわらず、毎年18歳未満の子どもの1％以上が、児童福祉法による家庭外養育を受けている。家庭外養育の措置のありかたは、主に3つあり、ケア命令によるもの、緊急の措置、および自発的に支援を求めてきた場合の措置（supportive voluntary placements）である。2007年児童福祉法（Child Welfare Act 2007）は、永続的な措置について何も保証していないため、ケア命令（極めて厳格な適用基準があり、家族生活への影響がもっとも大きい措置）も含めて、いずれもの措置も例外なく、常に一時的なものである必要がある。それにもかかわらず、児童福祉において家族再統合できる例は数少ない（Pösö et al., 2019）。

本章を通じて養子縁組の歴史と児童福祉のための親子分離の歴史を振り返ると、2020年の今日における公的ケアからの養子縁組に至る経緯が見えてくる。親と子の離別をめぐる複雑な歴史の跡と、児童福祉において家族を支え、

永続的な家庭外養育を避けようとしてきた国の試みが見受けられる。公的ケアからの養子縁組の現在の実践は、当然ながら、親子の離別にまつわる歴史と文化の影響を受けている。本章の前半は、公的ケアからの養子縁組に関する法律、指針、統計について具体的に述べ、後半では、フィンランドにおける今日の実践の特性と、公的ケアからの養子縁組に関する知見について考察する。

公的ケアからの養子縁組に関する法律と指針

　2012年養子縁組法（Adoption Act 2012）は、あらゆる養子縁組の状況を網羅し、どのような場合に、養子と養親間に法的な親子関係が承認されるかを示している。同法は、未成年の養子縁組と成人の養子縁組を取り上げ、国内および国際養子縁組について規定する。

　現在の養子縁組法が示す5つの原則が、公的ケアからの養子縁組を論じるために特に重要である。第1に、子どもの最善の利益という原則であり、養子縁組の決定はすべてこれを指針とする必要がある。

> 未成年の子どもの養子縁組に関わるあらゆる決定とその他の方策は、子どもの最善の利益について最大の考慮を払うものとする。子どもの最善の利益のアセスメントにおいては、実家族のもとでの成長が不可能な子どもが、永続的な家庭を確保し、バランスの取れた発達とウェルビーイングを実現するもっとも適切な方法について、とりわけ留意しなければならない（s 2 Adoption Act 2012／2012年養子縁組法第2条）。

　第2の原則として、養子縁組は、生みの親、および子どもが12歳以上の場合は本人の同意を必要とする。例外的な事例に限って、同意のない養子縁組が認められる可能性はあるが、あくまでも、養子縁組が子どもの最善の利益だと強固に裏づけられる場合だけである（s 11 Adoption Act 2012／2012年養子縁組法第11条）。養子縁組に断固として反対したり、意見表明を控えたりしている当事者がいるときは、養子縁組後の子どもと親のコンタクトについて、子どもの最

善の利益を見極めながら、その種類と程度を検討しなければならない。生みの親が、健康状態や障害によって意見表明が困難な場合、または行方不明の場合は、例外的な状況として、養子縁組が認められるだろう。

　第3に、すべての養子縁組の決定においては、前提条件として、養子、生みの親、養親候補者の養子縁組カウンセリングが必須である（詳しくは後述する）。第4に、養子縁組に関する決定は、すべて（地方）裁判所が行う。決定に対する控訴は可能である。フィンランドでは私的な養子縁組は認められないため、いかなる養子縁組も司法のもとで行われる。第5に、（地方）裁判所は、当事者間で合意があり、子どもの最善の利益に反しない場合には、養子となる子どもと生みの親にコンタクトを維持する権利を付与できる（「オープンアダプション」）。

　養子縁組法（Adoption Act）は、公的ケアからの養子縁組、という特定のカテゴリーの存在を認識していない。しかし、2013年に社会保健省（Ministry of Social Affairs and Health）が現場の実践者向けに示した指針では、養親候補者にとって「事前に面識のない子ども」との養子縁組と、「以前から面識のある子ども」との養子縁組に類別されている。後者は、家族内の養子縁組（たとえば、子連れ再婚家庭など）、および、里親養育から養子縁組される場合を意味する（Sosiaali- ja terveysministeriö, 2013b: 20）。通常、養親候補者は、養子縁組について福祉保健監督庁（Supervisory Authority for Welfare and Health）で申請し、全国養子縁組協会（National Adoption Board）から許可を得なければならないが、里親が1年以上養育している子どもを養子にしようとする場合は、許可は不要である。児童福祉の当局は、子どもの最善の利益と、里親と子どもの関係性の観点から、養子縁組という選択肢をアセスメントする必要がある。この社会保健省の指針は、養子縁組カウンセリングについても明記しており、続く節で取り上げる。

　2007年児童福祉法（Child Welfare Act 2007）は、養子縁組について、親子分離や措置の一形態として述べてはいない。児童福祉法（Child Welfare Act）にもとづく親子分離は、養子縁組とは別の判断基準と手続きがあり、方針決定を行う機関も異なる（Pösö and Huhtanen, 2017）。しかし、養子縁組法と児童福祉法をめぐる政府案を振り返ると、折にふれて、養子縁組を児童福祉における親子分離

と照らし合わせて検討している。つまり、養子縁組が親子分離時の選択肢としての特質を備えていることについて、長年の法制化過程で一定の議論が行われてきた。それでもやはり、引きつづき養子縁組を児童福祉における親子分離と区別する意向は、個々の法制定の歴史において根強く残っている。たとえば、2007年児童福祉法（Child Welfare Act 2007）の立案時、政府案として以下のような表現があった。

> 児童福祉の状況によっては、親が反対しても、養子縁組の決定によって子どもの最善の利益を最大限に満たすことがある。しかし、だからといって、児童福祉法に養子縁組に関する規定を盛り込むよう提案しているわけではない。その代わり、そのようなケースでは、養子縁組法の規定を活用すべきである（Hallituksen esitys eduskunnalle lastensuojelulaiksi ja eräiksi siihen liittyviksi laeiksi, 2006: 91）。

この文言において、やはり養子縁組の法律上の規定は、児童福祉における親子分離の規定とは改めて区別されたのだ。

　児童福祉のための親子分離と養子縁組の長年の区別の一方で、フィンランド健康福祉研究所（Finnish Institute for Health and Welfare）によるウェブ上の『Handbook of child welfare（児童福祉の手引き）』の見解は興味深い。オープンアダプションの可能性が増すと、養子縁組は里親養育とより近しいものとなる、という見地を明確に示している（Terveydenja hyvinvoinnin laitos, 2020）。この専門職に向けたウェブ上の手引きは、養子縁組について、家庭を基盤とした里親養育の一形態として説明しており、「普通の」（つまり一時的な）里親養育との違いは、永続的であることだとする。そして、子どもが家庭外での長期養育を必要とする状況ならば、養子縁組を選択肢として考えるよう、ソーシャルワーカーに勧める。とはいえ、このウェブ上の手引きも、国の指針も、里親委託に代わる選択肢として養子縁組を検討するための判断基準を、具体的に記してはいない。養子縁組が子どもの最善の利益かどうか、ソーシャルワーカー個々人の考えに委ねられている。

方針決定と準備プロセス

　フィンランドでは（国内に 20 ある）地方裁判所が、すべての養子縁組の決定を行う。養子縁組のプロセスは、生みの親か養親候補者が、社会サービスとして提供される養子縁組カウンセリングを希望することで始まる。また、里親が養育中の子どもを養子縁組にしたい場合、そのための方針決定の手続きを開始できる。

　養子縁組法（Adoption Act）第 10〜11 条にもとづき、生みの親の同意、および、子どもが 12 歳以上ならその同意がある場合のみ、養子縁組が承認される。子どもが 12 歳未満でも、成熟していて意見表明できるならそれを考慮し、子どもの意思に反して養子縁組が認められることはない。同意のない養子縁組の承認は、例外的な状況に限られる。同意については、養子縁組カウンセリングの過程で得ることになっている。カウンセリングにおいて、生みの親、子ども、養親候補者は、養子縁組の法的な部分について説明を受けるとともに、養子縁組の決断がもたらす影響を内省的に考える機会を与えられ、助言と支援を得る。カウンセリングのプロセスの終了時に、当事者は同意（もしくは不同意）を表明する文書に署名する。裁判所は必ずしもすべての民事において口頭審理を実施するわけではないため（Nylund, 2017）、カウンセリング終了時の同意文書が、裁判所に提示する当事者の意向の主たる根拠となるはずだ。養子縁組カウンセリングは、いくつかの理由により方針決定のプロセスの不可欠な部分である。以下に詳述しよう。

　2014 年社会福祉法（Social Welfare Act 2014）と 2012 年養子縁組法（Adoption Act 2012）のもと、地方自治体は、修士レベルの大学教育を受けた公認のソーシャルワーカーによる、養子縁組カウンセリングの提供が必須となった。その提供組織は、自治体によって異なる。現在、養子縁組カウンセリングの約 70％が、自治体以外で唯一養子縁組カウンセリングの提供機関として認可されたセーブ・ザ・チルドレン・フィンランド（Save the Children Finland）に委託されている（Laine et al., 2018）[1]。養子縁組カウンセリングを自ら提供している自治体では、たいていは自治体の児童福祉機関か家族法担当部門のなかで、組織的にその業務を担っている（Eriksson et al., 2015）。

養子縁組のプロセスにおいて、各当事者に事前カウンセリングが提供され、これは方針決定に至るプロセスを進めるための必要要件となっている。社会保健省の指針によると（Sosiaali- ja terveysministeriö 2013b）、生みの親との養子縁組カウンセリングでは、子どもに適切な養育を提供するための養子縁組やその他の選択肢について、法的な側面に関する情報提供を行うべきで、また、養子縁組による心理的影響の側面も伝えなければならない。カウンセリングを通じて、生みの親が情緒面においても養子縁組の問題を受け止められるようにする必要がある。同意（もしくは不同意）については、必ず内省的に熟慮してもらう時間を設けたうえで、表明されるべきである。

　養子となる子どもが、養子縁組に対して意見表明できる年齢と成熟度に達しているなら、ソーシャルワーカーは、養子縁組の目的とその影響を説明し理解してもらうために、あらゆる方法を包括的に駆使して子どもと向き合わなければならない。必要に応じ、養子縁組後に生みの親とコンタクトを保つことに関して、子どもが態度を決められるよう努める必要がある。こうして12歳以上の子どもは、養子縁組について問われたら、自分の意見を表明できるようになる。また、養親候補者にとっては、カウンセリングは養子縁組に向けた綿密なアセスメントのプロセスであるとともに、養親となることへの入念な準備であるべきである（詳細は Eriksson, 2016）。

　養子縁組カウンセリングは、当事者にとって養子縁組に関するよりよい理解につながるだけでなく、担当カウンセラーが、地方裁判所に提出する正式なアセスメント報告と陳述書をまとめるためのものである。裁判所宛ての文書には、養親候補者の適性に関する報告と、養子縁組の動機の説明に加え、子どもの最善の利益という観点にもとづいた養子縁組のアセスメントが含まれる。

　公的ケアから養子となる子どものための方針決定プロセスは、他の種類の養子縁組と同じである。ただし、里親が養親となる場合、養子縁組の許可を改めて得る必要はないが、それでも養子縁組カウンセリングは受けなければならない。また、里親家庭で養育を受けている子どもを担当する児童福祉当局は、独自に養子縁組のためのアセスメントを実施しており、これは他の国内養子縁組では不要である。

　裁判所における方針決定プロセスに着目した研究はないが、筆者の推測で

は、そのプロセスは養子縁組の動機、事情、当事者の見解を疑問視したり再調査したりするわけではなく、準備の過程での成果を確認するものといえるだろう。通常、養子縁組の申請は、すべての当事者の同意を得ているからである。

養子縁組および公的ケアを受ける子ども：人数と概要

2018年に、フィンランドでは計404の養子縁組があった（Official Statistics Finland, 2019）。その内訳は、子どもの養子縁組が273件（表7.1）、成人の養子縁組が131件である[2]。これらのうち65％が家族内の養子縁組だった。家族内の養子縁組とは、婚姻関係にある者、または結婚以外のパートナーシップを届け出ている者が、その相手の連れ子を養子縁組することである。

表7.1 養子となった子ども、およびケア命令による公的ケアを受ける子ども 2000～2018年

年	2000	2005	2010	2015	2018
子どもの養子縁組の総数[注a]	338	444	408	317	273
子どもの国内養子縁組の総数[注a]	118	108	224	199	190
公的ケアからの養子縁組[注b]	不明	不明	不明	10	不明
ケア命令の決定により公的ケアを受ける子ども（12月31日時点）[注c]	6,643	8,135	8,925	9,052	9,295
ケア命令の決定により公的ケアを受ける子どもの、子ども10万人当たりの数（12月31日時点）[注c]	585	737	823	844	878
ケア命令の決定により公的ケアを受ける子どものうち、公的ケアの対象年齢超過以外の理由で年内に公的ケアを終了した者の割合[注c]	4.2%	4.2%	4.1%	4.1%	4.3%

注a：データはOfficial Statistics Finland（2019）より。
注b：データはLaine et al.（2018）より。
注c：フィンランド健康福祉研究所（Finnish Institute for Health and Welfare）に請求し2020年3月9日に提供されたデータ（0～17歳の子どものデータであり、年内に18歳になった者は除く）。

法律上、公的ケアからの養子縁組を独立したカテゴリーとみなしていないので、その統計は存在しない。公的ケアからの養子縁組数に着目した唯一の体系的な調査（Laine et al., 2018）として、2015年と2016年に地方裁判所が下したすべての国内養子縁組の判決（623件）の分析がある。判決のなかから、子どもが児童保護システムと関わっていたという情報が含まれるものを選び出し、詳細な調査が行われた。結果として、調査研究者の推定では、2015年に10人、2016年に3人、計13人の子どもが、公的ケアから養子縁組されたようである。各ケースの子どもの福祉に関する詳細な背景情報は、裁判記録からはわからないため、この数字はあくまでも公的ケアからの養子縁組数の近似値とみなすべきである（Laine et al., 2018）。裁判記録にケア命令の決定に関する言及があったのは10件だけだったが、13件すべてがケア命令により公的ケアが開始されたと考えてよいだろう。いずれにせよこの数は、児童保護の現場で指摘されるとおり、公的ケアから養子縁組された子どもは、いるとしても非常に少ないことを裏づけている。

　2015年と2016年に公的ケアから養子縁組された、この13人の子どもは、養子となった時点で2歳半から14歳で、平均年齢は7.6歳だ。いずれも同意にもとづいた決定だった。生みの親である両親か片親が養子縁組のプロセスを開始したケースが11件あり、子どもが開始したケースが1件、里親による開始が1件だった。養子縁組家庭となったのは、すべてのケースで、子どもが半年から13年半暮らしてきた里親家庭だった（Laine et al., 2018）。

　このLaine et al.の調査によると、新生児については、2015年に20人、2016人に30人が生後すぐに養子となった。出産予定の親が妊娠中に、自ら養子縁組カウンセリングのサービスに問い合わせたもので、児童福祉の当局は、母親の熟慮の期間中、赤ちゃんの措置の調整に関与したにすぎない。この期間が過ぎると、子どもは養子縁組家庭に措置された。いずれも関係する当事者の同意にもとづいた決定だった。参考までに、養子縁組ではなく公的ケアを受けることになった乳児（1歳未満）の数をみると、2015年に27人、2016年に38人であり、ケア命令で乳児を措置する数と新生児の養子縁組は、おおむね同程度だったといえる（Flykt et al., 2020）。

　すべての年齢の子どもをみると、2018年の年末時点で、9,295人が（ケア命

令の決定による）公的ケアを受けていた（18歳未満の子ども10万人当たり878人相当）（表7.1）。同年に、ケア命令の決定によって新規に養育を開始された子どもは1,777人だった（Terveyden ja hyvinvoinnin laitos, 2019: 8）。この数は国内で養子となった子どもの数（190人）をはるかに上回る。2000年から2018年にかけての時期に、ケア命令により公的ケアを受ける子どもの数は増加していった。ケア命令に限らず、緊急の親子分離や、自発的な支援要請に対応する措置（supportive voluntary placements）、公的ケア終了後の追加措置も数値に含めると、家庭外養育を受ける子どもと若者の総数はさらに多くなり、その数は2018年に1万8,544人に上る。

2018年に公的ケアを受けていた子どもの55％が里親養育（うち13％が親族による養育）、28％が施設養育、12％が専門的ファミリーホーム（professional family homes）のもとで暮らしていた（Terveyden ja hyvinvoinnin laitos, 2019: 6）（合計して100％にならないのは、5％が支援付き住宅で暮らしていたり、親もとに居住しながら公的ケアを利用していたりするからである）。

公的ケアに措置された子どもは、公的ケアを受ける期間が長期化する傾向にある。2018年に公的ケアを受けていた子どもの50％が、人生の約半分かそれ以上を、何らかのかたちの家庭外養育のもとで過ごしていた（Terveyden ja hyvinvoinnin laitos, 2018）。しかも、18歳に達する前に家族と再統合できる子どもは限られている。2018年に公的ケアを受けていた子どものうち、対象年齢を超えたという理由以外で公的ケアの終了に至った子どもは、4.3％にとどまる（表7.1）。

多すぎるか少なすぎるか

筆者が入手している公的ケアからの養子縁組数は、2015年と2016年の情報だけだが、全体として数は非常に少ないと推測するのが妥当である。公的ケアを受ける子どもの数と、その大半が子ども時代に長期にわたり公的ケアを受け続けている事実をふまえれば、公的ケアからの養子縁組が、**あまりに少ないの**ではないかとの疑問はもっともである。

現在の児童福祉法（Child Welfare Act）は、永続的な措置を認めていないため、生みの親との家族再統合を継続的に検討しなければならない。パーマネンシーは、児童福祉政策における課題として取り上げられることは滅多になく、見過ごされてきた（Sosiaali- ja terveysministeriö, 2013a）。だが、フィンランドの児童福祉の専門家のなかには、子どもがパーマネンシーを確保する権利とその必要性を、主な論点として提唱する者もいて（Sinkkonen and Tervonen-Arnkil, 2015など）、ケア命令による措置に代わる手段として、養子縁組を増やすことを支持している。そのような立場からみると、養子縁組は、永続的な関係性と子ども時代の全般的なパーマネンシーの基礎を築き、結果として子どもの最善の利益につながる。近年の調査によると（Heinonen, 2018）、子どもと家族の公的ケアに携わる保健・社会サービスの実践者の一定数（771名）が、ケア命令による措置に代わる選択肢として、養子縁組に肯定的な見解を示した。養子縁組のほうが、子どものために永続的な関係性のニーズを満たしやすい、との考えからである。一方で、児童福祉分野に携わるソーシャルワーカーの見解は、保健・社会サービスのワーカーに比べ、養子縁組に慎重だった。養子縁組に消極的な見解では、生みの親にとっての家族をもつ権利を主張し、親が自らの抱えている問題を克服する機会とその努力を重視していた（Heinonen, 2018）。

　このように公的ケアからの養子縁組については、子どもにとってのパーマネンシーのニーズと、親が子どもと家族再統合する権利という2つの見かたがある――。そのため、養子縁組数を少ないとみるか多いとみるかについて、問題のとらえかたも違ってくる。子どものニーズ重視の視点からは、明らかに少ない。もう一方の親の視点からは、新生児の養子縁組数も合わせて考えると、少ないとはいえないはずである。

　先述の2015年、2016年の判決の分析をまとめた2018年の論文が述べるところでは、昨今では、新生児の養子縁組数は、1歳未満の子どもの公的ケアが開始される数を上回るようになっているという（Laine et al., 2018）。先に触れたように、新生児の養子縁組に向けた準備は、妊娠段階で開始され、親が主導権を握っている。フィンランドにおいて、自分から子どもを手放すと決意する親の、動機や事情を確認した研究はない。しかし、養子縁組カウンセリングの専門家の話では、理由の多くは、おそらくは望まない妊娠や妊娠時期の問題

により、親となるはずの者（成人）が、その将来的な役割に対して感じる困難さと関連している。かつて1950～1970年代にフィンランドの子どもが他国で養子となっていた時には、子どもを手放す動機は、シングルマザーであることに対する社会的スティグマと、戦後のフィンランド社会の貧困と結びついていた（Pösö, 2009など）。そのような時代を経て、社会は変化し、今日フィンランドは、とりわけ進歩的な家族政策を備えた国として知られている（Eydal and Kröger, 2010）。シングルマザーへの各種の支援があり、また妊娠中絶も可能である。それでもなお、親になるはずの人々のなかには、支援サービスや手当の支給があっても、子どもを育てられない、育てることを望まない者がおり、親としての自分の権利と義務を他の大人に委ねるほうがよいと考える。親自らが進める新生児の養子縁組の存在は、親が児童福祉当局による関与なく、子どものための永続的な養育を実現しようとするということをまさに示している。こうした現状は、児童福祉における親子分離から、養子縁組を法律、組織、実践上で区別して扱うことで起きている。

公的ケアからの養子縁組に関する現状の政策と実践の重要課題

社会心理的カウンセリングにおける専門性のばらつき

　先述のとおり、どのような養子縁組の手続きを進めるにも、養子縁組カウンセリングが必須条件となっている。カウンセリングを行うための専門性として、法律の知識とともに、養子縁組にともなう心理面と情緒面に関する深い理解と実践能力が求められる。カウンセリングを行うソーシャルワーカーがゲートキーパーの役割となるため、養子縁組カウンセリングの実施における知見は、養子縁組のプロセスそのもののために重要である。ワーカーが、一部の当事者のカウンセリングを行おうとしなかったり、カウンセリングの完了を拒んだりすれば、養子縁組の申立ては裁判所に届かないことになる。

　養子縁組前後のサービスを担当する、専門性を備えたソーシャルワーカーに必要な要件は、2012年養子縁組法で規定された（Adoption Act 2012）。しかし、

養子縁組の数自体が少ないため、その専門知識を習得する機会は限られている（Eriksson, 2016）。加えて、公的ケアからの養子縁組は稀であり、養子縁組カウンセリングの国の指針では、他の種類の養子縁組が主となっていることを考えると、公的ケアからの養子縁組についてソーシャルワーカーの専門知識はかなり限定的だと思われる。Eriksson et al.（2015）の近年の研究が示したところでは、国際養子縁組において、カウンセリングを実施したソーシャルワーカーが十分な専門性を備えていたと感じた養親候補者は、半数にとどまった。これは、養子縁組カウンセリングを他のソーシャルワークと統合して行う組織よりも、国際養子縁組のカウンセリング提供に特化している部署で目立つ。こうした専門性のレベルのばらつきが、公的ケアからの養子縁組のカウンセリングについても同様にあると考えられる。

　すでに公的ケアを受けている子どもが養子となるときの養子縁組カウンセリングで、生みの親が何を思うのか、理解の助けとなる研究は残念ながら見当たらない。断片的な経験談すらほとんどない。憶測にすぎないが、仮に養子縁組カウンセリングが適切に実施されていないなら、また、児童福祉の当局がそれとなく圧力をかけて養子縁組を迫るようなことがあれば、養子縁組カウンセリング中に必要とされる同意表明の信憑性が脅かされかねない。最悪の場合、不適切なかたちでオープンアダプションの可能性を示すと、養子縁組が親権に及ぼす法的影響への理解があいまいになり、里親委託による影響と区別がつかず、同等であるかのように誤解させてしまうだろう。

同意に関する複雑な課題

　どのようなかたちで親から子どもを分離するにせよ、同意は複雑な問題である。養子縁組法（Adoption Act）の第14〜17条は、十分な説明にもとづく同意（インフォームドコンセント）が行われるための条件を定めている。まず、養子縁組の決断について親が慎重に検討する時間を確保せねばならない。新生児の養子縁組では、より具体的に出産から8週間経過するまで同意を示すことはできないと決まっている。また、養子縁組カウンセリングを受けていない者については、他の手段で、養子縁組の特性について十分な説明を受けたことを証明せねばならない。同意は文書で示す必要があり、裁判所の決定前なら、示した同

意を撤回する権利がある。

　同意とそれにもとづく決定が、常にフィンランドの児童福祉の拠りどころとなる。児童福祉のための親子分離も多くが同意にもとづき、親権を制限してケア命令によって引き離す場合ですら、同意が必要である（Pösö et al., 2018）。だが、こうした親子分離における同意の必要性に対し、今日のフィンランド社会で疑問の声は上がっていない。むしろ、親（および一定年齢の子ども）が養子縁組（またはケア命令）への同意を示す手続きは当然のことだと考えられている。同意を得る法的な手順が決まっており、同意の表明にもとづいて方針決定を行うシステムなのである。フィンランド国外からみれば、同意に強く依拠したこの慣習に、より批判的な目を向けることもできるだろう。さらなる問題として、養子縁組カウンセリングの質にばらつきがある可能性を考えると、必ずしも綿密な情報にもとづく同意とは限らないかもしれない。

養子縁組後の不十分なサポート

　養子縁組の前も後も、カウンセリングと支援サービスは養子縁組法（Adoption Act）に則って提供されるべきである。しかし、養子縁組後のサービスのありかたの現状は、養子と生みの親がコンタクトを取るための援助に限られている。養子が体験してきたことや抱えているニーズは、公的ケアを受けている子どもとほぼ同等であるにもかかわらず、養子縁組の承認後は、養子縁組家庭と子どもは一般家庭と同じサービスに頼るしかない。里親が養親になると、それまで子どものスペシャルニーズに対処するために児童福祉ワーカーから受けていた心理社会面のサポートを失う。このことは、養子縁組の性質について、生物学上の家族同様の家庭を創出する手段である、という面を際立たせる。養子縁組の性質として、生みの親が育てられない子どものニーズへの対応策という面が基本とはなっていないことが浮き彫りになる。

　養子縁組後のサポートの欠如は、里親が養親になることを妨げる障壁となりかねない。里親が児童福祉サービスから得ていた経済面と心理面のサポートが、養親になるとすべてなくなるからである（Laine et al., 2018）。サービス提供の観点からは、養子という地位と、公的ケアを受けている子どもの地位は区別される。公的ケアを受けている子どもは、公的ケア終了後の自立生活を経済面

やその他の面で支えるアフターケアなど、各種サービスの受給資格が与えられている。一方、公的ケアを受けていた子どもが養子となると、アフターケアのサービスは利用できなくなり、養親の私的な支援に頼ることになる。

調査研究の不足

　公的ケアからの養子縁組の少なさを思えば、この論点に関する知識基盤や調査研究がフィンランドで限られているのは驚きではない（Laine et al., 2018）。関連の刊行物としては、非政府組織（NGO）が展開するプロジェクトが、ソーシャルワーカーの啓発をねらいとし、児童福祉における親子分離に代わる手段として養子縁組、特に「オープンアダプション」を取り上げている（Partanen et al., 2013; Timonen, 2013; Sinkkonen and Tervonen-Arnkil, 2015 など）。フィンランドでは、国際養子縁組については、各種の視点での調査研究がいくつかあり（Sukula, 2009; Eriksson, 2016; Högbacka, 2017 など）、外国で養子となった子どもの環境への適応状況や帰属意識に関する論考もある（Raaska, 2015; Ruohio, 2016 など）。しかし、国内養子縁組のプロセスについては、今のところ情報が乏しい。調査研究の不足により、現状では公的ケアからの養子縁組のプロセスと成果についても、そのプラス面とマイナス面の見込みについても、言及は難しい。

　大切なのは、公的ケアから養子縁組された子どもについて理解を深めるとともに、関係する大人（里親、生みの親、ソーシャルワーカー）が養子縁組を求める論拠と動機、およびこうしたケースにおけるきょうだいの位置づけについて熟知することだろう。当然ながら、公的ケアからの養子縁組における方針決定システムと養子縁組カウンセリングについても検証する必要がある。

結び

　今日フィンランドで、養子縁組は、公的ケアを受けている子どものための永続的な措置の方策ではなく、法的に結びついた家族を創造する手段とみなされている。養子縁組の政策と実践は、主に国際養子縁組と、養親候補者の大人へのサービスに終始している。そうしたなか、生後間もない子どもの国内養子縁

組が毎年承認されていることは、あまり注目されず、また、公的ケアからの養子縁組と、長期の公的ケアを受ける子どもの権利とニーズをめぐる問題も、児童福祉政策において周縁部に追いやられている。

　しかし、将来的には、養子縁組政策の焦点は、養親候補者ではなく、子ども自身の権利へ移行すると予測する研究者もいる（Eriksson, 2016）。この転換が、これまで分け隔てられていた、児童福祉における親子分離と養子縁組の双方をつなぐ新たな懸け橋となれば、やがては公的ケアからの養子縁組が増えるかもしれない。こうした予測の裏づけとなる動向が、3つある。第1に、生みの親と家族再統合できる子どもは、わずかであり、長期養育を受ける子どもの権利とニーズにどう対処するのが最善か、再検討する必要性が明らかになっている。支援の実践者によっては、里親養育に代わる手段として養子縁組を肯定的にとらえる者もおり、こうした見解が実践のなかで徐々に浸透していくだろう（Heinonen, 2018）。第2に、児童福祉における親子分離の現行のシステムは、費用がかさむのに成果が不十分だという批判があり、親が育てられない子どもへの公的ケアを提供する新たな方法が必要とされる。第3に、養子縁組できる子どもの不足によって国際養子縁組の数が減少しており、「養子縁組マーケット」に変化がうかがえる（Högbacka, 2008）。そのため国内養子縁組が、子どもとの縁組を求める人々にとって「家族を築く」選択肢として増えていくはずだ。とはいえ、同意がなくても養子縁組を推進するような根本的な変更が、将来的に生じるとは考えにくい。

　当然のことながら、子どもの最善の利益を保障するために、方針決定において当事者全員を公平に扱いながら、上記の動向をいかに効果的に組み込むかが課題である。養子縁組や永続的な里親養育といった選択肢のあいだで、適正なバランスが取られるべきである。

謝辞

　Tarja Pösö は、Academy of Finland の資金提供による、「Consent and Objection in Child Welfare Decision-Making（児童福祉の方針決定における同意と不同意）」の研究プロジェクトの支援（decision 308 402／決定番号 308 402）を受け、本章に寄与した。

本研究は、Research Council of Norway の助成を、独立プロジェクト——人文社会学プログラム（Independent Projects - Humanities and Social Science program）において受けている（助成番号 no. 262773）。

免責事項：本章は筆者個人の見解によるものであり、助成機関は、本稿に含まれる情報のいかなる利用についても責任を負わないものとする。

注

1 セーブ・ザ・チルドレン・フィンランド（Save the Children Finland）は、養子縁組の実践において重要な役割を担っており、1920年代から養子縁組を主要な業務としている。

2 成人の養子縁組は、子どもが成人してから里親によって養子縁組されるケースを含む可能性がある。

参考文献

Eriksson, P. K. (2016) *Prospective Adoptive Parents within Pre- Adoption Services: An Interplay of Emotions and Power in Social Interaction*, Report 4, Helsinki: Mathilda Wrede-Institutet.

Eriksson, P. K., Elovainio, M., Mäkipää, S., Raaska, H., Sinkkonen, J. and Lapinleimu, H. (2015) 'The satisfaction of Finnish adoptive parents with statutory pre- adoption counselling in inter- country adoptions', *European Journal of Social Work*, 18(3): 412–29.

Eydal, G. and Kröger, T. (2010) 'Nordic family policies: constructing contexts for social work with families', in H. Forsberg and T. Kröger (eds) *Social Work and Child Welfare Politics Through the Nordic Lenses*, Bristol: Policy Press, pp 29–46.

Flykt, M., Punamäki, R. and Pösö, T. (2020) 'Vauvojen huostaanotto kehityksellisenä ja tutkimusperustaisena kysymyksenä' ['Care orders of infants as a developmental and research- based topic'], *Yhteiskuntapolitiikka*, 85(3): 293–300.

Garrett, P. and Sinkkonen, J. (2003) 'Putting children first? A comparison of child adoption policy and practice in Britain and Finland', *European Journal of Social Work*, 6(2): 19–32.

Gilbert, N., Parton, N. and Skivenes, M. (eds) (2011) *Child Protection Systems: International Trends and Orientations*, New York: Oxford University Press.

Hallituksen esitys Eduskunnalle lastensuojelulaiksi ja eräiksi siihen liittyviksi laeiksi (2006) ['Government proposal to the Parliament for the Child Welfare Act and some other acts relating to it'], HE 252/2006vp. Available at: www.finlex.fi/fi/esitykset/he/2006/20060252 (2020年2月6日閲覧).

Heinonen, E. (2018) Adoption asema lastensuojelussa [The Position of Adoption in Child Protection] (Verkkojulkaisu 2), Helsinki: Lastensuojelun keskusliitto. Available at: www.lskl.fi/materiaali/ lastensuojelunkeskusliitto/ LSKL_adoptio_julk_0499_LR-2.pdf (2020年2月6日閲覧).

Högbacka, R. (2008) 'The quest for the child of one's own: parents, markets and transnational adoption', *Journal of Comparative Family Studies*, 39(3): 311–30.

Hogbacka, R. (2017) *Global Families, Inequality and Transnational Adoption: The De- kinning of First Mothers*, Basingstoke: Palgrave Macmillan.

Kauppi, M. and Rautanen, E. (1997) *Oikeus hyvään kotiin. Pelastakaa Lapset ry ja suomalainen lastensuojelutyö 1922–1997* [*The Right to Have a Good Home. Save the Children and Finnish Child Welfare in 1922–1997*], Helsinki: Pelastakaa lapset ry.

Korppi- Tommola, A. (2008) 'War and children in Finland during the Second World War', *Pedagogica Historica*, 44(4): 445–55.

Laine, S., Pösö, T. and Ujula, T. (2018) 'Adoptio lastensuojelussa: lukumääristä ja ominaispiirteistä' ['Adoption in child welfare: some numbers and features'], *Yhteiskuntapolitiikka*, 2(83): 199–207.

Nylund, A. (2017) 'Introduction to Finnish legal culture', in S. Koch, K. Skodvin and J. Sunde (eds) *Comparing Legal Cultures*, Bergen: Fagbokforlaget, pp 285–316.

Official Statistics Finland (2019) 'Adoptions', Statistics Finland. Available at: www.stat.fi/til/adopt/2018/adopt_2018_2019-08-21_tie_001_en.html (2020 年 3 月 3 日閲覧).

Partanen, P., Pasanen, K., Reinikainen, H. and Tervonen-Arnkil, K. (2013) *Avoimuutta ja yhteyksiä – Kotimainen adoptio muutoksessa* [*Openness and Contacts. Domestic Adoption under Change*], Helsinki: Pelastakaa Lapset ry.

Pösö, T. (2009) 'Memories about inter-country adoptions of Finnish children: deciding about the child's best interest', *Adoption and Fostering*, 33(4): 53–63.

Pösö, T. and Huhtanen, R. (2017) 'Removals of children in Finland: a mix of voluntary and involuntary decisions', in K. Burns, T. Pösö and M. Skivenes (eds) *Child Welfare Removals by the State: A Cross- Country Analysis of Decision- Making System*, New York: Oxford University Press, pp 18–39.

Pösö, T., Pekkarinen, E., Helavirta, S. and Laakso, R. (2018) ' "Voluntary" and "involuntary" child welfare: challenging the distinction', *Journal of Social Work*, 18(3): 253–72.

Pösö, T., Toivonen, V.-M. and Kalliomaa- Puha, L. (2019) 'Haluaa kotiin äidin luo. Erimielisyydet ja lapsen etu huostaanoton jatkamista koskevissa valituksissa ja hallinto- oikeuden ratkaisuissa' ['Want to be at home with mother. Disagreements and child's best interest in the appeals against care order continuation and in the judgments by administrative courts'], *Oikeus*, 3: 226–43.

Raaska, H. (2015) 'International adoption: symptoms of attachment disorders and their associations with the child's background and developmental outcome', *dissertation*, University of Turku.

Ruohio, H. (2016) *Suomalaiset kansainvälisesti adoptoidut. Perheeseen ja kansaan kuuluminen* [*Finnish Adoptees of Inter- country Adoption. Belonging to the Family and Nation*], Report 181, Helsinki: Nuorisotutkimusverkosto, Nuorisotutkimusseura.

Selman, P. (2010) 'The rise and fall of intercountry adoptions in the 21st century', *International Social Work*, 52(5): 575–94.

Sinkkonen, J. and Tervonen- Arnkil, K. (eds) (2015) *Lapsi uusissa olosuhteissa* [*Child in New Conditions*], Helsinki: Duodecim.

Sosiaali-ja terveysministeriö (2013a) *Toimiva lastensuojelu* [*Functioning Child Welfare*], Report 19, Helsinki: Ministry of Social Affairs and Health.

Sosiaali- ja terveysministeriö (2013b) *Adoptioneuvonta. Opas adoptioneuvonnan antajille* [*Adoption Counselling. A Handbook for Providers of Adoption Counselling*], Report 21, Helsinki: Ministry of Social Affairs and Health. Available at: http://urn.fi/URN:ISBN:978-952-00-3357-6 (2019 年 10 月 6 日閲覧).

Sukula, S. (2009) *Matka äidiksi – tarinoita adoptiosta ja yksinvanhemmuudesta* [*Journey into Being a Mother – Stories on Adoption and Single Parenthood*], Tampere: Tampere University Press.

Terveyden ja hyvinvoinnin laitos (2018) 'Kodin ulkopuolelle sijoitettujen lasten sijoitusten kestot 2016. Tilastoraportti 9' ['The length of placements of children placed in out- of- home care. Statistical report 9']. Available at: http:// urn.fi/ URN:NBN:fi- fe2018042318219 (2020 年 2 月 6 日閲覧).

Terveyden ja hyvinvoinnin laitos (2019) 'Lastensuojelu 2018. Tilastoraportti 23/2019' ['Child welfare 2018. Statistical report 23/2019']. Available at: www.julkari.fi/bitstream/handle/10024/138211/Tr23_19_LASU.pdf?sequence=5&isAllowed=y (2020 年 3 月 3 日閲覧).

Terveyden ja hyvinvoinnin laitos (2020) 'Avoimen adoption merkitys lastensuojelussa' ['The relevance of open adoption in child welfare']. Available at: https://thl.fi/fi/web/lastensuojelunkasikirja/tyoprosessi/erityiskysymykset/ avoimen- adoption- merkityslastensuojelussa (2020 年 2 月 19 日閲覧).

Timonen, P. (eds) (2013) *Adoptio–lapsen etu? [Adoption–In the Best Interest of the Child?]*, Helsinki: Lastensuojelun Keskusliitto.

ドイツにおける公的ケアからの養子縁組
── 不確実な政策と不調和な実践

トーマス・メイゼン
イナ・ボヴェンシェン

はじめに

　他の多くの国々と同様に、あらゆる養子縁組を決定する法的根拠となる原則は、子どもの最善の利益である。ドイツでは、養子縁組総数の約60％を連れ子養子が占める（Federal Statistical Office, 2019）。それ以外では、（たいていは出産前に）生みの母が子どもを育てられないと決断した場合に、養子縁組が主に法的な解決の選択肢となる。そのため、多くのケースで、生みの親は、生活環境への多大な負担感から出産直後に子どもを手放す。生みの親の同意で措置の対象となった子どもの大半が、生まれてすぐに、あるいは数週間か数カ月で、養子縁組家庭に移る。一方、家庭外養育（里親養育か施設養育）から養子縁組される子どもの数は限られている。親の同意のない（公的ケアからの）養子縁組は、さらに少なく、これは、同意のない親権の取り消しが法的に制限されているためである。ドイツでは、公的ケアからの養子縁組は稀であり、養子縁組は家に戻れず公的ケアを受けている子どものためのパーマネンシーの選択肢とはみなされていないが、本章ではそうした公的ケアからの養子縁組の現状を明らかにしたい。

養子縁組の法的枠組みと関連組織

法的枠組み

　養子縁組事業は、子どもと若者の福祉システム全体に通じるものだが、法的には、家族法、児童保護法、子どもと若者の福祉法といった法律に分かれて位置づけられている。その結果、ドイツにおける養子縁組の法的枠組みは、不確実な様相を呈している。問題の1つとして、古来のローマ法に遡る家族を築く法的な選択肢としての養子縁組が、今なお存続している点がある。家族法の規定は、民法典（Civil Code: CC）の特定の章のなかにも、家事手続法（Act on Proceedings in Family Matters）の章にもみつかる。民法の養子縁組の条項については、連邦司法・消費者保護省（Federal Ministry of Justice and Consumer Protection）という部署が責任を担っており、未成年のための後見と、成人を対象とした法的監護に関する法律も、同様である（同省 2019）。こうした状況は、児童保護、親の監護権、親子間のつながり、家族関係といった家族をめぐる法律に違いを生じさせている。

　問題の2つめは、養子縁組事業のサービス提供とアセスメントについて、法的基盤の中核を、社会法典の「**特定の部分**」、すなわち養子縁組措置法（the Adoption Placement Act）に置いていることである。つまり、一方では養子縁組事業が子どもと若者の福祉システムの全体に関わるものと認識しながら、他方では、法的に特異な位置づけを与えている。この養子縁組措置法の制定と政策に関する責務を担うのは、連邦家族・高齢者・女性・青少年省（Federal Ministry for Family Affairs, Senior Citizens, Women and Youth）である（同省 2020）。

　養子縁組は、連邦共和国基本法（federal law）で規定されているとはいえ、その法的根拠は各所に分散しており複雑である。国内養子縁組に関する条項は、以下のとおりである。

- 養子縁組の法的要件と法的効力については、ドイツ民法典第1741～1772条（German CC（ss 1741-1772））
- 裁判手続きについては、家事手続法第186～199条（Act on Proceedings in

Family Matters（ss 186-199））
- 養子縁組事業については、養子縁組措置法（Adoption Placement Act）、および妊娠葛藤の予防と対処のための法律（Act on the Prevention and Coping of Pregnancy Conflicts）
- 家庭外養育を受ける子どものために、パーマネンシーを確保する選択肢としての養子縁組については（および、親の同意のない養子縁組の成立前に必須である相談支援と親への「**勧告**（*cautioning*）」については）、社会法典第8編の児童・青少年福祉法（第36 [1]、51条）（Social Code Book VIII on child and youth welfare（ss 36 [1] or 51））

ドイツでは、家庭外養育（里親養育および施設養育）への措置について、対象となるシステムごとに法律の分化が目立つ。具体的には、措置を可能にするための親権の取り消しについては、家庭裁判所のみが責任を担うため、民法典（第1666条、1666条a）／CC（ss 1666, 1666a）に規定がある。一方、家庭外養育の措置そのものについては、児童・青少年の福祉システムを定める社会法典に規定されている。

養子縁組に関わる組織

連邦の憲法（連邦共和国基本法）は、法的枠組み内で、各地方の自治権を保障しているため、養子縁組の分野においても連邦主義の傾向が強い。ドイツでは、養子縁組数（詳細は後述）が少ないのに引きかえ、養子縁組機関の数は多く、たいていは市や郡の*Jugendamt*という青少年福祉局の一部がそうした機関となっている。しかし、伝統として基本法が保障している補完性の原則にもとづいて（Daly, 2000）、青少年福祉局の代わりに（キリスト教系の）非政府組織（NGO）が養子縁組サービスを提供する地域もある[1]。NGOはすべて、地方における州レベルの青少年福祉局である*Landesjugendämter*の監督と管理下にある。こうした州青少年福祉局は、その地域の養子縁組機関と協力し、措置が困難な子ども（つまり、スペシャルニーズのある子ども）のケースに対応する。養子縁組の措置も、公的ケアを開始する措置と同様に、各地の子どもと青少年福祉のサービス部門が責任を担う。そのため、**州**（*Länder*）ごとに、さらには州内の

自治体ごとに、さまざまな組織編成がある。一般には、以下の3種類の部門が国内の養子縁組に関与する。

- 養子縁組機関：養親（候補者）のアセスメントと研修、子どもを養子縁組することを検討している生みの親への支援と事前準備、子どもと養親候補者のマッチング、養子縁組後の支援提供について、責任を担う。
- 一般社会サービス部門：家庭外養育の前に、また、家庭外養育の期間中に、子どもの実の家庭と連携をはかる。子どものニーズのアセスメント、支援サービスの支給決定、児童保護に関する責任を担う。養子縁組については、公的ケアから養子縁組される場合のみ関与する。
- 里親養育サービス部門：里親候補者のアセスメントと事前準備、ならびに里親家庭の監督と支援について責任を担う。養子縁組については、やはり公的ケアからの養子縁組のみ関与する。

各部門間では、業務の分担も統合も、その度合いは地域によって多様だが、養子縁組機関と里親養育サービス部門を、1つの部門として統合する取り組みもある。こうした試みは、幼い子どもを里親家庭に措置するシステムにつながった、1968年の社会運動の時期の施設養育に対する批判に遡ることができる（Ristau-Grzebelko, 2011; Berth, 2019）。また、1976年の抜本改革では、*Adoptionspflege*、いわゆる「養子縁組養育（adoption care）」と呼ぶ試験養育の期間を導入した。「里親養育（foster care）」を意味する *Vollzeitpflege* という言葉に似せた名称である。

児童保護の問題については、今日に至るまで、養子縁組と里親養育の各部門内で、別個に位置づけられたままである（Helming, 2011）。異なるサービス部門間の協力関係は実にさまざまで、調整は困難をきたしている。子どもを家庭外養育へ措置した後、実の家庭と連携を取るのは、一般福祉サービス部門であるのに対し、里親家庭と連携を取るのは、里親養育サービス部門だからである。里親養育や施設養育に措置される子どもには、通常、養子縁組サービスは一切関与しないのだ。

養子縁組措置法（Adoption Placement Act）の第3条は、養子縁組サービスの専

門性と質の確保について明言している。養子縁組機関は、最低でもフルタイム職員2名に相当する人員を配置しなければならず、パートタイムの職員の場合は専従とし、基本的に他の業務への従事は認められない。しかしながら、この規定は抜け穴があり、このとおり人員を配置している養子縁組機関は57％にすぎない（Bovenschen et al., 2017b）。ケースワーカーについては、養子縁組や里親養育の分野で1年以上の経験があることなどの要件を設けている（Reinhardt et al., 2019）。実際には、91％をソーシャルワーカーが占め、残りは、平均12年半の経験を有する教育・福祉・心理の**専門職（ペタゴーグ）**である（Bovenschen et al., 2017b）。

　まとめると、養子縁組の法律と組織の位置づけは、連邦政府の政策の影響と、さまざまな実践の体系的文化が混在し、内向きの状況にあるといえる。

養子縁組の主原則と倫理規範

養子縁組の法律と実践

　ドイツ民法典の第1741条は、「未成年の子どもの養子縁組は、それが子どもの最善の利益に寄与し、かつ、親子関係が成り立つことが見込まれるならば、承認されるものとする」との要件を示す。養子縁組には、子どもと、その法的な親の同意が必要であり、14歳以上の子どもは自ら同意を示すことを求められる（ss 1746, 1747 CC／民法典第1746、1747条）。養子縁組は、親権も、もとの家庭との法的な家族関係も終わらせる（s 1755 CC／民法典第1755条）（例外は、親族による養子縁組の場合である）。それと同時に、養親が、あらゆる面で親としての法的な地位を得る（s 1754 CC／民法典第1754条）。こうした法的な考え方は、もとの家庭との法的関係だけでなく、現実的なつながりもすべて終わるという前提から始まっている。ドイツの法律は、「**匿名の養子縁組**」と呼ばれ、養子縁組家庭の氏名や住所の開示を禁止している（民法典第1747条[2] 2, 第1758条；および Helms and Botthof, 2017）。

　1970年代、政策立案の論拠は、「適切に子育てできなかった以前の家庭が、

養子縁組家庭を妨げないことは、子どもの発達を損ねないために不可欠である」という考えだった（Deutscher Bundestag, 1975: 9: 46）。この当初からの概念が、専門職のあいだで守秘性（confidentiality）を慣例とする職業倫理として深く浸透しているため、生みの親に関わる業務と、養子縁組家庭に関わる業務は、別々に行われるのが慣例である（Bovenschen et al., 2017b）。

　法律とは対照的に、養子縁組の実践はこの数十年で変化し、「オープン／完全な開示」または「セミオープン／開示と非開示の中間」の養子縁組の数が増えつつある。オープンアダプションの場合、コンタクトの方法は多岐にわたり、電話連絡、互いの訪問、写真や手紙の交換などがあるはずだ（Bovenschen et al., 2017a）。しかし法律上は、引きつづき守秘性を保つ養子縁組が標準であるため、養子縁組への同意後は、生みの親もその他の家族も、コンタクトの権利や子どもに関する情報を得る権利はない（s 1751 CC／民法典第1751条）。それでも養子縁組家庭[2]によっては、子どもの生みの家族とコンタクトを取ることを決断したり、自分の判断で情報交換を行ったりする場合がある。しかしながら、やはり養子縁組後のコンタクトは、ドイツではそれほど一般的ではない。昨今の調査では、養子縁組のケースで、実の家族と対面でコンタクトを取ったことが1回以上ある子どもは36％だった。また、養子縁組機関を介した手紙などによる情報共有が1回以上ある子どもは38％だった。コンタクトや情報交換が定期的に実施された子どもは25％ほどで、より低かった。このようなケースのほとんどは、公的ケアから養子縁組された子どもたちである（Bovenschen et al., 2017b）。

内密出産

　2014年、妊娠支援拡充ならびに内密出産規制法（Act for the Expansion of Support for Pregnancy and to Regulate the Confidential Birth）によって「内密出産」が法的に認められた。この法的枠組みによって、妊婦が身元を明かさずに必要な医療支援を受け、病院か助産師のもとで出産する機会が提供された。生まれた赤ん坊は、通常は国によるケアに措置され、養子縁組が可能になる。子どもには自分の生まれを知る権利がある点を考慮し、母親が子どものために残したメッセージや品々を、妊娠相談センターが養子縁組機関に託すことが義務と

なっている（同法第26条）。生みの母が個人情報の開示を拒否しない限り、子どもは16歳になったら母親の個人情報にアクセスしてコンタクトを取ることができる。

　内密出産を認めるこの法律は、赤ちゃんポスト（baby hatches）に託されることや他の匿名出産による子どもの数を減らすことを目指し、子どもが法（Art 2 [1] Basic Law／連邦共和国基本法第2条 [1]）で定められた自分の家系を知る権利にもとづいて、情報を確実に得られるようにすることがねらいだった。しかし、この法律を評価した研究報告によると、各種の匿名出産数は依然として高く（Sommer et al., 2017）、同法に対して批判的な議論がある。

親の同意／親の同意の補充

　養子縁組には親の同意が必要であり、子どもが一定期間公的ケアを受けた後であれば、親権を終了させるという選択肢は存在しない。家庭裁判所は、親の同意を「補充」する決定を下すことはできるが、親の同意のない養子縁組の申請を、裁判所が積極的に認めるわけではない。そのため青少年福祉局（youth welfare offices）が、親の同意の「補充」を主張する例は限定的である。2018年にドイツで、親の同意を補充するかたちで行われた養子縁組は225件だった（連れ子養子、および親族との養子縁組を含む）（Federal Statistical Office, 2019）。養子縁組への親の同意の補充を認めるには、以下のように判断基準が高く設定されている（s 1748 CC／民法典第1748条）。

- 親の子どもに対する義務違反が継続的に深刻で、あるいは親が無関心で、養子縁組を行わないと、子どもにとって著しい不利益となる場合
- 親の子どもに対する義務違反が継続的ではないが深刻で、その結果として、子どもが親のもとに戻れない見込みである場合
- 親（父母または一方）に精神面の重度の疾患か障害があるため、子どもの世話と養育を永続的に行うことができず、養子縁組を行わない限り、子どもが家庭で成長することが不可能で、子どもに深刻な害が及ぶ場合
- 父母が結婚しておらず母が単独で監護権を有しており、父の同意がないため、それを補充しないと子どもにとって著しい不利益となる場合

法律の述べる「子どもに対する、親の深刻な義務違反」とは、子どもの基本的な身体的、精神的なニーズを親が満たしていない状況である。こうした違反があれば、状況を天秤にかける必要がある。つまり、「子どもにとっての著しい不利益」が生じるなら、養子縁組のほうが「子どもが新しい家庭の一員になれる根拠を確実に提示できるため」(Federal Constitutional Court, 2002) 好ましいということになる。

　薬物やアルコール依存症そのものは、親の義務違反とはみなされず、それが子どもの健康に不適切な影響をもたらす場合のみ、義務違反となる (Wapler and Frey, 2017)。また、里親家庭への措置に同意した親が、子どもとのコンタクトを（定期的に）継続していなくても、基準には達しない (Federal Constitutional Court, 1987)。コンタクトを取らないのは子どもの生活を尊重しているためかもしれず、親の態度を断定できないケースは、子どもに対する「親の無関心」とはみなさない。したがって、主に裁判手続き中にどのような陳述が行われるか、子どもに対する関心が表明されるかによって判断される (Federal Constitutional Court, 2002)。また、「養育能力の永続的な欠如」を根拠とする、生みの親の同意のない養子縁組は、養子縁組しなくても子どもが家庭（里親家庭を含む）で成長できるのであれば、認められない (Federal Supreme Court, 1996)。

　ドイツ養子縁組研究所 (German Research Centre on Adoption: EFZA) が刊行した専門家による論評は、児童保護のケースにおける親権の喪失に関する条項に、養子縁組に対する親の同意の補充を定めた条項を組み込んで統合し、児童保護のための極めて強力な介入手段とみなすよう提起している (Wapler and Frey, 2017)。そうすれば、児童保護の文脈のなかに、公的ケアからの養子縁組を明確に位置づけられるのだが、現状では、そうした動きは見受けられない。目下のところ、この提案に沿った法改正の見込みはなさそうだ。

公的ケアからの養子縁組：児童福祉施策の役割

　ドイツ民法典は、公的ケアからの養子縁組を、個別のカテゴリーとみなしていない。ドイツの法律は、生みの親の意向に反して、（養子縁組家庭における）永

続的な家庭環境を実現しようとするものではない。しかしながら、社会法典第8編は、子どもの発達を考慮し、一定期間内に実の家庭で養育力の適切な向上が認められない場合、子どものために永続的な家庭を確保するパーマネンシープランニングを義務づけている（s 37 [2]／第37条 [2]）。青少年福祉局の一般社会サービス部門（General social services in the youth welfare offices）は、公的ケアに措置する前か、長期の措置の期間中に、養子縁組を選択肢とすべきかどうかをアセスメントする必要がある（s 36 [1] 2 Social Code Book VIII／社会法典第8編第36条 [1] 2）。しかし、結局のところ、養子縁組機関と一般社会サービス部門は、互いに関わりなく別々に業務を行い、養子縁組機関が子どもへの支援とケアプラン策定プロセスへ関与することは稀である（Hoffmann, 2011; Bovenschen et al., 2017b）。

児童保護と養子縁組の統計

　表8.1が示すように、家庭外養育（里親養育および施設養育）を受ける子どもと若者の数は、近年確実に増えている。とりわけ、2015年以来のヨーロッパへの難民流入により、公的ケア（特に施設養育）を受ける子どもと若者の数が、2015年から2016年にかけて急増した。2016年12月時点で、18歳未満の子どもと若者、6万9,401名が里親養育を、7万7,857名が施設養育か他の居住支援を受けていた（合計すると0〜17歳の子どもと若者、14万7,258名となり、18歳未満の子ども人口10万人当たり1,082人の比率である）。諸外国と比較すると、ドイツは、公的ケアを受ける子どもと若者の数が以前から比較的高い（Thoburn, 2008）。家庭外養育の法的根拠に関しては、データによると、任意の選択による公的ケアを受ける子どもと若者が多く（2016年には、里親養育の56.1％、施設養育の73.1％）、生物学上の親の親権は（部分的に）存続している状況である。

　里親養育は、主に長期の措置として提供されるため、里親家庭での居住期間は、国際比較においてもとりわけ長い（Thoburn, 2008; Küfner et al., 2011）。2016年に、18歳未満の子どもと若者は、公的ケアの終了か、公的ケアの措置変更（changing in-care placement）に至るまでに、平均で29カ月、里親の家庭に居住していた。他の調査結果によると、里親養育への措置のうち65％は、最初の年に措置が永続すると確定し、1〜2年で85％、2〜3年で88％、それ以降は

98％が、家に戻らない永続的な措置となっていた（Kindler, 2011a）。

一方、施設養育についてのデータによると、2016年に、公的ケアの終了か措置の変更に至るまでに、子どもと若者は平均17カ月、施設で過ごしていた。施設養育に言及すると、子どもが養子縁組されるケースはかなり例外的であり、地域によっては里親家庭が不足しているため、里親養育を求める子どもが、代わりに止むを得ず施設養育に措置されるという実情もある。

表8.1　18歳未満の子どもの里親養育／施設養育数および公的ケアからの養子縁組措置数

年	年末時点で公的ケアを受けている子どもの数		公的ケアを受ける子どもの合計数（子ども10万人当たりの数）	公的ケアから「養子縁組養育」に措置された合計数（子ども10万人当たりの数）
	里親養育	施設養育		
2005	47,517	51,855	99,372（356）	373（2.6）
2010	56,726	53,744	110,470（812）	326（2.4）
2015	67,122	68,109	135,231（1,003）	250（1.9）
2016	69,401	77,857	147,258（1,082）	269（2.0）

出典：Federal Statistical Office（2011a, 2011b, 2017a, 2017b, 2018a, 2018b）。
2005年の数値はいずれも、連邦統計局（Federal Statistical Office）に要請して提供を受けた統計結果をもとに算出した。

里親養育から養子縁組養育（adoption care：前述のように、養子縁組が成立する前に、子どもと養親候補者がともに暮らす試験養育期間のこと）に移行する子どもの大半は、6歳以下である（2005年と2016年に、里親養育から養親の家庭に移った子どもの66％から78％が、6歳以下だった）。

養子縁組に関する連邦政府の統計が示すとおり、家庭外養育の子どもの数がかなり多いのに比して、ドイツの養子縁組総数は、国内養子縁組、国際養子縁組、いずれも低い（表8.2）。養子縁組数（連れ子養子および親族との養子縁組を除いた、国内養子縁組と国際養子縁組）は、2005年の1,861件から、2018年の1,330件へと減少している（Federal Statistical Office, 2019）（表8.2）[3]。連邦統計局（Federal Statistical Office）刊行の情報には、里親養育から養子縁組家庭に移った子どもの

数、施設養育から養子縁組家庭に移った子どもの数が示されている（表8.2）。

表 8.2　養子となった子どもと若者（18 歳未満）

年	親族との縁組を除く国内養子縁組と国際養子縁組[a]	里親養育からの養子縁組[b]	施設養育からの養子縁組[b]
2005	1,861	537	431
2010	1,669	461	385
2015	1,362	437	218
2018	1,330	421	124

注 a：連れ子養子と、親族との養子縁組は含まない。
注 b：国内養子縁組と国際養子縁組の双方を含む。数値は、里親養育からの縁組と施設養育からの縁組を含むが、養子縁組前に親族と暮らしていた子どもの養子縁組は含まない。そのため、ここに示したデータは、Burns et al.（2019）に掲載されている数値とは異なる。
出典：データは、連邦統計局（Federal Statistical Office）刊行の年間統計から算出した（Federal Statistical Office 2006, 2011c, 2016, 2019）。

公的ケアからの養子縁組が少ない理由

　今日まで、ドイツで公的ケアからの養子縁組が少ない理由を、実証的に分析した調査はない。だが、この分野の専門家は、理由として以下の問題を論じている。

- 親の同意：生みの親は、自分を親と認識し、子どもを育てる親としての役割を保ちたいため、多くは養子縁組に同意しない。親の同意なく養子縁組命令を下す判断の基準は、高く設定されている。
- 経済支援：養子縁組した場合の養育費やサービス利用費が、里親にとって子どもを養子にすることを妨げる主要因になっていると考えられる。スペシャルニーズをもつ子どもが増えており、そうした子どもを養育する場合は、里親養育のための *Pflegegeld*、すなわち「**養育手当**」を受給するだけでなく、特別なケアやサービスの費用に充てる追加の経済支援も申請できる。一方、養子縁組家庭のための補助金は、ドイツにはない。ドイツでは、養子のスペシャルニーズを満たすために経済支援を受ける資格が、養

親に与えられていないのである。
- カウンセリング：養子縁組に向けた積極的なカウンセリングが、一般社会サービス部門や里親養育サービス部門によって行われていない。家庭外養育に子どもを措置する際に親の同意を得ることが、業務内で大きな比重を占めるため（Witte et al., 2019）、それとともに養子縁組の話をもち出すのは、矛盾するように思えるのかもしれない。公的ケアへの措置と養子縁組のあいだには線引きがあり、社会法典第36条にもとづく子どものためのケアプラン策定に、養子縁組機関が関与する例は、先述のとおり滅多にない。

養子縁組手続きにおける方針決定

　裁判所手続きを始める前に、養子縁組機関は、すべての当事者のカウンセリングを行う義務がある（Bovenschen et al., 2017a）。こうしたカウンセリングを確実に実施し、通常は、すべての当事者（生みの親、養親となる見込みの者、子ども）に対して個別に行う。そうすれば、十分な説明にもとづく同意（インフォームド・コンセント）へと進展し、不服があれば表明する余地が生まれる。親の同意が得られず、同意の補充が争点となるならば、青少年福祉局から生みの親に、親の権利および養子縁組の法的な影響に関する勧告を行い、これによって正式な手続きが開始される（s 51 Social Code Book VIII／社会法典第8編第51条）。

　カウンセリングとアセスメントは、当事者ごとに以下に記すプロセスで行われる（Bovenschen et al., 2017a）。

- 生みの親：状況によるが、親から養子縁組機関への問い合わせ、もしくは、一般社会サービス部門か里親養育サービス部門による養子縁組の提案のいずれかで始まり、公的ケアからの養子縁組は、特に後者である。情報を提供し、守秘性の確保された場で親へのカウンセリングを行う。親がわが子の養子縁組を決断したら、正式な立ち会いのもとで養子縁組に同意する署名をしなければならず、同意が可能なのは、子どもが生後8週間

なってからである（s 1747 [2] 1 CC／民法典第1747条 [2] 1）。同意が正式に認証されたら、親の責任は、子どもを扶養する金銭的な義務も含めて停止され、親子の対面のコンタクトは続けられなくなる（s 1751 CC／民法典第1751条）。ただし、生みの親が養子縁組機関から支援を受ける権利は、養子縁組の成立後も、引きつづき認められる（養子縁組措置法第9条／s 9 Adoption Placement Act）。

・養子となる子ども：養子縁組が、子どもの最善の利益であるかどうか、入念な検討が行われなければならない（s 1741 [1] CC／民法典第1741条）。子どもの個々のニーズと希望、および健康状態と発達状況についてのアセスメントは、専門職が基準に照らして示した評価として不可欠なものとみなされる（Bovenschen et al., 2017a）。子どもの視点と関心事を、その年齢に応じて考慮せねばならない。14歳以上の子どもは、自ら同意を示す必要がある。養子縁組斡旋のプロセスにおいて、子どもは各自のニーズに応じた支援を受ける権利がある（s 9 Adoption Placement Act／養子縁組措置法第9条）。養子縁組機関は、通常、カウンセリングの面談を行い、家庭訪問をする。そして、重要な役割として、たとえば児童相談診療所（child guidance clinics）、療法士（セラピスト）、医院などへの紹介を行うとともに、子どもが16歳になったら養子縁組の記録にアクセスできるようにする（s 9c [2] Adoption Placement Act／養子縁組措置法第9c条 [2]）。養子縁組記録への子どものアクセスは、必ず監督のもとで行うよう定められている。

・養親：養親にとっては、養子縁組の申請によってプロセスが始まる（s 1752 CC／民法典第1752条）。申請者は、特定の子どもにとっても一般の子どもにとっても、適切な養子縁組家庭かどうかをアセスメントするための家庭調査を受ける（s 7a [1] 2 Adoption Placement Act／養子縁組措置法第7a条 [1] 2）。州レベルの青少年福祉局（*Landesjugendämter*）の全国協会が推奨している具体的な基準があり、拘束力のないガイドラインとして広く使われている（Bundesarbeitsgemeinschaft Landesjugendämter, 2019）。養子縁組に向けた準備のプロセスは、養子縁組の成功に欠かせない要素として、徹底して一貫した考えのもとで行う（Bovenschen et al., 2017b）。申請者が養親として承認される頃には、子どもとマッチングされるかもしれない。関係者全員が養

子縁組のプロセスを進めることに同意した後に、もしくは親の同意の補充後に、養子縁組養育の期間が始まる。これは通常、新生児や乳幼児の場合は1年間、より年長の子どもはさらに長期間実施する（Bovenschen et al., 2017b: 56）。この期間中、子どもの後見人が指定される。定期的なカウンセリングと家庭訪問も、この期間中に行う。一方、里親が子どもを養子とする申請を行った場合は、里親となる段階ですでにアセスメントを受けているので、養子縁組までのプロセスは異なるだろう。その場合、通常の養子縁組プロセスよりも、家庭調査にかける時間は一般的に短い。子どもが、縁組する家庭ですでに長期間暮らしているなら、養子縁組養育の期間を設けない可能性がある。養子縁組の要件がすべて整ったら、青少年福祉局か養子縁組機関、または双方が、家庭裁判所に報告書類を提出し（s 50 Social Code Book VIII／社会法典第8編50条）、審理に参加することになる（s 194 Act on Proceedings in Family Matters／家事手続法第194条）。家庭裁判所の判決によって、養子縁組は効力をもつ。縁組後は、養親も養子縁組サービスによるカウンセリングを受ける権利を有する（s 9 [2] 2 Adoption Placement Act／養子縁組措置法第9条 [2] 2）。

　法的要件がすべて満たされた後は、家庭裁判所が方針決定を行う主体となる。各ケースについて養子縁組機関が準備を整え、専門職による報告書が裁判所に提出される（s 189 Act on Proceedings in Family Matters／家事手続法第189条）。主に家庭裁判所の判決は、生みの親、養親、子どもから聴聞したことに改めて司法による効力をもたせるものだ。何らかの対立が生じる兆しがなければ、一般にさらなるアセスメントは実施しない。子どもは3〜4歳から、裁判官による聴聞を受ける必要がある。ただし、裁判官との対面の聴聞が、子どもに害を及ぼすリスクがある場合に限り、例外が認められる（Federal Constitutional Court, 1980; 家事手続法第192条）。

結び

　ドイツの実践においては、子どもが長期の里親養育を受けている場合、養子縁組を選択肢として活用する例は限られている。その理由には、多様な面があるようだ。家に戻れず家庭外養育を受ける子どものためのパーマネンシープランニングにおいて、将来的に養子縁組の役割が増すのか、どうすればその役割を強化できるのか、今後の研究によって明らかになるだろう。

　養子縁組に関する法律については、依然として保守的な傾向がうかがえる。近年の養子縁組に関する法改正は、連邦憲法裁判所（Federal Constitutional Court）による司法の力で施行に至ったものばかりである（たとえば、同性の両親による養子縁組、連れ子養子の縁組が認められないケースで子どもが受ける不利益に関するもの）。このような現状なので、連邦議会議員による公的ケアからの養子縁組についての言及はなく、連邦の司法省にも家族省にも法改正の兆しはない。

　しかし、家族省は、法制内での改革を推し進めている。2021年4月に施行された養子縁組事業法（Adoption Service Act）に、養子縁組サービスの質の向上を意図した条項を設けた。特に、養子縁組機関の他部門との連携を強化している。加えて、養子縁組後のコンタクト（および、それにより養子縁組後でも子どもに関する情報を生みの親が得る権利）も推奨する。実家族の成員と縁組家庭の養親の双方に、養子縁組後のコンタクトについてカウンセリングを行うことが義務化されており、その実施状況の記録が必須となっている。双方の当事者の同意のもと、適切な周期でカウンセリングを継続する必要がある。こうして生みの親は、養子縁組後に子どもに関する情報を知る権利を得ることになった。しかし、生みの親と情報を共有するかどうか、どの情報を共有するかを決めるのは、やはり養親である（Federal Ministry for Family Affairs, Senior Citizens, Women and Youth, 2019）。

　それでもやはり、家庭外養育への長期措置のケースにおいて、一方には養子縁組サービス、他方には里親養育サービスと一般社会サービスがあり、相互の連携が改善されるのかは疑わしい。他の専門家も筆者も、特に里親家庭の子どもの長期にわたる措置のケアプラン策定過程において、公的ケアからの養子縁組が一層重視されるべきだと主張している。組織ごとの分断という問題は、

時とともに解消される可能性はあるだろう——現状では、一般社会サービス部門が、措置の前も後も子どもの実の家庭を担当するのに対し、里親養育措置のサービス部門は、里親家庭を担当し、連携が取れていない（ケアプラン策定に養子縁組機関が関与することは、皆無に等しい）。現在の改革は、子どもが公的ケアを受ける場合、2つの家庭の体系的なアプローチを目指している。そのための法案が順調に実行されると見通せれば、公的ケアからの養子縁組が、子どものパーマネンシープランニングの過程で現実的な選択肢となると期待できる。

注

1 それに加え、少数の民営の養子縁組機関が、国際養子縁組に関するサービス提供の認可を受けている。
2 大半の子どもが幼少期に養子縁組されているという事情により、養子縁組後のコンタクトに関する決断を行うのは、養親であることが多い。
3 別のデータは、国内養子縁組も国際養子縁組も1990年代初期から減少が始まったと示している。こうした動向の理由として考えられる点については、Bovenschen et al.（2017a）の議論を参照。

参考文献

Berth, F. (2019) 'Zur Geschichte des Säuglingsheims. Eine vergessene Institution des bundesdeutschen Sozialstaats' ['History of infants homes. A forgotten institution of the West German welfare state'], *Zeitschrift für Pädagogik*, 65(1): 73–93.

Bovenschen, I., Bränzel, P., Heene, S., Hornfeck, F., Kappler, S., Kindler, H. and Ruhfaß, M. (2017a) *Empfehlungen des Expertise- und Forschungszentrum Adoption zur Weiterentwicklung des deutschen Adoptionswesens und zu Reformen des deutschen Adoptionsrechts* [*Recommendations of the German Research Centre on Adoption: Future Perspectives for Adoption Practice and Adoption Legislation*], Munich: German Youth Institute.

Bovenschen, I., Bränzel, P., Dietzsch, F., Zimmermann, J. and Zwönitzer, A. (2017b) *Dossier Adoptionen in Deutschland. Bestandsaufnahme des Expertise- und Forschungszentrums Adoption* [*Adoptions in Germany: Summary of the German Research Centre on Adoption*], Munich: German Youth Institute.

Bundesarbeitsgemeinschaft Landesjugendämter (2019) *Empfehlungen Adoptionsvermittlung* [*Recommendations for Adoption Services*] (8th edn), Mainz: Landesamt für Soziales, Jugend und Versorgung, Landesjugendamt.

Daly, M. (2000) *The Gender Division of Welfare. The Impact of the British and German Welfare States*, Cambridge: Cambridge University Press.

Deutscher Bundestag (1975) 'Entwurf eines Gesetzes über die Annahme als Kind. Gesetzentwurf der

Bundesregierung vom 7. Januar 1975, Bundestags-Drucksache 7/3061' ['Draft Law on Adoption. Government Bill of 7 January 1975. Federal Parliament printing 7/3061'], Bonn.

Federal Constitutional Court (1980) 'Judgement of the 1st chamber of the 1st senate of 5 November 1980 – 1 BvR 1 BvR 349/80', Karlsruhe.

Federal Constitutional Court (1987) 'Judgement of the 1st chamber of the 1st senate of 20 January 1987 – 1 BvR 735/86', Karlsruhe.

Federal Constitutional Court (2002) 'Judgement of the 3rd chamber of the 1st senate of 16 January 2002 – 1 BvR 1069/01', Karlsruhe.

Federal Ministry for Family Affairs, Senior Citizens, Women and Youth (2019) 'Organigramm' ['Organisation chart']. Available at: www.bmfsfj.de/bmfsfj/ministerium/organigramm (2019 年 12 月 28 日閲覧).

Federal Ministry for Family Affairs, Senior Citizens, Women and Youth (2020) 'Entwurf eines Gesetzes zur Verbesserung der Hilfen für Familien bei Adoption (Adoptionshilfe- Gesetz). Gesetzententwurf vom 22. Januar 2020' [Draft Law on the Enhancement of Support for Families in Case of Adoption (Adoption Service Act). Government Bill of 22 January 2020], Berlin.

Federal Ministry of Justice and Consumer Protection (2019) 'Organigramm' ['Organisation chart'], Berlin. Available at: www.bmjv.de/SharedDocs/Downloads/DE/Ministerium/Organisationsplan/Organisationsplan_EN_20200915.pdf (2020 年 12 月 10 日閲覧).

Federal Statistical Office (2006) 'Statistiken der Kinder- und Jugendhilfe. Adoptionen 2005'. ['Statistics on children and youth welfare. Adoptions 2005'], Wiesbaden. Available at: www.statistischebibliothek.de/mir/receive/DEHeft_mods_00028553 (2020 年 11 月 27 日閲覧).

Federal Statistical Office (2011a) 'Statistiken der Kinder- und Jugendhilfe. Erzieherische Hilfe, Eingliederungshilfe für seelisch behinderte junge Menschen, Hilfe für junge Volljährige Vollzeitpflege' ['Statistics on children and youth welfare. Foster care 2010'], Wiesbaden. Available at: www.statistischebibliothek.de/mir/receive/DEHeft_mods_00028353 (2020 年 11 月 27 日閲覧).

Federal Statistical Office (2011b) 'Statistiken der Kinder- und Jugendhilfe. Erzieherische Hilfe, Eingliederungshilfe für seelisch behinderte junge Menschen, Hilfe für junge Volljährige Heimerziehung, sonstige betreute Wohnform' ['Statistics on children and youth welfare. Residential care 2010'], Wiesbaden. Available at: www.statistischebibliothek.de/mir/receive/DEHeft_mods_00028225 (2020 年 11 月 27 日閲覧).

Federal Statistical Office (2011c) 'Statistiken der Kinder- und Jugendhilfe. Adoptionen 2010'. ['Statistics on children and youth welfare. Adoptions 2010'], Wiesbaden. Available at: www.statistischebibliothek.de/mir/receive/DEHeft_mods_00027796 (2020 年 11 月 27 日閲覧).

Federal Statistical Office (2016) 'Statistiken der Kinder- und Jugendhilfe. Adoptionen 2015'. ['Statistics on children and youth welfare. Adoptions 2015'], Wiesbaden. Available at: www.statistischebibliothek.de/mir/receive/DEHeft_mods_00098015 (2020 年 11 月 27 日閲覧).

Federal Statistical Office (2017a) 'Statistiken der Kinder- und Jugendhilfe. Erzieherische Hilfe, Eingliederungshilfe für seelisch behinderte junge Menschen, Hilfe für junge Volljährige Vollzeitpflege' ['Statistics on children and youth welfare. Foster care 2015'], Wiesbaden. Available at: www.statistischebibliothek.de/mir/receive/DEHeft_mods_00097098 (2020 年 11 月 27 日閲覧).

Federal Statistical Office (2017b) 'Statistiken der Kinder- und Jugendhilfe. Erzieherische Hilfe, Eingliederungshilfe für seelisch behinderte junge Menschen, Hilfe für junge Volljährige Heimerziehung, sonstige betreute Wohnform' ['Statistics on children and youth welfare. Residential care 2015'], Wiesbaden. Available at: www.statistischebibliothek.de/mir/receive/DEHeft_mods_00097077 (2020 年 11 月 27 日閲覧).

Federal Statistical Office (2018a) 'Statistiken der Kinder- und Jugendhilfe. Erzieherische Hilfe, Eingliederungshilfe für seelisch behinderte junge Menschen, Hilfe für junge Volljährige Vollzeitpflege' ['Statistics on children and youth welfare. Foster care 2016'], Wiesbaden. Available at: www.destatis.de/DE/Themen/

Gesellschaft-Umwelt/Soziales/Kinderhilfe-Jugendhilfe/Publikationen/Downloads-Kinder-und-Jugendhilfe/ erzieherische-hilfe-vollzeitpflege- 5225115167004.pdf (2020 年 11 月 27 日閲覧).

Federal Statistical Office (2018b) 'Statistiken der Kinder- und Jugendhilfe. Erzieherische Hilfe, Eingliederungshilfe für seelisch behinderte junge Menschen, Hilfe für junge Volljährige Heimerziehung, sonstige betreute Wohnform' ['Statistics on children and youth welfare. Residential care 2016'], Wiesbaden. Available at: www.destatis.de/DE/Themen/Gesellschaft-Umwelt/Soziales/Kinderhilfe-Jugendhilfe/Publikationen/ Downloads-Kinder-und-Jugendhilfe/heimerziehung-betreute-wohnform-5225113167004.pdf (2020 年 11 月 27 日閲覧).

Federal Statistical Office (2019) 'Statistiken der Kinder - und Jugendhilfe. Adoptionen 2018' ['Statistics on children and youth welfare. Adoptions 2018'], Wiesbaden. Available at: www.destatis.de/DE/Themen/ Gesellschaft-Umwelt/Soziales/Kinderhilfe-Jugendhilfe/Publikationen/Downloads-Kinder-und-Jugendhilfe/ adoptionen-5225201187004.pdf (2020 年 11 月 27 日閲覧).

Federal Supreme Court (1996) 'Judgement of the 12th Senate for Civil Matters of 15 October 1996 –XII ZB 72/ 96', Karlsruhe.

Helming, E. (2011) 'Organisationsstrukturen und Schlüsselzahlen' ['Organisational structures and key figures'], in H. Kindler, E. Helming, T. Meysen and K. Jurczyk (eds) *Handbuch Pflegekinderhilfe* [*Handbook Foster Care*], Munich and Heidelberg: German Youth Institute and German Institute for Youth Human Services and Family Law, pp 108–22.

Helms, T. and Botthof, A. (2017) *Besuchskontakte nach Adoption und Formen schwacher Adoption. Rechtsvergleichende Studie unter Einbeziehung des schweizerischen, französischen, italienischen, spanischen, griechischen, englischen und US- amerikanischen Rechts. Eine Expertise für das Expertiseund Forschungszentrum Adoption* [*Contact after Adoption and Forms of 'Weak' Adoptions. A Comparative Study on the Swiss, French, Italian Spanish, Greek, British and US- American Adoption Legislation. A Review for the German Research Centre on Adoption*], Munich: German Youth Institute.

Hoffmann, B. (2011) 'Adoptionsoption in der Hilfeplanung – Perspektive der Fachkräfte in der Hilfeplanung' ['Adoption in the care planning process – case workers' view'], *JAmt*, 84: 10–16.

Kindler, H. (2011a) 'Perspektivklärung und Vermeidung von Abbrüchen von Pflegeverhältnissen' ['Permanency planning and avoiding foster placement break- ups'], in H. Kindler, E. Helming, T. Meysen and K. Jurczyk (eds) *Handbuch Pflegekinderhilfe* [*Handbook Foster Care*], Munich and Heidelberg: German Youth Institute and German Institute for Youth Human Services and Family Law, pp 344–66.

Küfner, M., Kindler, H., Meysen, T. and Helming, E. (2011) 'Weiterführende Fragen' ['Pending issues'], in H. Kindler, E. Helming, T. Meysen and K. Jurczyk (eds) *Handbuch Pflegekinderhilfe* [*Handbook Foster Care*], Munich and Heidelberg: German Youth Institute and German Institute for Youth Human Services and Family Law, pp 852–71.

Reinhardt, J., Kemper, R. and Weitzel, W. (2019) *Adoptionsrecht. AdVermiG, AdÜbAG, AdWirkG, BGB, EGBGB, FamFG* [*Adoption Legislation*] (3rd edn), Munich: C.H. Beck.

Ristau-Grzebelko, B. (2011) 'Entwicklungslinien in der DDR: Sorge für elternlose bzw. "familiengelöste" Kinder und Jugendliche, einschließlich Pflegekinder' ['Historical development in the GDR: care for parentless or "family disengaged" children and youth, including foster children'], in H. Kindler, E. Helming, T. Meysen and K. Jurczyk (eds) *Handbuch Pflegekinderhilfe* [*Handbook Foster Care*], Munich and Heidelberg: German Youth Institute and German Institute for Youth Human Services and Family Law, pp 37–45.

Sommer, J., Ornig, N. and Karato, Y. (2017) *Evaluation zu den Auswirkungen aller Maßnahmen und Hilfsangebote, die auf Grund des Gesetzes zum Ausbau der Hilfen für Schwangere und zur Regelung der vertraulichen Geburt ergriffen wurden* [*Evaluation of the Effects of Measures and Support Services Taken and Provided in the Course of the Act on the Extension of Services for Pregnant and on the Regulation of the Confidential Birth*], Berlin: Federal Ministry for Family Affairs, Senior Citizens, Women and Youth.

Thoburn, J. (2008) *Globalisation and Child Welfare: Some Lessons from a Cross-National Study of Children in Out-Of-Home Care*, Norwich: School of Social Work and Psychosocial Sciences, University of East Anglia.

Wapler, F. and Frey, W. (2017) *Die Ersetzung der Einwilligung in die Adoption. Rechtslage und Reformbedarf. Eine Expertise für das Expertiseund Forschungszentrum Adoption* [Substitution of Parental Consent to Adoption. Legal Status and Need for Reforms. a Review for the German Research centre on Adoption], Munich: German Youth Institute.

Witte, S., Miehlbradt, L.S., van Santen, E. and Kindler, H. (2019) 'Preventing child endangerment: child protection in Germany', in L. Merkel-Holguin, J.D. Fluke and R.D. Krugman (eds) *National Systems of Child Protection: Understanding the International Variability and Context for Developing Policy and Practice*, Cham: Springer International Publishing, pp 93–114.

ノルウェーにおける公的ケアからの養子縁組

ヘーゲ・スタイン・ヘランド
マリット・スキヴェネス

はじめに

　ノルウェーは北ヨーロッパの社会民主主義の福祉国家で、人口540万のうち111万8608人が子ども（0〜17歳）である。ノルウェーでは、児童保護の手段として養子縁組はあまり活用されていない。ノルウェーは常に、子どものウェルビーイング（UNICEF, 2019）、子どもが適正な手続きを受ける権利の保障（due process for children）（CRIN, 2020）、子どもの権利の尊重（Falch-Eriksen and Skivenes, 2019; KidsRights Foundation, 2019; Clark et al., 2020）の指標で上位にいる。だが、国の正式なケア命令下にある子どもが常時約8,800人いて、子ども時代の大半を公的な養育のもとで過ごしている、という問題は残されている（Helland and Skivenes, 2019）。

　生みの親との家族再統合が不可能な子どものためには、養子縁組を検討する余地があるが、親の意に反する養子縁組の決定は、困難かつ複雑で、すべての関係者に極めて重大な影響が及ぶ。養子縁組すると、子どもの誕生時に形成された親との法的つながりは、新しい親のもとに移行する結果となる。市民個人に対して国家が力を行使するという、こうした介入は、法的な基盤と正当な

理由を必要とする。1992 年ノルウェー児童福祉法（Norwegian Child Welfare Act 1992: CWA 第 4 条 20 項「親責任の剥奪、養子縁組」）には、親責任を失くし、児童保護の方策として養子縁組を行うための条件が定められている。ノルウェーでは、公的ケアからの養子縁組と親が望まない児童保護のための、侵襲的な介入策全般に関する決定権限をもつのは地方社会福祉委員会（county social welfare boards）（訳注：司法システム内に位置づけられる機関。詳しくは後述）である（Skivenes and Søvig, 2017）。

　ノルウェーは子ども主体のシステムを備えた国（Skivenes, 2011; Hestbæk et al., 2020）とみなされるが、公的ケアから養子となる子どもは年 50〜60 人にすぎない。里親養育を受け続けた子どもに比べ、養子となった子どものほうが、成人後の人生について前向きな見通しをもって成長していると、広く認識され報告されているにもかかわらず、この数値である（NOU [Norwegian Official Reports], 2009: 21, 2012: 5; 調査研究の概要については Skivenes, 2010; Vinnerljung and Hjern, 2011; Christoffersen, 2012; Skivenes and Tefre, 2012; Palacios et al., 2019）。

　本章ではまず、法規定と政策の枠組み、児童保護システムについて手短に述べ、そして、ノルウェーにおける児童保護施策としての養子縁組に関する最大規模の調査の結果を示す。さらに、ノルウェーで養子縁組の活用がわずかである理由を考え、ノルウェーにおける政策と方針決定プロセスをふまえて、子どもの声と立場を検討する。

ノルウェーの児童福祉システムの指針となる原則

　ノルウェーの児童保護のシステムは、家族サービス志向で、子ども中心である（Gilbert et al., 2011; Skivenes, 2011, 2015; Falch-Eriksen and Skivenes, 2019）。児童保護システムの基本原則は、より広範な児童福祉のシステムの一環として位置づけられるべきであり、より深刻な悪影響を予防することで、結果的に家庭外養育への措置を回避できるよう、支援サービスと治療的な援助を提供するものである。

　ノルウェーのシステムは、3 つの主要な基本原則にもとづいている。(1) 子

どもの最善の利益、(2) できるだけ侵襲的でない介入のありかた、(3) 生物学上の原則である (Skivenes, 2011; Skivenes and Thoburn, 2016)。子どもの最善の利益は、児童福祉法の施行の指針となる一般原則であり、養子縁組を承認する条件として同法第4条20項に定められている。こうした必須要件の規定により、子どもの最善の利益の原則は、養子縁組が認められるか否かを判断するアセスメントに、決定的な影響を及ぼす。

また、「できるだけ侵襲的でない介入のありかた」という原則は、いかなる介入の決定も、家庭への侵入のレベルに制限を設けるべきだ、という手続き上（および倫理上）の規範を示すものである。この原則は、過度な国家の介入から、親の権利を保護するものと考えられる。この原則に従うと、養子縁組を検討する前提条件となる、生みの親からの親責任剥奪の決定は、子どもの現状においてそれが不可欠と考えられる場合に限って下される。児童福祉法が提供するもっとも強力な手段である養子縁組は、率直にいえば議論を呼ぶ方策である。一時的な公的ケアへの措置という想定と矛盾するものであるため、なるべく侵襲的でない介入という基本原則とも対立する (NOU, 2016: 16; Tefre, 2020)。しかし、養子縁組は、非侵襲的な介入という考えと矛盾するとは限らない。子どもは、すでに公的なケアを受けて里親家庭で暮らしており、また、養子縁組は子どもの最善の利益とみなされる場合に限って行われるからである。

生物学上のつながりを重視する原則は、子どもに関するノルウェーの法律の理念として非常に強固なものである。そのため「深刻なネグレクト」があると判断されてからでないと、「血のつながった」家族というまとまりを変えることはできない (Stortinget, 1991-92; および Skivenes, 2002; 2010 も参照)。ノルウェーの児童福祉における生物学上の関係重視の原則は、子どもは親もとで育つものというノルウェー社会の基本として重視される規範概念の上に成り立っている。国家の責任は、親責任に次ぐ位置づけとされ、子どもが親と暮らせなくても、生物学的に共通する結びつきがある以上、親子のコンタクトの継続を国が促進すべきだということを意味する。

一般には養子縁組の可能性は、生物学上の関係重視の原則、および非侵襲的な介入の原則が、子どもの最善の利益と明らかに対立する。この対立関係を表現するために、最高裁判所 (Norwegian Supreme Court 1997: 534) は、1997年の養

子縁組の決定において次のように述べた。「各種の利害関係のどれを重視するのか、それぞれを秤にかけることは、養子縁組の決定を下すにあたって何よりも難しい」。また、最高裁判所の判断は、コンタクトを通じた生物学的な関係維持に関する論議と、生みの親が養子縁組に難色を示す生物学的関係に重きを置いていることが調査で示されているが、そもそも「生物学的な前提」自体に、確かな論拠があるのかどうかについては、議論も考察もあまり行われていない（Skivenes, 2010; NOU, 2012: 5; Helland and Skivenes, 2019）。

法律、政策、手続きプロセス

　公的ケアからの養子縁組に関するケースは、各自治体の児童保護機関の責任において、地方社会福祉委員会（county social welfare boards）に提起される[1]。ノルウェー全国に10の地方社会福祉委員会があり、それぞれ1～2県を担当している。同委員会による決定は、それに対して不服がある場合、理由や費用の追加なしでノルウェーの法廷に提訴できる[2]。Bufetat（訳注：子ども、若者、家族の問題を扱う国の組織の地方局）という国の出先機関が、各地で国庫負担による児童福祉と家族カウンセリング事業の責任を担い、養子縁組の許可を書面で交付する。

　地方社会福祉委員会が養子縁組の判断を下すのは、ケア命令によって子どもが正式に公的なケアを受ける段階になってからである（ss 4-12 or 4-8 (2) (3) CWA／児童福祉法第4条12項、または第4条8項（2）（3）に準じる）。これは、児童福祉法第4条20項（2）（3）（Section 4-20 (2) (3) of the CWA）と、養子縁組法第12条（2）（Section 12 (2) of the Adoption Act）の規定にもとづく[3]。ケア命令と同時に、親責任の剥奪と養子縁組を行うことは可能だが、実際には、そのようにすべて一度にする例は滅多にない（Helland and Skivenes, 2019）。里親の場合は、アセスメントで子どもの養育を継続するにふさわしいと評価されれば、養子縁組することが認められる。

　2010年には、養子縁組後のコンタクトのための規定が導入された（s 4-20a, of the CWA／児童福祉法第4条20項a）。その条項は、地方社会福祉委員会に続いて裁判所が養子縁組を許可するとともに、生みの親に（生みの親に**限って**）コンタ

クトの権利を与えることができると定めた。この条項の導入に至るまで、折に触れてノルウェーの最高裁判所は（Norwegian Supreme Court, 1990; 1997）、養子縁組後のコンタクトが法的に可能になるよう国内の政策立案者に働きかけていた（Skivenes, 2010）。

養子縁組後のコンタクトを認める基本条件は、養親候補者がコンタクトに同意していること、および重要な点として、**子どもの最善の利益**において検討された、一定の制限があることだ。コンタクトに関する第4条20項aは、当然ながら親責任の剥奪と養子縁組を定めた第4条20項に付随する関係にある。したがって、その第4条20項にもとづく決定では、このコンタクトに関する条項をもとに、最善の利益をアセスメントする必要がある。ただし、決定は、一定の制限のあるコンタクトが、子どもの最善の利益であると、みなされる場合のみ行われる。

養親候補者がコンタクトに同意していなくても、それを理由に、法的な方針決定者が養子縁組を認めないということはない。つまり、コンタクトの**権利**は法的に規定されているが、コンタクトを取り決めるよう強制はできず、また、児童保護システムは、子どもと面会する訪問権を支持しない当事者に対して制裁を科す力はない（Barne- oglikestillingsdepartement, 2009/10）。養子縁組後のコンタクトを認めた法改正は、公的ケアからの養子縁組の促進策と解釈されている。しかし、ノルウェー政府も最高裁判所も、養子縁組後のコンタクトに同意したからといって養子縁組が認められやすくなるわけではなく、承認基準の引き下げではないと強調する（NOU, 2009: 21; Skivenes, 2009; Barneoglikestillingsdepartement, 2009/10; Tefre, 2020）。

それでも、養子縁組に関する見解と理解について、筆者が方針決定者などにアンケート調査を行ったところ、優に半数以上の児童保護ワーカー（全体の60％）と地方社会福祉委員会の方針決定者（全体の55％）が、養子縁組後のコンタクトという選択肢があると、養子縁組という手段を利用しやすくなると思うと回答した。つまり実践現場での認識としては、やはり基準となるハードルが引き下げられた感がある（Helland and Skivenes, 2019）。とはいえ、養子縁組後のコンタクトを導入した効果が、結果として養子縁組の比率に表れていることを示す数値はない。

2000 年以降、児童保護システムの手段としての養子縁組について、政治的な関心が高まっている（Tefre, 2020）。政策文書と法律を分析した Tefre（2020: 1）は、以下のように述べる。

> 第1に、調査報告と専門家の論文が、養子縁組の政策の枠組みに徐々に影響を及ぼすようになった。第2に、こうした知識基盤への倫理的な対応として、家族全体のニーズから子どもの個別的なニーズおよび発達のためのニーズへと、着眼点が移行してきている。政策立案者が、独立した法主体として権利を有する子どもとの関係で養子縁組をとらえる兆しがある。

2012 年に政府の指示により、ノルウェーの児童福祉の主な専門家で構成される委員会 Raundalen Committee（訳注：児童心理学者の Magne Raundalen の名に因む）が、専門的見地から報告書を提出した（NOU, 2012: 5）。その報告書の第 10 章は、児童保護施策としての養子縁組について論じ、次のように結論づける。「本報告書の所々で説明したとおり、発達心理学の視点、および脆弱な立場に置かれた子どもの研究にもとづく知見をふまえれば、長期の措置をともなうケースにおいて、児童保護システムが考慮すべき方策は養子縁組であると、主張する根拠がある」（NOU, 2012: 5: 130）。控えめに見積もっても、ノルウェーで公的ケアを受けている子どもの 3 分の 1 から 5 分の 1 は、長期の措置で、その数は 3,000〜4,500 人に上る。

ノルウェーにおける養子となった子どもと公的ケアを受ける子どもに関するデータ

ノルウェーで、全面的に養子縁組を取り上げた調査研究は不足しており、特に近年の現象である公的ケアからの養子縁組についてはみるからに少ない（NOU, 2009: 21: 40）。1953 年児童福祉法（Act on Child Welfare 1953）には、親の同意なく公的ケアからの養子縁組を行う法的根拠は存在せず（NOU, 2000: 21: 203）、そうした選択肢は 1986 年の後見人法（Guardianship Act 1986）にもなかっ

た。いずれの法律も、親責任の剥奪に関する法規定を示していたが、それは養子縁組のプロセスを開始する第一歩としてではなかった（Bendiksen, 2008）。しかし Benneche（1967）は、1954〜1965年の社会問題省（Ministry of Social Affairs）による親責任剥奪の決定に対する不服申立てすべてに関する研究で、64ケースのうち結果として6件が養子縁組につながったと明らかにした。つまり、判例法では、親責任の剥奪による養子縁組が可能だったとわかる。言い換えれば、1954年の社会問題省（Department of Social Affairs）からの通達にもとづき、慣例として是認されていたのである。そして、公的ケアからの養子縁組の原則を決定づけたのは1982年の判決であり、ノルウェーの最高裁判所は、養子縁組を想定し親の意思に反して親責任を剥奪することの合法性を認めた。

　1960年頃まで、ノルウェーの養子縁組の主流は、ノルウェー人同士の縁組だった。後の年代では国際養子縁組が増え、国内養子縁組は減少した。これは、一方では、妊娠中絶に関する革新的な政策と、よりよい進歩的な福祉が国内で展開した結果であり、また一方では世界各地の戦争や危機的な状況の懸念が増した国際的な影響でもある（Gärtner and Heggland, 2013）。1975年から国際養子縁組数は着実に伸びていたが、2000〜2010年に急激に減少した（表9.1）[4]。表9.1からわかるように、今日、ノルウェーの養子縁組の大半は連れ子養子であり、それに比べて公的ケアからの養子縁組の数は、自発的なものも、そうでない非自発的なものも少ない。生物学上の親が養子縁組のために自ら子どもを手放す例は、毎年ほんの一握りほどである。公的ケアからの養子縁組に関する統計は、2011年より前については不明瞭で、2006年より前は正式な統計がない（そのため、表では、2000年と2005年の公的ケアからの養子縁組は「その他の養子縁組」のカテゴリー内に集計されている）。2006年以降は、公的ケアからの自発的な養子縁組の統計を取るようになり、また、成人の養子縁組は子どもとは別に集計されている。地方社会福祉委員会からのデータによると、かつて1993年と1994年に、公的ケアからの養子縁組とみなされる数は、年に25件ずつだった（NOU, 2000: 12: 205）。2011年になると、非自発的な公的ケアからの養子縁組だけでも、それとほぼ同数の27件が、地方社会福祉委員会で承認されていた（表9.1）。その後も自発的ではないケースの承認数は増加傾向にあり、2015年には62件、2018年には50件である。

表 9.1　子ども人口、年末時点で公的ケアを受けている子どもの数、年間の養子縁組数、養子縁組の種類（0～17 歳の子どもについて）
（括弧内は子ども 10 万人当たりの数）

	2000	2005	2006	2010	2011	2015	2018
子ども人口	1,060,857	1,092,728	1,096,003	1,114,374	1,118,225	1,127,402	1,122,508
公的ケアを受けている子ども	5,124 (483)	6,002 (549)	6,116 (558)	6,975 (626)	7,270 (650)	9,008 (799)	8,868 (790)
公的ケアからの養子縁組							
自発的			23[注a] (2)	16 (1)	6 (<1)	6 (<1)	5 (<1)
非自発的					27 (2)	62 (5)	50 (4)
その他の養子縁組							
国際養子縁組	657[注b] (62)	704[注b] (64)	438 (40)	343 (31)	297 (27)	132 (12)	77 (7)
連れ子養子	105[注b] (10)	138[注b] (13)	79 (7)	88 (8)	85 (8)	90 (8)	72 (6)
その他の国内養子縁組	30[注c] (3)	48[注c] (4)	8 (<1)	3 (<1)	4 (<1)	8 (<1)	0 (0)

注：家族再統合に関する統計および公的ケアの平均期間（年数）は不明。
注a：公的ケアからの養子縁組が自発的か非自発的か、区別は不明。
注b：年齢は不明。18 歳以上で養子となった者が数値に含まれる可能性がある。
注c：公的ケアからの養子縁組（自発的、非自発的）を含む。年齢は不明。18 歳以上で養子となった者が数値に含まれる可能性がある。

出典：Statistics Norway (2020a, 2020b, 2020c, 2020d), Helland and Skivenes (2019), Bufdir (2019, 2020)

ノルウェーで養子縁組されるのはどのような子どもか

　2019 年の調査報告（Helland and Skivenes, 2019）は、2011～2016 年の公的ケアからの養子縁組申請に対する地方社会福祉委員会の決定をすべて調べたもの

で、302名の子どもに関する計283件のケースを対象とした。この間、生後3カ月から17歳の285名の子ども（302名のうち94％）が、公的ケアから養子となった。その半数は、2～4歳だった。養子となった子どもの年齢の中央値は4歳である。調査したなかで養子縁組に至らなかった子ども17名の年齢は、中央値が3歳だった。養子となった子どもの72％は、1歳になる前に、すでに養親候補者（その子の里親）のもとに措置されていた。ほとんどの子ども（82％）は1歳未満で生みの親と離れており、養親となる里親のもとに措置された年齢の中央値は3歳だった。こうした子どもが、養子縁組を希望する里親と生活していた期間は、中央値で3年間だった。3分の2の子どもは、きょうだいか片親違いのきょうだいが1名以上いた。そして、こうしたきょうだいの70％も、やはり公的ケアを受けているか養子縁組されていた。地方社会福祉委員会が決定を下した283ケースのうち、きょうだいのペアだったものは19件のみだった（いずれも、きょうだい揃って同じ家庭の養子となった）。

　また、半数以上の子ども（52％）はノルウェー生まれの両親のもとに生まれ、16％の子どもには外国生まれの両親がいた。14％の子どもは、ノルウェー生まれの親と外国生まれの親の子どもで、13％はノルウェー生まれの親と出身地不明の親の子どもだった。すべてのケースで親の出身国がわかるわけではないが、入手できるデータからは、ノルウェー人ではない親の多く（少なくとも65％）は、アフリカかアジア諸国の出身だった。ヨーロッパ出身の親の割合はより低く（少なくとも32％）、その中心は東欧諸国の出身者である。調査したケースの23％は、生みの両親か片親が養子縁組に同意していた（10％は母親のみ同意、9％は父親のみ同意、4％は両親が同意）。なかには、子どもと面会する訪問権を条件に、両親が同意したケースもあった（Helland and Skivenes, 2019）。

国内外における調査研究

　相当数の研究報告を国外から入手でき、特に米国とイングランドには、公的ケアからの養子縁組の長い歴史がある（それぞれ本書の5章と2章を参照）。ノルウェー国内においては、公的ケアからの養子縁組に関する調査は限られて

いる（ノルウェーの主要な研究の概要は、Helland and Skivenes, 2019）。その１つは、Skivenes and Tefre（2012）による調査である。報告によれば、長期養育を受ける子どもの状況の記述を提示した際、養子縁組を提案したソーシャルワーカーの比率は、イングランド（97.8％）と米国（95.5％）のほうが、ノルウェー（61.7％）よりもかなり高かった。報告の著者は、この結果について、ノルウェーには児童福祉施策として養子縁組を活用するための指針および明確な手順がないため、米国とイングランドのほうが、ソーシャルワーカーが長期養育を受ける子どもと関わる仕事で、自分の役割をより明確に認識しているようだと説明する。

　現在までのところ、ノルウェーでもっとも包括的に行われた養子縁組関連の調査は、先に言及した Helland and Skivenes（2019）の研究であり、支援現場のワーカーと社会福祉委員会の方針決定者へのアンケート調査やインタビューにもとづき、養子縁組の方針決定について論じている。だが、方針決定者が里親養育の継続ではなく養子縁組を選択した理由について、はっきりした具体的な説明は見当たらない。方針決定者の多くは、養子縁組に肯定的な見解を示し、養子縁組施策について相応なレベルの知見を備えていたが、その一方で実際には、養子縁組を「議題」にあげた説得力のある説明はないように見受けられ、実践のための正式な手引きも整ってはいなかった。現場のワーカーの目に、養子縁組に関心の薄い組織管理者や地域行政は、養子縁組の増加に向けた措置政策の変更に消極的であるように映っていた。この研究報告は、調査事例にもとづく結論として、養子縁組ケースを地方社会福祉委員会に提起すべきかどうかという判断基準が、各地方機関において高く設定されているようだと述べる。アンケート調査からは、社会福祉委員会は養子縁組の検討ケースに関して極めて厳格だった、という印象をソーシャルワーカーが抱いていたこともわかった。

　それでも、養子縁組の検討か、それとも里親養育の継続かについて、あるケースの状況の描写を提示すると、大多数の児童保護ワーカー（461名）、専門家（158名）、地方社会福祉委員会の指導者（32名）が、養子縁組を選択した（Helland and Skivenes, 2019; Helland, 2020）。児童保護の専門職のなかで、里親養育よりも養子縁組を選んだワーカーは、86％を占めた。養子縁組を支持する論拠

は、子どものニーズと里親家庭へのアタッチメント、生みの親に改善がみられず養育能力が欠如していること、子どもの年齢、および措置の期間だった。一方、里親養育を選択した残りの14％のワーカーは、養子縁組が「クローズドアダプション」となる懸念、「生物学的なつながりの崩壊」、養子縁組への同意を強制せざるを得ない事態への懸念や、生物学的な親の見解への配慮を論じた。また、裁判官、専門家、地方社会福祉委員会の方針決定者は、上記の実践現場のワーカーと同じ論拠で、裁判官の87.5％、専門家の93.7％が、適切な方策として養子縁組を選んだ。ただし、同委員会の方針決定者の一部（14名）は里親養育のほうを選択し、その理由として、養子縁組ですぐに家族の絆を断つのは、あまりにも早急だと述べ、子どもの後の人生において生物学上の親とコンタクトを維持することは有益で重要だという。

　無事に親もとに戻れない子どものための養子縁組その他の措置が、どのような成果をもたらすのか、議論の現状を伝えるノルウェー独自の調査研究はまだない。一般的な見解として（現場の実践者の見解や、小規模な調査で裏づけられているとおり）、管理上の施策、または、措置の不調を理由とした里親家庭から別の里親家庭への子どもの移動はよく起こるといわれている。

　他国における広範な調査では、里親養育より養子縁組のほうが子どものためによいという大方の合意がある（たとえばChristoffersen, 2012; Christoffersen et al., 2008; Skivenes and Tefre, 2012; Hjern et al., 2019; Palacios et al., 2019）。公的ケアから養子縁組組に措置された子どもの破綻の割合は低く、4％以下だと示した近年の論考として、英国で広範な調査対象を長期的に追跡したWijedasa and Selwyn（2017）およびNeil et al.（2015）の2点がある。ノルウェーにとって特に参考になるのは、スウェーデンのVinnerljung and Hjern（2011）が行った、行政データにもとづく成果の調査だ。里親養育から養子となった子ども900人、長期の里親養育を受ける3,062人、一般の子ども90万人の、3グループに分けて検討し、次のように結論づけた。

　　全体として、同世代の一般の子どもに比べ、他の2つのグループは成果がかなり乏しかった。そして里親養育の子どもは、あらゆる面の成果において養子を明らかに下回っており、具体的には、15歳時点での学校の

成績、18歳時点での認知能力、初期成人期の学業成果と自立能力に差があった。また、生みの親にまつわる混乱の諸要素と、代替養育に措置された年齢にともなう影響を、後に調整できる能力も養子のほうが上回った。
（Vinnerljung and Hjern, 2011: 1902）

数少ないノルウェーの調査として、Berg（2010）による研究がある。ケース記録を調査するとともに、児童保護システムから親の同意なく養子縁組された13人の子どもについて、ノルウェー人の養親に綿密なインタビューを行い、そのうち17歳以上の養子6人については本人からも聞き取っている。それによると、子どもたちは養育を受ける過程でさまざまな課題に直面し、2人は深刻な問題を、4人はいくらかの問題を抱え、特に問題がなかった子どもは7人だった。子どもと養親は、困難な経験にもかかわらず13人とも養子となったことについておおむね肯定的であることが報告されている。

公的ケアからの養子縁組に対する市民の見解についての調査研究

Skivenes and Thoburn（2017）は、状況描写への見解を回答してもらう方法で、イングランド、フィンランド、ノルウェー、米国カリフォルニアの一般市民の、公的ケアからの養子縁組に対する考えを調査し報告した。里親家庭で安定して暮らす2歳児の描写について、ノルウェーでは68％の人が里親養育の継続よりも養子縁組を選択した。また最近の調査でも、標準的なノルウェー市民の回答者は、児童保護施策としての養子縁組について同じく肯定的な考えが示されている（Helland et al., 2020）。加えて、児童福祉の分野では、あらゆる主要関係者（支援組織、各種団体、方針決定機関）からの養子縁組への圧倒的な支持がある。2009年に政府は白書を発行し、児童保護施策としての養子縁組の活用を増やす必要性を論じた。「107の相談機関が（白書の）提言に賛同した。そのうち104の相談機関は、中央行政機関が児童保護施策として提案した養子縁組活用の増加策についても支持している」（NOU, 2012: 5: 123）

養子縁組に対する子どもと親の意見

養子縁組のプロセスにノルウェーの子どもは関与しているのか、どのように

関与しているのか。子どもは同意しているのか、里親養育か養子縁組かという措置の選択肢について、また、生みの親とのコンタクトについて、子どもはどう考えているのかといった点について、既存の研究がいまだ答えを示していない問題が多く残っている。ノルウェーで6年間（2011〜2016年）に公的ケアからの養子縁組の決定を下した**すべて**の判決、すなわち4〜17歳の子どもに関する計169件を調査した研究（McEwan-Strand and Skivenes, 2020）は、方針決定者が養子縁組の正当性と結論を示す過程において、全体としては子ども不在であると結論づけた。ただし、養子縁組を希望するかという、子どもからの聞き取りは行っていた。また、（先述の）Berg（2010）による小規模だが綿密な調査で、インタビューに答えた子どもは、養子となったことについておおむね肯定的な見解を示していた。

　児童保護施策としての養子縁組ついて、ノルウェー国内の、里親家庭で育つ子ども協会（Association for Foster Children）、里親機構（Organisation for Foster Parents）、および里親養育を受けた若者による*BarnevernsProffene*という組織が、重要な声明を発表した。それまでこうした組織は、児童保護施策としての養子縁組に対して、先述のような関連の法律が示す要件が満たされている限り、おおむね肯定的だった。だが、声明では、子どもが自分の意見を表明して決定に関与する権利を尊重しなければならない、と強調している。さらに、これらの組織は、「家族」という意味の解釈の狭さを問題視しており、子どもにとっては、生みの親だけでなく、きょうだいや他の親族も重要だと繰り返し指摘した。

> さらには生物学上の親だけでなく、きょうだい、祖父母、おじ／おばなど、その他の親族に対する子どものアタッチメントを念頭に置くべきである。こうした関係性は子どもの将来的な成長と安全のために極めて重要だ。そのため、里親家庭で育つ子ども協会（Association for Foster Children）は、これらの要素が、ケア命令や養子縁組手続きにおいて、より一層重視されることを期待する（Association for Foster Children, 2012）

　生みの親の視点として、児童保護システムにおける親のための組織

(Organisation for Parents in the Child Protection System) は、親の同意のない養子縁組を児童保護施策とすることに対して、否定的なコメントを出している。「強制された養子縁組／一般の養子縁組を、児童保護事業の対象とすべきではない」(https://barnevernsforeldrene.no/omorganisasjonen/utviklingplan/) との主張だ。明言されてはいないが、養子縁組に対応する他の取り組みを求めているようで、つまり、養子縁組は児童福祉法のもとで行う方策ではない、という表明だと解釈できる。なお、里親機構 (Organisation for Foster Parents 2012) は、養子縁組に対し肯定的な態度を示している。

里親（864 名）を対象とした調査は、20％の里親が養子縁組を考えたことがあり、そのうち半分は真剣に検討していることが示された (Havik, 2007)。養親を対象とした先述の小規模な調査 (Berg, 2010) では、養子縁組に対する養親の満足度は高かった。

結び

養子縁組は、児童保護のためのあらゆる介入と同等に、対象となる子どもの最善の利益を最大限に考慮し、論理的な判断と批判的省察による基準を満たす、適正な手続きと方針決定プロセスに則って行われなければならない。児童保護施策としての養子縁組は、生みの家族や親族など拡大家族と再統合できず、公的な養育を受けて成長することが見込まれる子どもに限って検討すべきである。一方で、子どもの視点からは、養子縁組は、生涯にわたる家庭という永続性を得られる、新たな機会となる。児童保護の文脈での養子縁組について、この分野の著名な研究者による学際的な国際組織が、2019 年に論文を発表した (Palacios et al., 2019)。この研究者グループは、養子縁組は、子どもに生涯にわたる永続性と帰属意識をもたらすものであり、子どもの利益を確保する手段だとみなされなければならないと結論づける。そして、養子縁組は、その決定が国際条約と法律に従って子どもの最善の利益を重視しているならば、子どもの代替養育の正当なモデルであると論じる。

合意されている点は、子どもの安全性、ニーズ、福祉、発達は、短期的ではなく、今後の長い人生のために熟慮すべき中心的課題である、ということである。この合意の根底には、こうした子どもの福祉を実現する基本的な仕組みは、家庭生活であるという認識があり、それが実の家族のもとで不可能ならば、代替の永続的な家族によって解決がはかられなければならない（Palacios et al., 2019: 68）。

　2009年にノルウェー政府は、児童保護施策として養子縁組の活用を促進するという白書を発行し、関係するあらゆる相談機関の圧倒的支持を得ている。こうした公式文書からすでに年月を経て、専門職や国民も肯定的な見解を示し、子どもの権利が一層重視されていることをふまえると、いったいなぜ、いまだにノルウェーで公的ケアからの養子縁組がこれほど少ないのか、という点は疑問として残る。方針決定プロセスをめぐる既存の研究を補完すべく、さらに子どもの視点を取り入れた方法で研究を行えば、今後の方向性を示せるかもしれない。ノルウェーの強みとして、法のもとで優れた実践を確実に行う、子ども中心の社会と位置づけられる基盤があるからだ。

謝辞

　本研究はResearch Council of Norwayの助成を、独立プロジェクト──人文社会学プログラム（Independent Projects – Humanities and Social Science program）において受けている（助成番号 no. 262773）。また、European Union's Horizon 2020の研究開発プログラムにもとづき、European Research Councilからの助成を受けている（助成承認番号 No 724460）。

　免責事項：本章は筆者個人の見解によるものであり、助成機関は、本稿に含まれる情報のいかなる利用についても責任を負わないものとする。

注

1　地方社会福祉委員会が下す決定は、児童福祉法、地方保健ケアサービス関係法（Act Relating to Municipal Health and Care Services）、感染症管理関連法（Act Relating to the Control of Communicable Diseases）に従っている。地方社会福祉委員会の機能の

詳細は、Skivenes and Søvig（2017）を参照のこと。

2 　地方社会福祉員会が決定した事例の司法審査を求める方法は、2005 年紛争法（Dispute Act 2005）第 36 章に規定されている（児童福祉法第 7 条 24 項（s 7-24 CWA）も参照のこと）。

3 　児童福祉法第 4 条 20 項「親責任の剥奪、養子縁組」の文言は以下のとおりである。

地方社会福祉委員会（county social welfare board）が子どものケア命令を下す場合、両親のすべての親責任の剥奪も、同委員会が決定することができる。両親の親責任の剥奪の結果、子どもに後見人がいなくなるならば、地方社会福祉委員会は可能な限り速やかに子どもの後見人の指名を行うこととする。

両親から親責任を剥奪する命令が下されている場合、地方社会福祉委員会は、子どもが両親以外の者の養子となる養子縁組を承認することができる。

養子縁組の承認は、以下において示すものとする。

a) 両親が子どもに適切な養育を永続的に提供できない可能性が確実とみなされる場合、もしくは、子どもが現在生活をともにしている者とその環境に強い愛着を抱いており、そこから子どもを引き離すと本人に深刻な問題をもたらし得ることが、アセスメント全般を通じて確実とみなされる場合、

b) 養子縁組が子どもの最善の利益となる場合、

c) 養子縁組申請者が子どもの里親で、子どもの養育に自らが適切であると示している場合、

d) 養子縁組法に則って養子縁組を承認するための条件が、満たされている場合。

地方社会福祉委員会が養子縁組を承認したならば、所管の行政機関が養子縁組命令を発行する。両親の同意が得られた場合、第 4 条 3 項の条件（訳注：児童福祉部門による調査の実施）が満たされるならば、福祉事業地方委員会（Social County Board）は、子どもの養子縁組を決定することができる。

4 　歴史的な展開をより広くとらえるには、NOU（2009: 33-7）を参照。

参考文献

Association for Foster Children (2012) 'Høringsuttalelse til NOU 2012:5 Bedre beskyttelse av barns utvikling' ['Submission to the hearing regarding NOU 2012:5 – Better protection of the development of children'] Oslo. Available at: www.regjeringen.no/contentassets/f9942dde910645d1854b4c4edc3820a9/landsforeningen_for_barnevernsbarn.pdf?uid=Landsforeningen_for_barnevernsbarn.pdf （2020 年 12 月 9 日閲覧).

Barne-og likestillingsdepartement (2009/10) 'Endringer i adopsjonsloven og barnevernloven' ['Proposition on changes in the adoption law and child welfare law'], Prop. 7 L. Available at: www.regjeringen.no/no/dokumenter/prop-7-l-2009-2010/id579198/ (2020 年 3 月 4 日閲覧).

Bendiksen, L. (2008) *Barn i langvarige fosterhjemsplasseringer – foreldreansvar og adopsjon* [*Children in Long-Term Foster Care – Parental Responsibility and Adoption*], Bergen: Fagbokforlaget.

Benneche, G. (1967) *Rettssikkerheten i Norge* [*The Rule of Law in Norway*], Oslo: Universitetsforlaget.

Berg, T. (2010) 'Adopsjon som barneverntiltak – Hvordan gikk det med barna? Rapport fra praksis' ['Adoption as a child welfare measure – how did it turn out for the children? A report from practice'], *Tidsskriftet Norges barnevern*, 87(1): 48–59.

Bufdir (2019) *Yearly Report 2018* [*Årsrapport 2018*], Oslo: Directorate for Children, Youth and Family Affairs.

Bufdir (2020) Data on granted voluntary adoptions years 2011, 2015 and 2018 received directly by email (2020 年 3 月 4 日電子メールで情報受領) from the Directorate for Children, Youth and Family Affairs.

Christoffersen, M.N. (2012) 'A study of adopted children, their environment, and development: a systematic review', *Adoption Quarterly*, 15(3): 220–37.

Christoffersen, M.N., Hammen, I., Raft Andersen, K. and Jeldtoft, N. (2008). 'Adoption som indsats: En systematisk gennemgang af udenlandske erfaringer.' ['Adoption as an effort: A systematic review of foreign experiences.'], SFI - Det Nationale Forskningscenter for Velfærd. SFI- Rapport Nr. 07: 32.

Clark, H., Coll- Seck, A., Banerjee, A., Peterson, S., Dalglish, S., Ameratunga, S., Balabanova, D., Bhan, M., Bhutta, Z., Borrazzo, J., Claeson, T., Doherty, T., El- Jardali, F., Geroge, A., Gichana, A., Gram, L., Hipgrave, D., Kwamie, A., Meng, Q., Mercer, R., Narain, S., Nsungwa- Sabiiti, J., Olumide, A., Osrin, D., Powell- Jackson, T., Rasanathan, K., Rasul, I., Reid, P., Requejo, J., Rohde, S., Rollins, N., Romedenne, M., Sachdev, H., Saleh, R., Shawar, Y., Shiffman, J., Simon, J., Sly, P., Stenberg, K., Tomlinson, M., Ved, R. and Costello, A. (2020) 'A future for the world's children? A WHO–UNICEF–Lancet Commission', *The Lancet*, 395(10224): 605–58.

CRIN (Child Rights International Network) (2020) 'Access to justice for children: Global ranking'. Child Rights International Network. Available at: https://archive.crin.org/en/access-justice- childrenglobal-ranking (2020 年 12 月 9 日閲覧).

Falch- Eriksen, A. and Skivenes, M. (2019) 'Right to protection', in M. Langford, M. Skivenes and K. Søvig (eds) *Children's Rights in Norway: An Implementation Paradox*, Oslo: Universitetsforlaget, pp 107–34.

Gärtner, K. and Heggland, J. (2013) 'Adopterte barn, ungdom og voksne: en kunnskapsoppsummering om kognitiv kompetanse, psykisk helse og bruk av hjelpetjenester' ['Adopted children, youth, and adults: a knowledge summary on cognitive skill, mental health, and use of help services'], Rapport 2013/8, Folkehelseinstituttet. Available at: www.fhi.no/publ/2013/adopterte-barn-ungdom-ogvoksne-en-/ (2020 年 3 月 4 日閲覧).

Gilbert, N., Parton, N. and Skivenes, M. (eds) (2011) *Child Protection Systems. International Trends and Emerging Orientations*, New York: Oxford University Press.

Havik, T. (2007) *Slik fosterforeldre ser det – II. Resultat fra en kartleggingsstudie i 2005* [*How Foster Parents See It – II. Results from a Mapping Study in 2005*], Bergen: BVUS- V. Available at: https://hdl.handle.net/1956/3142 (2020 年 12 月 9 日閲覧).

Helland, H. (2020). 'Tipping the scales: The power of parental commitment in decisions on adoption from care'. *Children and Youth Services Review*, 119: 105693.

Helland, H. and Skivenes, M. (2019) *Adopsjon som barneverntiltak* [*Adoption from Care as a Child Welfare Measure*], Bergen: University of Bergen.

Helland, H., Pedersen, S. and Skivenes, M. (2020) 'Befolkningens syn på adopsjon' ['Population's view on adoption from care'], Tidsskrift for Samfunnsforskning.

Hestbæk, A.-D., Höjer, I., Pösö, T. and Skivenes, M. (2020). 'Child welfare removal of infants: Exploring policies and principles for decision- making in Nordic countries', *Children and Youth Services Review*, 108: 104572.

Hjern, A., Vinnerljung, B. and Brännström, L. (2019) 'Outcomes in adulthood of adoption after long- term foster care: a sibling study', *Developmental Child Welfare*, 1(1): 61–75.

KidsRights Foundation (2019) 'The KidsRights Index'. Available at: www.kidsrightsindex.org (2019 年 11 月 19 日 閲覧).

McEwan-Strand, A. and Skivenes, M. (2020) 'Deciding on adoptions from care or continued public care – does the judiciary involve children? An analysis of the Norwegian County Social and Child Welfare Boards decision making', *International Journal of Children's Rights*, 28(2020): 632–65.

Neil, E., Beek, M., Ward, E. (2015) *Contact after Adoption: A Longitudinal Study of Post Adoption Contact Arrangements*, London: Coram-BAAF.

Norwegian Supreme Court (1990) 'Judgment from the Norwegian Supreme Court', Rt-1990-1274. Available at: www.lovdata.no

Norwegian Supreme Court (1997) 'Judgment from the Norwegian Supreme Court', Rt- 1997- 534. Available at: www.lovdata.no

NOU 2000:12 (2000) *Barnevernet i Norge – Tilstandsvurderinger, nye perspektiver og forslag til reformer* [*Child Welfare in Norway. Status Evaluation, New Perspective and Reform Proposals*], Oslo: Barne-og likestillingsdepartementet.

NOU 2009:21 (Noregs offentlege utgreiingar) (2009) *Adopsjon - til barnets beste; En utredning om de mange ulike sidene ved adopsjon* [*Adoption – For the Child's Best. A Commentary on the Many Different Perspectives on Adoption*], Oslo: Barne- og likestillingsdepartementet.

NOU 2012:5 (2012) *Bedre beskyttelse av barns utvikling; Ekspertutvalgets utredning om det biologiske prinsipp i barnevernet* [*Better Protection of Children's Development: An Expert Committee's Commentary on the Biological Principle in Child Welfare*], Oslo: Barne- og likestillingsdepartementet.

NOU 2016:16 (2016) *Ny barnevernslov- Sikring av barnets rett til omsorg beskyttelse* [*New Child Welfare Law – Securing the Child's Right to Care Protection*], Oslo: Barne- og likestillings- og inkluderingsdepartementet.

Organisation for Foster Parents (2012) 'Høring – NOU 2012:5 Bedre Beskyttelse Av barns utvikling' ['Hearings on NOU 2012:5: better protection of the child's development']. Available at: www.regjeringen.no/contentassets/f9942dde910645d1854b4c4edc3820a9/norsk_fosterhjemsforening.pdf?uid=Norsk_fosterhjemsforening.pdf

Palacios, J., Adroher, S., Brodzinsky, D. M., Grotevant, H.D., Johnson, D. E., Juffer, F., Martinez-Mora, L., Muhamedrahimov, R. J., Selwyn, J., Simmonds, J. and Tarren- Sweeney, M. (2019) 'Adoption in the service of child protection: an international interdisciplinary perspective', *Psychology, Public Policy, and Law*, 25(2): 57–72.

Skivenes, M. (2002) *Lovgivning og legitimitet – En evaluering av lov om barneverntjenester av 1992 i et deliberativt perspektiv* [*Legislation and Legitimacy – An Evaluation of the Law- Making Process of the Child Welfare Act of 1992*], Rapport nr 79, PhD thesis, Bergen: UiB, Institutt for administrasjon og organisasjonsvitenskap.

Skivenes, M. (2009) 'Kontakt med biologisk familie etter adopsjon i barnevernet – til barnets beste?' ['Post-adoption contact in child welfare cases – in the child's best interests?]', *Tidsskrift for arverett, familierett og barnevernrettslige spørsmål*, 7(3): 134–55.

Skivenes, M. (2010) 'Judging the child's best interests: rational reasoning or subjective presumptions?', *Acta Sociologica*, 53(4): 339–53.

Skivenes, M. (2011) 'Norway – toward a child centric perspective', in N. Gilbert, N. Parton and M. Skivenes (eds)

Child Protection Systems: International Trends and Emerging Orientations, New York: Oxford University Press, pp 153–82.

Skivenes, M. (2015) 'Handlingsrommet for barns deltagelse i barnevernssaker' ['The margin for children's participation in child welfare cases'], *Tidsskrift for Velferdsforskning*, 18(1): 48–60.

Skivenes, M. and Søvig, K. H. (2017) 'Norway – child welfare decisionmaking in cases of removals of children', in K. Burns, T. Pösö and M. Skivenes (eds) *Child Welfare Removals by the State: A Cross‑Country Analysis of Decision‑Making Systems*, New York: Oxford University Press, pp 40–64.

Skivenes, M. and Tefre, Ø. (2012) 'Adoption in the child welfare system – a cross-country analysis of child welfare workers' recommendations for or against adoption', *Children and Youth Services Review*, 34(11): 2220–8.

Skivenes, M. and Thoburn, J. (2016) 'Pathways to permanence in England and Norway. A critical analysis of documents and data', *Children and Youth Service Review*, 67: 152–60.

Skivenes, M. and Thoburn, J. (2017) 'Citizens' views in four jurisdictions on placement policies for maltreated children', *Child and Family Social Work*, 22(4): 1472–79.

Statistics Norway (2020a) 'Population. Table 07459: population, by sex and one‑year age groups (M) 1986–2020 (measured January 1st)'.

Statistics Norway (2020b) 'Child welfare. Table 04443: children with measures from the Child Welfare Services per 31 December, by assistance or care measure (M) 1994–2018'.

Statistics Norway (2020c) 'Adoptions. Table 06685: adopted, by type of adoption, sex and age 2006–2018'.

Statistics Norway (2020d) 'Adoptions. Table 06683: adoptions, by type of adoption 1986–2018'.

Stortinget (1991/92) 'Om lov om barneverntjenester (barnevernloven)' ['On the Child Welfare Act'], Ot. Prp. No. 44. Available at: www.stortinget.no/no/Saker-og-publikasjoner/Stortingsforhandlinger/ Lesevisning/?p=1991-92&paid=4&wid=c&psid=DIVL312 (2020年3月4日閲覧).

Tefre, Ø. (2020) 'The child's best interests and the politics of adoptions from care', *International Journal of Children's Rights*, 28(2): 288–321.

UNICEF (United Nations Children's Fund) (2019) *For Every Child, Every Right: The Convention on the Rights of the Child at a Crossroads*, New York: UNICEF.

Vinnerljung, B. and Hjern, A. (2011) 'Cognitive, educational and self‑support outcomes of long‑term foster care versus adoption. A Swedish national cohort study', *Children and Youth Services Review*, 33: 1902–10.

Wijedasa, D. and Selwyn, J. (2017) 'Examining rates and risk factors for post‑order adoption disruption in England and Wales through survival analyses', *Children and Youth Services Review*, 83: 179–89.

10 スペインにおける公的ケアからの養子縁組

サグラリオ・セガド
アナ・クリスティーナ・ゴメス・アパリシオ
エステル・アバド・グエラ

はじめに

1980年代後半、民主化後間もないスペインは、家父長的な思考の色濃いフランコ独裁政権から受け継いだ制度と組織を、根本的に改革する必要があった（Ferrandis Torres, 2018）。一連の思い切った法改正は、子どもは個々の特性とニーズがあり特別な保護を必要とするグループである、と定義する出発点となった。養子縁組に関しては、民法典（Civil Code）と民事訴訟法（Law of Civil Procedure）が、1978年スペイン憲法（Spanish Constitution of 1978）と1987年11月11日の法律第1号（the Law 1 / 1987（11 November））によって改正された。それに続いて、1996年1月15日の法律第1号（the Law 1 / 1996（15 January））を修正した2015年の法律第26号（Law 26 / 2015）および2015年7月22日の基本法第8号（Organic Law 8 / 2015（22 July））は、養子となる者を含む子どもと青少年期世代の保護について法制化した（図10.1）。その主旨としては、1978年の憲法が示す枠組みをふまえ、17の自治体と、2つの自治都市（北アフリカにあるセウタとメリリャ）に、養子縁組の業務など未成年の保護責任を委譲するというものである。

スペインにおける養子縁組は、いずれも法的な決定を必要とし、その判決に

より、撤回することのできない完全な親子としての地位が養親と養子に与えられ、生物学上の家族との既存のつながりは、すべて終了する。本章は、国によるケアから子どもを養子縁組することに関連する社会政策、法律、アセスメント、方針決定プロセスを検討する。この10年間の制度改革を振り返り、2015年の法改正によって、ケアシステムから養子縁組が認められる道筋が、より多くの子どもに拓かれたことを論じる。この法改正は、子どもからの意見聴取を義務づけ、また、養子となった子どもの最善の利益となるならば、実の家族とコンタクトを維持できる可能性を示した。公的ケアと養子縁組に関する事業の責任は、各自治体に大幅に委譲されているため、本章は主にマドリード州（人口677万8000人のうち、18歳未満の未成年者は125万6000人）を具体的に取り上げる。国内の他の地域も、ほぼ同様の規定となっており、また、スペイン全土のデータが入手できる場合はそれを掲載している。

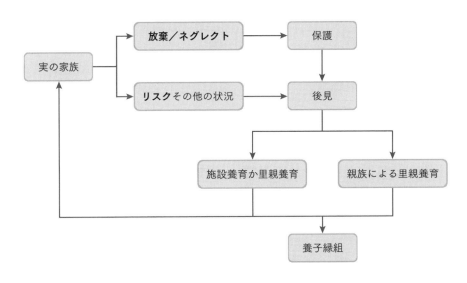

出典：Observatory for Childhood（2017）、Ministry of Health, Social Services and Equality（2017）

図 10.1　児童保護システムを形成する主要なプロセスのおよその流れ
　　　　1996年の法律第1号（the Law 1 / 1996）、2015年の法律第26号（Law 26 / 2015）、
　　　　2015年の基本法第8号（Organic Law 8 / 2015）にもとづく。

法令と指針における公的ケアからの養子縁組

　スペインの養子縁組の枠組みは、国連の子どもの権利条約（スペインは1990年に批准）、欧州子どもの権利憲章（European Charter of the Rights of the Child、欧州議会で1990年に採択）、1993年ハーグ国際養子縁組条約に従っている。ハーグ条約は、1995年にスペインが最初に批准し、同年に主要な西洋諸国の批准が続いた。そして、2008年11月27日のストラスブール養子縁組欧州協定（Strasbourg European Adoption Agreement）により、スペインにおける養子縁組の国際的な法的枠組みが整った。

　1978年憲法第39条は、各地域の州政府が、社会的、経済的、法的に、家族を確実に保護することを義務づけている。この条項、および、スペイン民法典（Spanish Civil Code）の1987年の改正は、児童保護システムを、「法律家の手から離し（de-judicialised）」、行政が主体的に関わるように位置づけたといえる。つまり、養子縁組サービスの提供を含む未成年者の保護の責任を、自治体に委譲したのである（従来の養子縁組は、法律家である公証人によって行われるか、慈善組織を通じたものだった）。

　　独裁下での不正が疑われる過去数十年を経て、憲法にもとづく国家となったスペインは、養子縁組をすべて公的なものにして、子どもの売買という忌むべき取引に戦いを挑んだ。この改正は、生物学上の親と養親の合意により子どもの引き渡しが可能だった個人間取引としての養子縁組の交渉を廃止した。（Ferrandis Torres, 2017: 2）

　こうした法規定は、養子縁組の基本となる2つの主要原則を導入した。1つは、縁組の結果、養子となった子どもは、養子縁組家庭に全面的に統合されるということ。もう1つは、児童保護に関して責任を担う公的機関の役割を強化し、実の家庭にとどまることができない子どもに法的な家族を提供する児童保護施策として、公的ケアからの養子縁組をみなした点である。

　1987年の民法典改正に続いて、子どもと青少年の保護の取り組みに関して見直しが行われ、やがて「未成年の法的な保護」規定で知られる1996年の法

律第1号（the Law 1 / 1996）が修正された。その影響で、民法典（Civil Code）と民事訴訟法（Civil Procedure Law）の部分的な修正が行われた。こうした改正は、養親の適性が公的機関に承認されるための要件を示し、国際養子縁組についても規定した（Callejo, 2017）。

2015年の法律第26号（Law 26 / 2015）は、養親の適性のアセスメントについて、さらに詳細な要件を示した。また、「後見人」の法的地位を確立し、特に養子縁組を目的とした後見の位置づけを明確にした。これは、公的機関が養子縁組を裁判所に申立てて成立するまでの期間に、子どもの公的な養育が長期化してしまう状況を避けるためである。この期間中、生みの親は親権を保持しているが、子どもをどこに措置するかは、「後見人」が児童保護システムの当局とともに決める。

同法は、「オープンアダプション」という新たな概念も導入した。養子縁組命令が下されると、養子と実の家族の法的つながりは無効になるが、オープンアダプションの条項によって、養子は実の家族メンバーとの関係を、訪問やその他のコミュニケーション手段を通じて維持できる。オープンアダプションが裁判で承認されるのは、専門職がアセスメントしたうえで公的機関が提起した場合である。アセスメントでは、オープンアダプションが子どもの最善の利益となること、および、12歳以上で十分な成熟度に達している子どもと、養親の同意を確認する。子どもが「後見下」にある期間中に、公的機関の専門職は、各当事者を支援しつつ、養子縁組しようとする家庭内での家族関係を観察し、措置の安定性について報告する義務があり、養親や実の家族の利益よりも、子どものウェルビーイングを優先しなければならない。

2015年の基本法第8号（Organic Law 8 / 2015）の公布により、スペインでは子どもの権利条約（CRC）の規定に従い、自治体を超えて、子どもが保護を受ける権利が標準化された。同法はまた、「子どもの最善の利益」の原則を、児童保護の手続きの指針として強化した。2015年の同法の立案者は、国民に対するアカウンタビリティを果たすために、外から評価を受ける重要性を強調しており、調査研究者のための情報開示につながるはずである（後述）。

各自治体は、国の法律をもとに、地域に合わせて法律を実施する裁量がある。たとえば、マドリード州は、1995年の法律第6号「幼児と青少年期世代

の権利保障」（Law 6 / 1995 of Guarantee of the Right of Infants and Adolescents）を制定した[1]。マドリード州では、養子縁組を担当する機関は、社会家族省の家族・未成年総局（General Directorate of the Family and the Minor of the Ministry of Social and Family Policies）である。他の州には別の機関があり、自治体によってばらつきが生じ得るが、スペイン全体としての児童保護事業に大きな違いがあるわけではない。2015年以降は、各自治体のあいだで法律と介入策を一致させる方向で努力している。本章では、国内各地の養子縁組の取り組みの例として、特にマドリード州を取り上げる。

公的ケアからの養子縁組における子どもと親の権利

　前述のように子どもの権利は法律で保障されているが、一方で親の権利の保障もふまえて、自治体の介入のありかたが決まる。親は親権喪失の決定に対して、わずかな費用負担で不服申立てでき、期間も長めに設けられている。最高裁判所は、親権を保障するよう考慮しており、いくつかの判決で示したように、親権の喪失は、責務を果たせなかった親を罰するものとしてではなく、子どもの利益と便宜のために、限定的に適用すべきだと述べている。親権の剝奪が子どもの利益に結びつかないなら、承認されるべきではない（親権の剝奪については、2012年2月16日の最高裁判所判決（Supreme Court Judgments of 16 February 2012）EDJ 2012 / 19020などを参照）[2]。

　しかし、近年、こうした法的立場とは異なる決定を行政機構が行っている。なかでも、政府は2018年の政令第9号（the government approved decree-law 9 / 2018）[3]で、性暴力に対抗する「緊急措置」の導入を認めた。この政令は民法典第156条（Article 156 of the Civil Code）を、新しい条項によって修正したものである。

　　両親の一方に対して、有罪判決が下されている、もしくは刑事訴訟が開始されている場合、それが未成年の息子、娘、またはもう一方の親に対する、生命、身体の保全、自由、道徳観、性的自由、賠償に関わることに反

する企図であるならば、後者の親の同意により未成年の子どもは精神的なケアと援助を受けることができる。

　有罪もしくは容疑者である親は、子どもに関する判断能力がないものとされ、子どもについては情報入手の権利しかない。このような親は、裁判所への不服申立ての権利はあるものの、子どもに関する同意は不要とみなされる。これにともない、社会サービス部門による報告書があれば、子どもは親の「性暴力の被害者」という位置づけになる。

養子縁組の方針決定

　マドリード州で養子縁組の検討対象となる子どもは、以下のいずれかのグループに入る（社会家族省の家族・未成年総局（General Directorate of the Family and the Minor）[4]。

- 生みの母が幼い子を育てられない困難な状況にあり、母親の自由意思による自主的な決定として、マドリード州の後見下に措置されたうえで、養子縁組される子ども
- 母親が養子縁組を正式に申請しないまま、病院での出産後すぐに放棄した子ども
- その他、身元がわかる情報なしで、放棄された子ども
- 虐待やネグレクトにより家庭から引き離されたため、マドリード州が後見を引き受け、実の家庭に戻る計画がない子ども
- 実の家庭に戻れる可能性がないと法的に判断され、子どもケアセンターで暮らす子ども

方針決定プロセス

　児童保護事業部門（Child Protection Service: CPS）が、養子縁組のプロセスと

サービスの責任を担っており、未成年保護委員会（Commission of Tutelage for Minors: CTM）を通じて養子縁組申請を裁判所に提出する。同委員会は、権限をもつ委員7名による、マドリード州域の最上位の方針決定機関である。同委員のうち2名は、養子縁組・里親養育部（Division for Adoption and Fostering）の上層部の職位に就いており、未成年保護支局の次長（General Deputy of the Sub-Directorate for Protection of the Minor）でもある（その2名は公務員であり本章の共同執筆者である）。この養子縁組・里親養育部（Division for Adoption and Fostering）は、保護支局（General Sub-Directorate）とともに、いずれも家族未成年総局（General Directorate of the Family and the Minor）の一部署である（家族未成年総局長は、州政府による政治任用で指名される）（図10.2）。

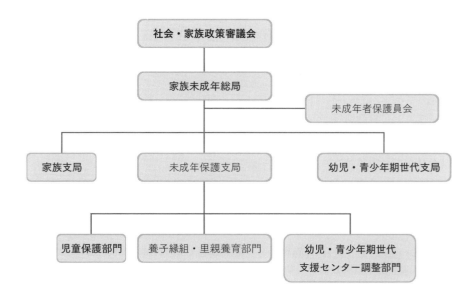

図10.2　マドリード州の家族未成年総局

養親候補者は、担当の児童保護事業部門に申請し、養親としての適性が認証されたという宣言を同部門から事前に受けなければならない。一般に養子縁

組は生みの親の同意が必要だが、親の同意が得られない事例や、親の同意を省略する事例も、法的にあり得る。養子縁組のプロセス開始前に、児童保護事業部門は、「放棄申立て（abandonment declaration）」により生みの親の親権を喪失させなければならない。この申立てはいくつかの理由で行われる。(1) 親が問題を認識できていない、(2) 現在の状況が子どもに及ぼす悪影響を親が認めない、(3) 支援のための方策を親が拒否する、(4) 親が子どものニーズを満たしていない、(5) 子どもが危険にさらされている、といったことである。児童保護事業部門のワーカーが、各当事者と個別に面談してから、報告書と推薦書を未成年保護委員会に提出すると、養子縁組を目的とした親権喪失が決定する。その決定は、親に伝えられるとともに、未成年の子どもを担当する検察官（public prosecutor）にも通知される。親が親権喪失について家庭裁判所に提訴する権利は、子どもが養子となってから、もしくは州の後見を受けるようになってから、最長2年間認められている。

「放棄申立て（declaration of abandonment）」に続いて子どもを親から引き離してから、法的な養子縁組に至るには、かなりの時間がかかり、特に親子分離の措置が自発的でなかった場合は長期化する。この期間中、児童保護事業部門は、子どもケアセンターか里親養育家庭に子どもの「養子縁組を目的とする」監護権を委ね、これは養子縁組の判決が示されるまで続く。後見人が合意して、養親候補者を里親として、子どもを措置することもある。未成年保護委員会による親権喪失の決定から3カ月以内に、児童保護事業部門は提出書類をすべて整えて、養子縁組手続きの開始を家庭裁判所に申し立てる。この手続きは、生みの親の控訴の権利が2年間あっても、それに関係なく進められる。

裁判官は、裁判所命令を下して養子縁組を最終的に決定する前に、養親となる者、12歳以上の子ども、または12歳未満でも十分に成熟した子どもについて、個別に聴聞を行う。子どもの場合は、安全を感じられる環境で個々に聞き取る。親権を失った生物学上の親を聴聞する義務はないが、実際には、実施している裁判官が多い。さらに裁判官は、追加で必要な証言を専門家に求めることができ、そのうえで児童保護事業部門からの養子縁組の申立てを、承認もしくは棄却する裁判所命令を下す。申立てが棄却された場合は、子どもは引きつづき里親養育か、子どもケアセンターでの養育を受ける。

養子縁組を不服とする提訴は、第一審は家庭裁判所で、第二審は地方裁判所で審理される。提訴の理由はさまざまなようで、第二審では4～5名の裁判官による審問が行われる。通常、訴訟中の傍聴は（研究者にもメディアにも）認められない。だが、裁判官協議会（General Council of Judges）は傍聴人の存在の重要性に言及しているので、入廷を求めれば、同協議会から許可が得られる可能性はあるだろう。判決文は、生みの親、養親、検察官（public prosecutor）、児童保護事業部門に送付されるが、公開はされない。

児童保護事業部門の文書も、裁判所による養子縁組の最終決定も、ケース記録はすべて、地域の児童保護事業部門と家庭裁判所に保管される。2015年まで、こうした決定文書の閲覧は、子どものプライバシー保護という理由から難しかったが、先に触れたように、研究者がアクセスできるように緩和されてきた。

2015年以降は、生みの親のネグレクトについて児童保護事業部門が放棄申立て（CPS declaration of neglect）してから2年間、それを無効にしようとする親の動きがなければ、生みの親による養子縁組への同意は必須ではなくなった。また、新生児については、母親は出産から6週間経過しないと、養子縁組への同意を示すことはできない。こうした乳児の養子縁組のプロセスに要する期間は、同意にもとづく養子縁組の場合は大幅に短縮され、同意の表明後わずか6週間程度だろう。これは、さまざまな面で、赤ちゃんよりも女性を保護するための方策といえる。養子縁組のプロセス開始に付随する子どもの「放棄」が法的に確定してしまわないうちに、母親が親権を手放せるからである。一方で、この規定は子どもを保護しているともいえる。親になることを最初から望んでいない母親は、母親として不適切な可能性が高いからである。

各当事者とサービス提供者の役割

養親

養親候補者は、養子縁組の実現までに、複雑な経緯を経なければならない。その道筋は、以下のような段階がある。[5]

1. *申請書の提出と説明会への参加*
 マドリード州でより多くの養親が必要な場合、社会・家族政策審議会（Council of Social and Family Policies）の指示で、期日を設けた募集を行うことがある。しかし、疾患や障害によるスペシャルニーズのある子どもの措置の困難さをふまえ、養子縁組の申請は、実質的には提出期限がない。申請者の側に、養子となる子どもの性別、人種、民族、その他の要素への偏見がうかがえるような申し込みは、一切受けつけない（Law 6／1995 of March 28 on Guarantees of the Rights of Children and Adolescents／1995年3月28日の法律第6号「子どもと青少年期世代の権利保障」）。そして、養親候補者として登録するための厳正な手順の第一歩として、申請者は説明会に招集される。
2. *研修課程*
 公的組織もしくは認可された協力機関が行う研修への出席が、申請者に義務づけられている（Art 176 Civil Code／民法典第176条）。
3. *心理社会面の調査*
 養子縁組専門チームの専門職による3回以上の聞き取り面談と、1回の家庭訪問から得た情報にもとづき、養親候補者の心理社会面の調査を行う。必要に応じて、追加情報の聞き取りが求められる。そのうえで児童保護事業部門が、子ども監護委員会（Child Custody Commission）に報告書を提出し、養子縁組の申請が承認もしくは棄却される。承認されれば、養子縁組の申し込みは「承認済み申請」として養子縁組家族台帳（Family Registry for Adoption）に掲載される。
4. *養子縁組を目的とした後見の委任*（Guardian delegation）
 子どもと養子縁組家庭のマッチングが行われると、子ども監護委員会（Child Custody Commission）は後見を（通常は養親候補者の家庭に）委任する。その後、裁判所の審理が行われ、養子縁組の当事者すべてが聴聞を受ける。親権を剥奪された生みの親は、後見の委任の決定について、知る権利がある。養親候補者は、里親家庭で養育を行う者と同じ権利と義務があるが、子どもの日常生活の範囲を超える行為（外科手術など）は、子ども監護委員会（Child Custody Commission）の許可を得なければならない。

5. *裁判手続き*

　公的ケアからの養子縁組は、このように子どもが養親候補者のもとに措置された状態で、裁判手続きを行うことになる。家族未成年総局（General Directorate for the Family and the Minor）（図10.2）による裁判所への養子縁組の申立ては、どのケースも、後見の委任が認められた日から3カ月以内のなるべく早期に行う。

6. *モニタリング*

　裁判手続きの進行中、養子縁組命令が下されるまでに、家族未成年総局のケースワーカーは、養子縁組家庭への子どもの適応状況をアセスメントし、継続的な状況確認を行う。

子ども

　2015年以降、児童福祉の専門職と法律家をはじめ、公的組織も民間組織も、裁判所、立法議会も、子どもの最善の利益を常時評価しなければならなくなった。スペインで未成年を保護する際の重要な要件として、第1に、未成年に関する決定においては、その最善の利益を事前に評価することがあげられる。第2に、基本原則として、ある規定をめぐって異なる解釈が生じる場合、常に子どもの最善の利益を反映しているほうを選択すること、第3に、手続き上の規則として、事例ごとに定められた手順に従っていない場合は子どもの最善の利益が損なわれる可能性があるため、裁判所に訴えることがあげられる（Moreno Torres, 2015）。したがって、当事者からどのような要望があったとしても、あくまでも子どもの最善の利益となる方策を取らなければならない。どの決定や決議文でも、専門的な報告書においても、専門職と方針決定者は、基準や考慮した価値判断を明記する必要がある。

　こうした原則にもとづく実際の取り組みについて、広く合意を形成することは、裁判官が直面する何より複雑な難題である。原則は法律内に示されていても、それを実行する統一したプロセスがないのである。2015年の（国の）法律（訳注：法律第26号、基本法第8号）の施行にともない、子どもの最善の利益の原則について、その理解と適用方法を一律に標準化して、各自治体に根強く残る実践方法の違いの統一をはかってきた。しかし、今日でも、原則の概念を具現

化するための要素や判断基準には幅があり、その匙加減によって解釈のありかたに差異が残る。

　2015年以前は、養子縁組は、生物学上の家族との既存のつながりを完全に断ち、養親の家庭との新しい関係を育むものだった。しかし2015年の法律は、新たに「オープンアダプション」という可能性を拓いた。この規定にもとづき、子どもの最善の利益と子どもの権利の尊重を、優先することが必須となり、いかなる利害の対立があっても、養親候補者の希望より子どもの利益と権利が上回らなければならない。これを確実に行う方法の１つが、子ども自身による関与である。12歳以上の子ども（および、12歳未満でも十分な成熟が認められる子ども）による養子縁組への同意は必須であり、同意を得るために子どもへの聴聞が行われる。しかし、子どもに十分な情報が与えられたと確認するプロセスの不備が判明することもあり（Balsell et al., 2017）、また、子どもの聴聞が必要でも、子どもの意見ですべてが決まるほどの拘束力をもつわけではない。今日、オープンアダプションが可能となってはいるが、現状では、これを裁判所が認めた事例はわずかしかない。その理由として、養子縁組命令が適用される時点までに、子どもと生みの親の重要なつながりがすでに失われているケースが多いためである。

スペインで公的ケアを受けている子どもと公的ケアからの養子縁組：人数および特徴

　子どもオブザーバトリー（Observatory of Infancy）が、保健・社会事業・機会均等省（Ministry of Health, Social Services and Equality）と共同で提供しているデータがある。これまでに「Bulletins of statistics of child protection（児童保護統計報告）」を21号まで発行し、スペインの2010年以降の養子縁組数に関するデータを掲載している（Bulletin no. 13）[6]。本章の表10.1に示したように、公的な家庭外養育数は（2015年の子ども10万人当たり377人から、2017年の10万人当たり426人に）増加しているが、今なおヨーロッパの大半の国々に比べて少ない。注目すべきは、親族による里親養育の割合が、「高所得」の各国よりもかなり高いこ

とである。2017年の数値では、施設養育の提供が40％台だが、親族による里親養育は30％台を占める。親族に託す里親養育の割合の高さは、本書に掲載されている大半の国々との明らかな違いである（里親養育への措置のうち約70％を親族里親が占め、これは養育の措置全体の35％に相当する）。一方、親族ではない里親は、養育の措置全体の約20％にすぎない。こうした特徴は、スペインが「家族第一主義」で、「血のつながり」を重視する国であることから、驚きには値しない。親族が密な結びつきを保つ傾向があり、一族に「属している」子どもを世話する責務があると感じる。したがって、児童保護事業部門としては、子どもを親族に託す里親養育の措置を優先する。親族が、里親養育ではなくあえて養子縁組することは（連れ子養子を除いて）一般的でないため、親族里親への措置の優先は、スペインにおける公的ケアからの養子縁組の状況を理解するにあたって重要である。親族による（連れ子養子以外の）養子縁組は、米国とは異なり、ヨーロッパの各国でも一般的ではない。

　スペインにおける里親養育は、政治家や専門職の検討課題として、他国ほど高い注目を集めていない。家庭への措置の必要性に対する意識と理解は、いまだに一般国民に広がっていない。具体的には、スペインでは、多くの西洋諸国の状況とは異なり、里親家庭のための経済支援がなく、これが施設養育に代わる里親養育の促進を多分に妨げている。また、児童福祉サービスの専門職間の研修や組織風土においても、里親養育は特に重要な部分となっていない。

表10.1　スペインで公的な家庭外養育に措置されている子ども（0〜17歳）の人数と子ども10万人当たりの数および家庭外養育の措置の種類ごとの人数と割合

		2010	2015	2016	2017	2018
公的ケアから養子縁組された子ども	人数	793	553	588	680	639
	子ども10万人当たりの数	10.2	6.8	7.1	8.2	7.7
家庭外養育に措置されている子どもの数、年末時点（10万人当たりの数）			30,677 (377)	31,913	34,744 (426)	

	2010	2015	2016	2017	2018
施設養育／ケアセンター[注a]に措置されている子どもの数（公的ケアを受ける子どものなかで占める割合）		13,596 (40%)		17,527 (44%)	
親族による里親養育に措置されている子どもの数（公的ケアを受ける子どものなかで占める割合）		12,851 (38%)		12,748 (35%)	
親族ではない里親養育に措置されている子どもの数（公的ケアを受ける子どものなかで占める割合）		7,321 (22%)		6,256 (17%)	

注a：それぞれの養育に措置されている子どもの数を合計すると「家庭外養育を受けている子どもの数」よりも多くなるのは、アセスメント中の人数を一部に含むためである。

出典：Boletín de datos estadísticos de medidas de protección a la infancia. Bulletin number 20. Report, Studies and Research 2018. Ministerio de Derechos Sociales y Agenda 2030（最終更新日 2020 年 6 月）．アクセスは https://observatoriodelainfancia.vpsocial.gob.es/productos/pdf/Boletin_Proteccion_21_Accesible.pdf（2020 年 12 月 16 日閲覧）

　スペインには、養子縁組の分野で国際的に知られる研究者チームが複数ある（養子縁組家庭の親子関係については Palacios and Sanchez-Sandova, 2006 など）。養子縁組のプロセスが子どもの心理面に及ぼす影響については、Oliván（2007）、Truchis and Focaud（2010）、Callejón-Poo et al.（2012）の研究があり、一方 León et al.（2018）は養親の健康面を調査した。しかし、Castón Boyer and Ocón Domingo（2002）の指摘では、（一部の研究者が、スペインの養子縁組の社会学、と称する）過去と現在におけるスペイン社会の「事象」としての養子縁組、および社会との関係や、社会における位置づけを考察した研究が不足している。また、施設養育については、del Valle et al.（2008）が養育の長期的な成果を報告し、del Valle and Bravo（2013）は子どもを措置する各種選択肢の比較研究を報告した。かなり最近まで、里親養育の成果の研究は del Valle et al.（2011）以外ほとんどなかったが、これは、里親養育を経て成人に至る変遷を調査した、重要な研究である。2015 年の法律規定によって、マドリード州は、養子縁組記録の閲覧を研究者に許可するようになり、この情報開示の広がりは、児童福祉の方針決定と実践の研究促進のために有意義な一歩といえる。

スペインで公的ケアから養子縁組された子どもの数は、2010年から2011年にかけて減少したが、その後については表10.1からわかるように、ほぼ横ばい状態で、子ども10万人当たり1%以下（訳注：1000人以下）となっている。データからは子どもの性別は不明で、年齢については、一般に、養子縁組の総数の50%が3歳以下、35%が4〜10歳、その他が11〜17歳である。さらに、言及しておくべき点として、児童保護事業部門の報告によると、障害のある子どもの養子縁組や、きょうだい揃って同じ養親家庭に措置することは、非常に難しい（Ferrandis Torres, 2018）。なお、マドリード州は人口約650万人で出生数は毎年6万人であり、この10年にわたり年に約40人の赤ちゃんが養子縁組に措置されていて、その数は2013年の46名から、2016年の39名に減少がみられた（Ferrandis Torres, 2017）。

スペインにおける公的ケアからの養子縁組の位置づけと認識

　1987年の法律第21号（Law 21 / 1987）の制定以降、養子縁組の法的手続きは、もっぱら公的機関に委託して行うことになった。ただし、養子縁組は、実の家族との結びつきを完全に失う急激な変化をもたらすという性質上、濫用してはならないという重要な断り書きが加えられている。児童保護事業部門は、家族が子どもに対する責任を引き受けられるように、可能な限り家庭向け支援を提供する必要があり、家族が全面的に養育と保護の責任を担える状態に戻ったら、公的サービスによる支援介入を終了すべきとされる（Ferrandis Torres, 2017）。

　スペインでは、西洋の各国もそうだが、統計からわかる国際養子縁組の数は徐々に減少している（Selman, 2018）。もはや、婚外の出産による社会的スティグマや貧困だけを理由に、子どもを手放すことはない。従来は「健康で、なるべく生後間もない赤ちゃん」との縁組が望まれたが、そのような期待とは一致しないスペシャルニーズをもつ子どもの家族探しに、児童保護システムは焦点を向けるようになっている。こうした子どもは、身体や認知機能の障害や、精神面、行動面の問題を抱えているかもしれず、たいていはきょうだいがいて、

年齢もすでに8歳を超え、民族マイノリティや移民の家庭の生まれであるなど、措置が困難な要素をもつ可能性がある。

その他に、スペインでは公的ケアを受けていて養子縁組が可能な子どもの数が、諸外国に比べて少ない傾向にも留意したい。理由として、公的ケアを受ける子どもの数がそもそも少ないこと、および、親族の里親が多くて、親族以外の里親の割合が低いため、措置されている子どもとの養子縁組を申請する者が限られていることがあげられる。

里親養育の一方で、今世紀最初の10年は、国際養子縁組が増加し、2005年には5,423件に上ったため、養子縁組が一般国民に注目されるようになった（図10.2）。国際養子縁組が増加し始めたのは、スペイン人の幼児との養子縁組手続きの難しさ（Rodriguez Jaume, 2015）が影響しているため、スペインにおける公的ケアからの養子縁組の状況と無関係ではない。スペインにおける国際養子縁組の開始は、周辺諸国に比べて遅かったが、ひとたび始まると急増した。やがて2005年から2015年にかけて、国際養子縁組数は85％下落し、国際養子縁組機関はいずれなくなると予測されている（El Mundo, 2018）。その理由は、子どもの出身国で社会が発展し、家庭のない未成年の保護策も拡充されたためといえる。現在、外国から送り出されてスペインで養子縁組する場合、ほとんどが、きょうだい揃って同じ家庭の養子になるか、子どもが精神面のニーズを抱えている例である（Adoptantis, 2011）。

一般市民の養子縁組に対する認識は、徐々に変化が見受けられる。かつての養子縁組は、個人的な経験でスティグマとなるできごとであり、社会においては重要でなく、養子縁組家庭は自分たちのことを、自分の子どもをもつことができない「下位カテゴリー」と考えていた（Castón Boyer and Ocón Domingo, 2002）。それが現代では、社会において積極的に受容すべき事象として、養子縁組をとらえるようになってきている。養親は概して尊敬を集め、国際養子縁組の興隆も影響して、「寛容な」人たちとみなされる。国際養子縁組数のデータは不十分だが、2005年の数値に言及した「Bulletin no. 13（統計報告13号）」が参考になる（表10.2）。

表 10.2　国際養子縁組数と 0〜17 歳の子ども 10 万人当たりの数

		2005	2010	2015	2018
国際養子縁組	数	5,423	2,891	799	444
	10 万人当たりの数	71.02	35.53	9.6	5.4

出典：Boletín de datos estadísticos de medidas de protección a la infancia. Bulletin number 20. Ministerio de Derechos Sociales y Agenda 2030（最終更新日 2019 年 1 月）. アクセスは https://observatoriodelainfancia.vpsocial.gob.es/productos/pdf/Boletin_20_DEFINITIVO.pdf（2020 年 12 月 16 日閲覧）

結び

　私たちは、今後のスペインにおける公的ケアからの養子縁組は、従来の傾向を踏襲して、3 歳未満の子どもが主であり、養子縁組数は引きつづきかなり少ないだろうと予測する。そもそも以前から、母親が出産時に産院で希望したことによる養子縁組が中心だった。新生児の事例のなかで、最初から養子縁組を子どもの保護策とする例は限られており、その例としては、ほぼどれも、親の薬物乱用か子どもに対するネグレクトが関係するものだ。より年長の子どもの場合、里親養育や子どもケアセンターでの養育など、養子縁組以外の児童保護の方策が一般的な道筋となる。

　「措置が困難」とみなされる（先にあげたような）子どもは、養子縁組であれ里親であれ、引きつづき受け入れ家庭探しが非常に難しい。養子縁組・里親養育部（Division for Adoption and Fostering）によれば、施設養育に代わる選択肢としての養子縁組もさることながら、里親家庭の活用の可能性を最大限に高めることが急務である。そのためには、里親家庭での養育の特性と目的を国民に理解してもらう必要があり、また、里親家庭向けの経済的なインセンティブを用意するか、それが無理なら、子どもを家族の一員として養育するための費用だけでも公的に負担するべきである。

　児童保護施策は、19 年間で（1996 年から 2015 年にかけて）大いに進展した。事実、2015 年の新しい 2 つの法律（訳注：2015 年の法律第 26 号、基本法第 8 号）が、児童保護システムをあるべき方向に前進させたのは間違いない。公的ケアからの養子縁組数が依然としてかなり少ないのは、生物学上の親との結びつきが完

全に断たれるため、「どの子どもにも」適切な方策であるとはいえないと、公的機関が考えてきたからだ。

　養子縁組のプロセスは、法律と手順書、研修マニュアルが示すとおり、子どもの最善の利益の原則に密に結びついている。それでも、今なお、この原則を標準化して適用し実践に活かす、さらなる方策を見出す余地がある。「放棄申立て」後なるべく速やかに養子縁組のプロセスを始め、その当初から大半の子どもを養親候補者のもとに措置するようにしても、生みの親による控訴が可能な期間を設けているため、養子縁組の成立までに最短でも2年間を要するのは留意すべき点である。

　養子縁組のプロセスは、年月を通じて進化しており、1996年の法律をさまざまな面で見直した結果、すべての当事者にとっての保障が強化された。こうした進展のなかで、2015年以降は、オープンアダプションの可能性の提示により、新たな局面を迎えている。養子縁組した子どもよりも、里親家庭の子どものほうが、精神的な健康のレベルが高いと指摘する研究も現にある（Ferrandis Torres, 2017）。自分の生まれを知り、自分の目や髪の色、背の高さ、好き嫌いが、何の影響であるのか理解していることは、健全なアイデンティティの構築に実に有意義なのだ。オープンアダプションはまだ目新しく、この方法が子どもの最善の利益に役立つか否か、確かな証拠を示すにはまだ数年かかる。これまでの長きにわたる経緯をふまえ、政策の立案者と実践者が引きつづき目指すところは、養子縁組はもちろん、子どもに影響が及ぶあらゆるケースで、子どもの最善の利益をより理解し、その実行をより良くすることであるのは間違いない。

注

1　以下を参照のこと。http://gestiona.madrid.org/wleg_pub/secure/normativas/contenidoNormativa.jsf?opcion=VerHtml&idnorma=484&word=S&wordperfect=N&pdf=S#no-back-button

2　以下を参照のこと。https://elderecho.com/privacion-de-la-patria-potestad-procedimiento-ycompetencia

3　政令とは、国会や議会による事前の承認を必要としない、行政機構（政府か行政機関）による発令として位置づけられた、法的な規則である。緊急性を根拠に、立法機構の承

　　　　認や法律の制定などに先立って、命令を下す。
4　　以下を参照。www.comunidad.madrid/servicios/asuntos-sociales/adopcion
5　　以下を参照。www.comunidad.madrid/servicios/asuntos-sociales/adopcion
6　　以下を参照。www.bienestaryproteccioninfantil.es/imagenes/tablaContenidos03SubSec/
　　　Medidas%20Proteccion%20Infancia%20%20Bolet%C3%ADn%2013.pdf

参考文献

Adoptantis (2011) 'El periódico de la adopción' ['The adoption newspaper'], Madrid, *Adoptantis*, no.90.

Balsell, M. A., Fuentes, N. and Pastor, C. (2017) 'Listening the voices of children in decision- making: a challenge for the child protection system in Spain', *Children and Youth Services Review*, 79: 418–25.

Callejo, C. (2017) 'Análisis de la reforma de la adopción tras la Ley 26/ 2015, de 28 de julio, de modificación del sistema de protección a la infancia y a la adolescencia' ['Analysis of the adoption reform after Law 26/ 2015, of July 28, on the modification of the protection system for children and adolescents'], in A. Berrocal and C. Callejo (eds) *La protección jurídica de la infancia y la adolescencia tras la Ley Orgánica 8/ 2015, de 22 de julio y la Ley 26/ 2015 de 28 de juli* [*The Legal Protection of Childhood and Adolescence after Organic Law 8/ 2015, of July 22 and Law 26/ 2015 of July 28*], Spain: Ministry of Health, Consumption and Social Welfare, pp 323–418. Available at: www.mscbs.gob.es/ssi/familiasInfancia/Infancia/pdf/Ley_26_2015_INGLES.pdf (2020年12月16日閲覧).

Callejón-Poo, L., Boix, C. and Lopez-Sala, R. (2012) 'Perfil neuropsicológico de niños adoptados en internacionalmente en Cataluña' ['Neuropsychological profile of internationally adopted children in Catalonia'], *Anales de Pediatría*, 76(1): 23–9.

Castón Boyer, P. and Ocón Domingo, J. O. (2002). 'Historia y Sociología de la adopción en España' ['History and sociology of adoption in Spain'], *Revista Internacional de Sociología*, 60(33): 173–89.

Del Valle, J. and Bravo, A. (2013) 'Current trends, figures and challenges in out of home care: an international comparative analysis', *Psychosocial Intervention*, 22: 251–7.

Del Valle, J., Bravo, A., Alvarez, E. and Fernanz A. (2008) 'Adult self- sufficiency and social adjustment in care leavers from children's homes: a long- term assessment', *Child and Family Social Work*, 13(1): 12–22.

Del Valle, J., Lazaro-Visa, S. and Lopez, M. (2011) 'Leaving family care: transitions to adulthood from kinship care', *Children and Youth Service Review*, 33(12): 2475–81.

El Mundo (2018) 'Las adopciones internacionales caen un 85%' ['International adoptions drop 85%']. Available at: www.elmundo.es/sociedad/2017/02/19/58a7518fca47416c048b45e0.html (2020年6月26日閲覧).

Ferrandis Torres, A. (2017) 'Thirty years since the adoption reform', *Revista Clínica Contemporánea*, 8: 1–12.

Ferrandis Torres, A. (2018) 'Una introducción a la situación actual y perspectivas de la adopción en la Comunidad de Madrid' ['An introduction to the current situation and prospects for adoption in the Community of Madrid'], in J.L. Pedreira (ed) *Adopción y Psicopatología* [*Adoption and Psychopathology*], Monografías de Psiquiatría, 20(2): 14–20.

León, E., Steele, M., Palacios, J., Román, M. and Moreno, C. (2018) 'Parenting adoptive children: reflective functioning and parent– child interactions. A comparative, relational and predictive study', *Children and Youth Services Review*, 95: 352–60.

Ministry of Health, Social Services and Equality (2017) 'Statistical data bulletin of protection measures to childhood, number 18. Data 2015'. Available at: https:// observatoriodelainfancia.vpsocial.gob.es/productos/pdf/Boletin_18_Medidas_impuestas_a_menores_infractores_accesible.pdf

Moreno Torres, J. (2015) *Modificación del Sistema de Protección a la infancia y a la adolescencia. Guia para profesionales y agentes sociales* [*Modification of the Child and Adolescent Protection System. Guide for Professionals and Social Agents*], Málaga: Save the Children.

Observatory for Childhood (2017) 'Statistical data bulletin on child protection measures. Bulletin number 19' ['Boletin de datos estadisticos de medidas de protección a la infancia. Boletin número 19'], Data 2016. Reports, Studies and Research 2017 [Informes, Estudios e Investigación 2017], Madrid: Ministry of Health, Social Services and Equality [Ministerio de Sanidad, Servicios Sociales e Igualdad]. Retrieved from: www.mscbs.gob.es/ssi/familiasInfancia/Infancia/pdf/Boletinproteccion19accesible2016.pdf

Oliván, G. (2007) 'Adopción en China de niños con necesidades especiales: el "pasaje verde" ' ['Adoption in China of children with special needs: the "green passage" '], *Anales de Pediatría*, 67(4): 374–7.

Palacios, J. and Sanchez-Sandova, Y. (2006) 'Stress in parents of adopted children', *International Journal of Behavioural Development*, 30(6): 481–7.

Rodriguez Jaume, M. J. (2015) 'La construcción ideológica y social del fenómeno de las adopciones: avances y retos para una sociologia de las adopciones' ['The ideological and social construction of the phenomenon of adoptions: advances and challenges for a sociology of adoptions'], *Política y Sociedad*, 52(2): 509–37.

Selman, P. (2018) 'Global statistics for intercountry adoption: receiving states and states of origin 2004–2017'. Available at: https://assets.hcch.net/docs/a8fe9f19-23e6-40c2-855e-388e112bf1f5.pdf

Truchis, A. and Focaud, P. (2010) 'Atención pediátrica de un niño adoptado' ['Paediatric care of an adopted child'], *EMC- Pediatría*, 45(3): 1–12.

第Ⅲ部

人権の基本的枠組み および家族への帰属意識

11 公的ケアからの養子縁組を方向づける国際人権法

カトレ・ルハマー
コナー・オマホニー

はじめに

　養子縁組は、基本的には国内法のレベルで規定されているが、この項目を扱う国際法も増えつつあり、それに準じた国内法によって実践していく必要がある。1989年子どもの権利条約第20条が示す一般規範は、国内養子縁組および国際養子縁組において遵守されなければならない。さらに、この規範をより具体的に展開させた、各種の国際条約、行動方針、監視規定がある。なかでも、欧州人権条約第8条（私生活および家族生活の尊重を受ける権利）は、養子縁組をめぐる判例法の根拠となる条文を示している。一方、養子縁組に特化して規定したものとしては、1968年の欧州子ども養子縁組条約（European Convention on the Adoption of Children: ECAC）と、その2008年の改訂版（2008 European Convention on the Adoption of Children (Revised): ECAC (Rev)）がある。さらに、国際養子縁組のための特殊規定として、1965年（訳注：1993年）国際養子縁組に関する子の保護及び国際協力に関する条約（ハーグ条約／Hague Convention on Protection of Children and Co-operation in Respect of Intercountry Adoption: Hague Convention）が制定された。

　本章の目的は、本書が扱う各国が批准している養子縁組に関する国際法の規範について検討し、その規範から主要な原則とテーマを抽出することであ

る。本書の主旨に沿って、主に公的ケアからの養子縁組の問題を考察する。この具体的な問題を方向づける国際規範に着目した文献は、現状では限られている。いくらか注目を集めているのは、国際養子縁組、または国家間養子縁組とも呼ぶ、国を超えた養子縁組であり (Covell and Snow, 2006; Chou and Browne, 2008; Vité and Boéchat, 2008; Lowe, 2009; O'Halloran, 2015a, 2018 など)、国際養子縁組のプロセスにおける子どもの立場と権利に焦点を当てた議論もある (Barrozo, 2010; Bartholet, 2010)。欧州人権条約第 8 条にもとづく養子縁組の要件、および欧州子ども養子縁組条約 (改訂版) との関連性については、家族生活の尊重を受ける権利 (Kilkelly, 2015, 2017; Pascual and Pérez, 2016) や、欧州人権裁判所 (European Court of Human Rights: ECtHR) が保障した、子どもにとっての家族生活の権利 (O'Halloran, 2015b; Skivenes and Søvig, 2016; Breen et al., 2020) をめぐって、(たいていは付随的な言及だが) 世界各地の研究で広く論じられている。

　しかし、今日まで、公的ケアからの養子縁組という具体的な状況に、各種の国際条約が相乗的に及ぼす作用については、包括的な分析は報告されていない。本章は、この空隙を埋めるために、本書に掲載した各国が、国際法のどの規範に従って (表 11.1)、親の同意のない養子縁組に子どもを措置する決定を行っているのかを問うものだ。それに答えるために、まず、養子縁組に関する各種の国際的な法規を紹介する。続いて、国際法の条項を特徴づける重要事項をテーマ別に考察する。

　本章の考察では、国際人権法の条文の学理的解釈 (Kilcommins, 2016 など) を手法として用いる。これは、既存の法的規範の体系と法解釈に着目し、その規範が示す具体的な義務を明らかにする意図である。そのため、本論考では、関連する条約の主要な規範に焦点を当てるとともに、条約の適用状況の監視機構 (子どもの権利委員会および欧州人権裁判所) がどのような法解釈を行っているかに目を向ける。こうした手法は、その性質上、以前からの経緯に倣う保守的な面がある。国際的に定められた規範は、国家の法的判断に枠組みを与える最低限の要となる義務を示すものであり (Young, 2008)、国内法を施行する指針の核を成すものなのだ。本章の議論は、養子縁組に関する手続き上の要件と、基本的人権としての必要要件の双方を含む。ただし養子縁組に関するあらゆる国際的な人権規定を網羅的に扱うことは本章の範囲外であり、また、養親の資格の問

11　公的ケアからの養子縁組を方向づける国際人権法

題など、引用文献中では取り上げられている各種のテーマについても、紙面の都合で割愛した。

本章の主なテーマは2点あり、1つは、子どもの最善の利益という原則を扱う法律のありかた、もう1つは、方針決定のプロセスにおいて子どもが自らの意見を表明する権利である。その他にも、養子縁組のための制度体系、養子縁組手続き、および、子どもが自分の生まれを知るアイデンティティの権利の保護といった問題を検討する。

表 11.1　各国が批准した条約の効力発生年

国名	子どもの権利に関する条約 (CRC)	ハーグ条約	欧州人権条約 (ECHR)	欧州子ども養子縁組条約 (ECAC)
オーストリア	1992	1999	1958	1980
エストニア	1991	2002	1996	-
フィンランド	1991	1997	1990	欧州子ども養子縁組条約 (ECAC) 改訂版、2012
ドイツ	1992	2002	1953	欧州子ども養子縁組条約 (ECAC) 改訂版、2015
アイルランド	1992	2010	1953	1968
ノルウェー	1991	1998	1953	欧州子ども養子縁組条約 (ECAC) 改訂版、2011
スペイン	1990	1995	1973	欧州子ども養子縁組条約 (ECAC) 改訂版、2011
英国	1991	2003	1953	1968
米国	1995[a]	2008	-	-

注a：署名のみで批准していない

国際法の主要な条項

まず、本章で論じる国際規範の条項は、それを国際法として承認した国々を、法的に拘束するものであることを明確にしておきたい（Rehman, 2003）。そ

れらの規範が、いかに各国の法律に組み込まれ、実際に国内の法廷で強制力をもつかという位置づけは、個々の国の司法権によって異なる。実際、ある国の単一の法域内においても、位置づけにばらつきが生じることもあり得る。だが、その国が国際法の基準をどのレベルで国内法に組み込むにせよ、各国は署名し批准した国際条約を法として遵守し、必要に応じ国際法に合わせて、国内法、政策、実践を変更すると誓約している事実に変わりはない（子どもの権利条約第4条、欧州人権条約第1条などに規定されている）。

　国際法が定める義務に違反する国家は、欧州人権裁判所での裁判（Strand Lobben 対 Norway [2019] など）や、子どもの権利委員会による監督報告により批判を受ける結果となる（CRC Committee, 2010: para 29; 2017: para 51 など）。留意点として、国際監視機構は、国際的な法規が定める権利を国内の法律と実践において保護する方法については、各国の当局の判断に任せている。だがそれでも、欧州人権裁判所の判決は、対象となる締約国を法的に拘束する力がある。そして、その判決内容を締約国内の裁判所が執行する状況（執行判決）を、欧州評議会の閣僚委員会（Committee of Ministers of the Council of Europe）が監視する。同様に、子ども権利委員会も、締約国に対して是正の勧告を行ったら、その達成方法の柔軟性は認めるとしても、その国に実質的な遵守を求めている。

　本書で検討してきたとおり、取り上げた各国は、子どもの権利に関する条約に署名し批准している（ただし米国は、署名したが批准していない）。本書で扱った欧州8カ国は欧州人権条約の締約国であり、そのうち7カ国は、欧州子ども養子縁組条約か、その改訂版の締約国である。欧州人権裁判所は、養子縁組に関してこれらの条約に照らして、欧州人権条約第8条にもとづく国家の責任を解釈すべきである、との判決を下している（Pini et al 対 Romania [2004] の判決）。この判断は、養子縁組条約改訂版の締約国でない他の欧州諸国にも当てはまる（AK and L 対 Croatia [2013] の判決）。したがって、本章で概説する規範は、本書で検討した米国を除く国を法的に拘束しており、各国の国内法と実践はその遵守が求められる。

　国際養子縁組に関する子の保護及び国際協力に関する条約（ハーグ条約）は、締約国すべてにとって国際養子縁組の規範である。欧州人権裁判所は、国際養子縁組のケースにおける法解釈で、ハーグ条約を援用した（Paradiso and

Campanelli 対 Italy [GC] [2017]; Pini et al 対 Romania [2004] の判決など)。同様に、子どもの権利委員会が指摘するハーグ条約批准の重要性は、本書の8ヵ国すべてに関わることであり、また同委員会は、ハーグ条約の締約国以外との国際養子縁組を各国が避けるべきだと明言している (CRC Committee, 2010: para 45 など)。

子どもの権利に関する条約

子どもの権利に関する条約は、子どもの権利委員会による監督機能と法解釈とともに (Oette, 2018)、子どもの権利のための一般的な枠組みとなっており、締約国においても、欧州人権条約など各種の国際人権法の解釈においても参照されている (Kilkelly, 2015)。子どもの権利委員会は、子どもの権利に関する条約に含まれる「一般原則」として、以下の項目をあげている。すなわち、差別の禁止 (第2条)、子どもの最善の利益 (第3条 (1))、子どもの生命、生存、発達の保障 (第6条)、自分に関係がある事柄に関する子どもの意見表明権 (第12条) である (CRC Committee, 2003a)。

これらの基本原則に加え、子どもの権利に関する条約の2つの条項 (第20条と第21条) が、養子縁組の分野における個人の権利と国家の義務を、具体的に示している。第20条は、一時的もしくは永続的に家庭環境を奪われた子どもに対して、国は特別な保護と援助を提供する義務があると定める。第20条 (3) は、そのような子どもへの養育について以下のように規定する。

> こうした養育には、特に、里親委託、イスラム法のカファーラ、養子縁組又は必要な場合には児童の監護のための適当な施設への措置を含むことができる。解決策の検討にあたっては、児童の養育において継続性が望ましいことならびに児童の民族的、宗教的、文化的および言語的な背景について、十分な考慮を払うものとする。

この規定にあげられた代替養育として可能な選択肢のリストは、網羅的なものではない。施設へのいかなる措置よりも、親族への措置など家庭を基盤とした養育が優先されることを考えれば、これらの選択肢には少なくとも一定の序列がある (UN General Assembly, 2019; Cantwell and Holzscheiter, 2007; Hodgkin and Newell, 2007)。子どもの権利委員会も、こうした見かたを重視しており、施設養育への措置を推奨せず、家庭を基盤とした養育環境を優先する（CRC Committee, 2017: para 37）。

　第21条は、あらゆる養子縁組のための一般規範（パラグラフa）を規定しており、国際養子縁組の具体的な要件（パラグラフb～e）がそれに続く[1]。

> 養子縁組の制度を認め又は許容している締約国は、児童の最善の利益について最大の考慮を払うことを確保するものとし、また、
> (a) 児童の養子縁組が権限のある当局によってのみ、認められることを確保する。この場合、当該権限のある当局は、適用される法律および手続きに従い、かつ、信頼し得るすべての関連情報にもとづき、父母、親族、法定後見人に関する児童の状況にかんがみ許容されること、ならびに、必要に応じて関係者が所要のカウンセリングを通じて養子縁組についての情報を得たうえで同意を示していることを認定する。

　このように、子どもの権利条約第21条（a）は、養子縁組のケースにおいては、子どもの最善の利益を中核に据えて「最大の考慮」を払うと述べ、同条約第3条の、最善の利益を「主として考慮」する、という表現よりも一層強調して、制度上、手続き上の要件を定めている。この点については再度後述する。

国際養子縁組に関する子の保護及び国際協力に関する条約（ハーグ条約）

　国際養子縁組に関する子の保護及び国際協力に関する条約（ハーグ条約）は、「国際養子縁組が、子どもの最善の利益において、国際法が認める子どもの基本的権利を尊重して、適切に行われるよう保護（セーフガード）を確立すること」を目的としている（第1条（a））。本書に掲載した国々のうち、8カ国は第三世界（開発途上国）から養子を受け入れているが、現在エストニアだけは、自国内で公的ケアを受けている子どもが一部の外国で国際養子縁組することを認めている。国際養子縁組に関する規制は、この章の論点ではないが、（エストニアなど）本書の各所にうかがえるように、公的ケアを受けている子どもの国際養子縁組をめぐって、いくつかの国では難しい葛藤が生じかねない。国際養子縁組に関する子の

保護及び国際協力に関する条約（ハーグ条約）が示す規範は、子どもの権利に関する条約が求める要件に準ずる。特にハーグ条約は、（子どもの権利条約で保護されているはずの権利も含め）子どもの基本的権利の保護とともに、子どもの最善の利益の原則こそが、国際養子縁組の指針となる基本理念だと強調する。

欧州子ども養子縁組条約（ECAC）

　1968年の欧州子ども養子縁組条約および2008年の欧州子ども養子縁組条約改訂版は、すべての国と国家機関のために手続きも含めて、国際指標（ベンチマーク）としての共通原則と基準を統一することがねらいである。いずれの条約も、その基盤となる原則は、子どもの権利条約が提唱するものにほぼ等しい（Shannon et al., 2013）。たとえば、欧州子ども養子縁組条約改訂版は、第4条で「権限のある当局は、養子縁組が子どもの最善の利益と認められない場合は、これを許可しないこととする」と定める。そればかりでなく、同改訂版は、子ども自身の参加をめぐる問題に、他の法規によりもさらに深く踏み込んでいる（Burns et al., 2019）。権限のある当局は「十分な理解力をもつと法的にみなされる子どもの同意」なしに、養子縁組を承認するべきではないと規定し、子どもを一定の年齢に達すると十分な理解力をもつものとし、その年齢は14歳より低く設定すべきで、各国の法律で定められるとしたのだ（同改訂版第5条）。十分な理解力に達していないとみなされる子どもについては、「可能な限り考慮する」べきで、成熟度に応じて子どもの「意見と希望」を取り入れなければならない（第6条）。

欧州人権条約（European Convention on Human Rights）

　欧州人権条約には、養子縁組の問題を取り上げた条項はないが、養子縁組、特に公的ケアからの養子縁組に関する多数の判例は、家族生活の尊重のための権利をめぐり、第8条の以下の条項を根拠としている。

1. すべての者は、私生活および家族生活（…）の尊重を受ける権利を有する。
2. この権利の行使に対して、公の機関による介入はあってはならない。た

だし、法律にもとづくものであり、かつ、国の安全、公共の安全、国の経済的福利のため、無秩序もしくは犯罪の防止のため、健康もしくは道徳の保護のため、他の者の権利および自由の保護のために、民主的社会において必要である場合は、例外とする。

第8条を根拠とした裁判事例を分析した研究によると、欧州人権裁判所は、昨今まで、子どもの権利よりも生物学上の親の権利に焦点を当ててきた経緯があり（Breen et al., 2020; Kilkelly, 2017)、家族生活を尊重する権利が確立されている国では、国家が積極的に手段を講じてその権利を保護する義務がある点を重視してきた（Kilkelly, 2010 など）。それでもやはり、生みの親（もしくは他の大人）の家族生活を尊重する権利よりも、子どもの最善の利益のほうが重視され、生物学上のつながりのない家族とのあいだに存在する、または育まれつつある絆を優先させることが、可能性としてはあるだろう（Kilkelly, 2017: 159–163; ECtHR, 2019: paras 299–308）。

また、欧州人権裁判所は、養親と養子となった子どもの関係が欧州人権条約第8条によって保護されることを、原則として明示してきた（Kurochkin 対 Ukraine [2010]; Ageyevy 対 Russia [2013]）。したがって、たとえ同居していなくても、養子と養親のあいだに真の結びつきが見受けられなくても、法的に正当な養子縁組は家族生活を形成しているとみなすことは不可能ではない（具体的には Topčić-Rosenberg 対 Croatia [2013]: para 38）。

主要なテーマと原則

基本的な人権規範を概観する考察として、先に触れたように中心的なテーマが2点ある。1つは、子どもの最善の利益の原則を扱う法律のありかた、もう1つは、養子縁組の方針決定のプロセスにおいて子どもが自分の意見を表明する権利である。また国際人権法は、養子縁組に携わる組織および養子縁組手続きについて定めており、子どもが自分のアイデンティティを知る権利を保護する指針も示している。

子どもの最善の利益

あらゆる規定は、養子縁組の決定においては、子どもの最善の利益の原則が重要であることを強調している。子どもの権利条約第21条のもと（欧州子ども養子縁組条約改訂版第4条参照）、養子縁組のケースにおいて子どもの最善の利益は「最大の考慮」がされなければならない。この条項にもとづく法的要件は子どもの権利委員会の「一般的意見14」(2013: para 36)に具体的に示されている。同委員会は、子どもの権利条約第21条の"shall"（（最大の考慮を払うことを確保する）「ものとする」）という言葉は、国家の重大な法的義務を明示しており、子どもの最善の利益となるかどうか評価することについて、国に自由裁量はないという意味だと強調した。つまり、子どもの最善の利益は、数ある検討事項の1つではなく、むしろ養子縁組のプロセス全体を導き、養子縁組を牽引する原動力であるべきなのだ（Strand Lobben 対 Norway [2019]: para 204）。

子どもの権利条約第21条は、同第3条（1）よりもさらに踏み込んだ表現を用いる。養子縁組において最善の利益を原則として用いることについて、それを「主として考慮」する（第3条（1））にとどまらず、「最大の考慮」を払うと強調している。子どもの権利委員会（2013: para 38）は、さらに先を行き、養子縁組の方針決定時に、子どもの最善の利益を決定要因とするよう要求した（Vité and Boéchat, 2008: paras 42-58）。何が子どもの最善の利益かを見極めるためには、統一されたプロセスが不可欠である（CRC Committee, 2010: paras 27-8）。最善の利益の原則は、国内養子縁組にも国際養子縁組にも当てはまるが、国際養子縁組に関する子の保護及び国際協力に関する条約（ハーグ条約）を批准していない国家に関しては、この原則を貫けるのかどうか疑わしい（CRC Committee, 2012: paras 42-3）。

同様に、欧州人権裁判所も、養子縁組のケースにおいて、子どもの最善の利益が親の権利より優位にあると強調してきた（Pini et al 対 Romania [2004] など）。しかし、近年、欧州人権裁判所の大法廷は、Strand Lobben 対 Norway の判決（[2019], paras 220, 225）において、養子縁組の決定で単に子どもの最善の利益だけに焦点を当てることは不可能だと述べた。つまり、親子間で行使される権利の適正なバランスをふまえ、公的ケアからの養子縁組は「最終手段」であるべきであり、子どもの利益は親の利益と結びつけて考えなければならないと明示

した。したがって、生物学上の親の希望に反する養子縁組は例外的な状況に限られるべきで、子どもの最善の利益のために何にも増して必要だという正当性が求められる（具体的には Ageyevy 対 Russia [2013]: para 144 を参照、Kilkelly, 2017 も参照のこと）。養子縁組命令は不可逆的であるため、「恣意的な介入を避けるための保護が、通常以上に必要とされる」とともに、「とりわけ入念で厳密な調査の対象でなければならない」（YC 対 the United Kingdom [2012]: paras 136-7; Burns et al., 2019）。子どもの最善の利益は、養子縁組の判決の唯一の中心的な検討事項とするのは不可能であっても、この原則は、立場ごとの権利と利害のバランスを取るにあたって最大限に活用されている。

　子どもの権利条約の根底には、子どもの最善の利益は可能な限り親とともにあることで得られ（第7条、第9条）、子どもの養育の「第一義的な責任」を親が担う、という想定がある。公的ケアからの養子縁組は、この責任を親が果たそうとしない、もしくは法的手続きにより、親が果たせないとみなされた場合に限って認められる。それより緩和した条件で養子縁組を認める法律は、子どもの権利条約にもとづく、子どもと親の権利の両方に反することになるだろう（Council of Europe and PACE, 2018）。

　子どもの最善の利益の原則は、実践の上での検討事項が数多くある。方針決定者は子どもが育んでいる関係性とアタッチメントを考慮して判断する必要があり、生みの親との関係性やアタッチメントが欠如していれば、養子縁組命令の根拠となる（Breen et al., 2020）。国のやりかたによって子どもと生みの親の関係が破綻することは、国家の義務違反であるともいえる（具体例は EP 対 Italy [1999]; Pedersen 対 Norway [2020]）。だが実際には、子どもが生みの親から離れて公的ケアが開始されてからかなりの時が経って、養育家庭に定着しているなら、その事実上の家庭を改めて変更しないほうが子どもの利益となるはずで、これは家族の再統合をはかる親の利益を上回ると考えられる（具体例として K and T 対 Finland [2001]: para 155; R and H 対 United Kingdom [2011]: paras 82-9）。

　養子縁組命令の正当性を示した判決は複数あり、親とのアタッチメントが失われていた例、子どもが極めて脆弱で、親が育てられなかった例（Aune 対 Norway [2010]; Mohamed Hasant 対 Norway [2018] など）、当局が支援を提供し適切な努力がなされてからも、親が子どもを育てられなかった例などがある（SS 対

Slovenia [2018] など）。欧州人権裁判所は養子縁組により子どもと生みの親の法的な関係が終了し、養子縁組が成された後も、生物学上の親子のコンタクトが維持された事例について肯定的に述べている（Aune 対 Norway [2010]; SS 対 Slovenia [2018]）。さらに踏み込み、Pedersen 対 Norway（[2020]: para 70）の事例では、そのようなコンタクトは有意義な関係を育むはずだと指摘した。欧州人権裁判所は、養子縁組後の生物学上の親子のコンタクトが主流となるかどうかについては明言しなかった（Burns et al., 2019）。

　欧州人権裁判所が、欧州人権条約第8条に違反すると判断した例として、そもそも最初のケア命令が不当だったもの（RMS 対 Spain [2013]）、状況の変化を考慮していなかったもの（Strand Lobben 対 Norway [GC] [2019]）、専門家に報告書を依頼していなかった、あるいは依頼した報告書を適切に考慮しなかったものがある（SH 対 Italy,[2015]; Strand Lobben 対 Norway [GC] [2019]）。とはいえ、欧州人権裁判所において違反が判明しても、生物学上の親子関係を再構築しなければならないわけではない。子どもがすでに育んでいるアタッチメントの安定性に配慮することが、子どもの最善の利益のために必要だからである（Johansen 対 Norway [II] [2002]）。

養子縁組に対する子どもの意見と同意

　子どもの権利条約第12条によると、子どもの意見は、子どもの最善の利益とともに、養子縁組手続きの中心となるべきである。国の手続き上の義務であるとともに、基本的人権による必要要件として、子どもは必ず意見聴取を受け、成熟度に応じて可能な限り子どもの意見が考慮されなければならない。子どもの権利委員会は、意見聴取と考慮という2つの概念を結びつけて重視しており、たとえば「一般的意見12」にこう記した。「養子縁組、イスラム法のカファーラ、その他の措置の決定においては、子どもの意見を考慮しない限り、何が子どもの"最善の利益"であるかを明確にできない」（CRC Committee, 2009: para 56）。

　自発的でない養子縁組の事例の場合は、欧州人権条約にもとづく判例で、子どもの関与が上記と同様に重視されているわけではない。Breen et al.（2020）が指摘したように、欧州人権裁判所の養子縁組関連の判例は、何が最善の利益

なのかについて子どもの意見を取り入れていないことが多く、同裁判所では養子縁組手続き上も、子どもの代理となる独立した地位の者を置いていない。こうした不備の可能性がある影響により、子どもの権利の適用と子ども自身による権利の行使について、疑問の声が広がっている。多くの国の児童保護法において、子どもの意見は、子どもの最善の利益を見極めるために不可欠な要素であるため、これは重要な問題である（Skivenes and Sørsdal, 2018）。この点は、子どもの最善の利益という原則の解釈に関する「一般的意見14」(2013) で、子どもの権利委員会が展開した論旨と通底する。

　大半の養子縁組ケースとは対照的なアプローチが、Pini et al 対 Romania (2004) の事例に見受けられる。欧州人権裁判所は、イタリア人カップルによる養子縁組に一貫して異議を唱えた2人の女児について、この女児らの利益は、子どもと新しい家庭を築きたいという養親候補者の利益に勝るべきだとの考えを示したのだ。欧州人権裁判所は、情緒的結びつきは、子どもの意思に反して育めるものではないため、措置の決定においては、子どもの意見を考慮すべきだと説明した（同判例 para 153 以下を参照）。この判決のように方針決定プロセスに子どもの意見を取り入れるアプローチは、欧州人権裁判所の子どもと家族をめぐる他の分野においても、新たなアプローチとして現れてきている（M and M 対 Croatia [2015] など）。

組織編成と手続きに関する要件

　子どもの権利条約第21条は、子どもの養子縁組の要件として、「権限のある当局」が正当とした場合のみ認められると規定しているため、この条約の発効には、組織編成と法制度の両面を整える必要がある。子どもの権利条約も、欧州人権条約も、具体的な組織体系を規定してはいないが、養子縁組には、児童保護の権限を備えた多様な専門分野を包括する事業部門が必要であることを強調しており、それは、国の所管当局による認証と定期的な査察を受けることになる（Vité and Boéchat, 2008: paras 63, 110）。養子縁組に関する決定に関わる組織は、幅広く相互補完的な専門性と経験を自在に活かす術を備えなければならない。同時に、このような組織体系を通じて、養子縁組手続きにおける子どもの権利の解釈を統一し、その権利を実現するよう保障すべきである。子どもの権

利委員会は、養子縁組手続きにおいて、何が子どもの最善の利益に該当するのかという判断に、いまだに地域差が残り、プロセスが統一されていないことを懸念している (CRC Committee, 2010: para 27)。

　養子縁組手続きは、正式な組織体系の枠組みを提示し、すべての当事者（子ども、生物学上の親、養親）の権利を保障しているならば、各国が自由に設定できる。そして、養子縁組は、そのための組織が適正な法律と手続きに沿った場合にのみ決定できる。適切な手続きに従わない場合は、結果として、欧州人権条約の目的に反する違法な養子縁組になるはずだ (Paradiso and Campanelli 対 Italy [GC] [2017]: paras 165, 215)。親の権利の保護が法的に不十分な場合、養子縁組の決定は、生みの親の家族生活の権利を侵害する (Zhou 対 Italy [2014])。

　欧州子ども養子縁組条約改訂版第 10 条は、養子縁組に先立って調査を終えるべき項目を明記した（内容は、子どもの権利に関する条約に準じる。Vité and Boéchat, 2008: para 75)。こうした手続き上の要件には、養親の適性を確保する目的がある。同様のねらいを、子どもの権利委員会も指摘しており、養親になろうとする者を審査する効果的なシステムの必要性を重視する。国の規範にもとづくシステムを構築し、子どもの売買と不正取引を防ぐ効率的な仕組みを設け、子どもの措置のレビュー、モニタリング、追跡調査を行うべきであり、また、国際養子縁組を含む養子縁組の統計を取る必要もある (CRC Committee, 2003b: paras 36-7)。

　子どもの権利委員会の実践をまとめた Vité and Boéchat (2008: paras 73-4) は、各国の当局においても、養子となる子どもの過去、現在、および将来に関する十分な情報を収集する必要があると指摘した。情報は詳細であるべきで、それにもとづいて、何よりも「親、親族、法的後見人との関係における子どもの位置づけ」を見極めなければならない (Vité and Boéchat, 2008: paras 80-4)。欧州人権裁判所もまた、養子縁組は、個々の子どもの環境とニーズの詳細について、適切な専門家が最新状況を反映させて作成した専門的報告書をもとに決定されるべきだと述べた（直近の例としては Strand Lobben 対 Norway [GC] [2019]: para 222 以下を参照）。

　養子縁組手続きへの生物学上の親の関与は、欧州人権裁判所によって強調されており、養子縁組の過程で親に適切に情報を伝えて関わりをもつことで、親

の権利を実質的に保護するよう主張している（SS 対 Slovenia [2018] など）。欧州人権裁判所は、W 対 United Kingdom（[1987]: paras 63-4）のケースで以下のように述べた。

> 地方当局が重視する検討事項には、公的ケアを受ける子どもに関する決定までに、生みの親の意見と利益が、必然的に含まれなければならない。したがって、方針決定プロセスは、親の意見と利益が理解され十分に考慮されたことが、裁判所によって確実に認識されるものでなければいけない。(…) そのため、ケースの特定の状況と、とりわけこの決定がもたらす影響の重大性をふまえ、方針決定プロセスに親が関与してきたかを見極める必要がある。親の利益のために必要な保護が、全体として十分とみなされる程度に提供されたか、見定めねばならない。これが不十分な場合、親の家族生活の尊重を損なっており、そうした決定による当局の介入は、第8条が示した「必要な」介入とみなすことはできない。

養子縁組プロセスへの生物学上の親の関与といっても、親の権利が制限または剥奪されている場合は話がまったく別であり、この点については、子どもの権利委員会と欧州人権裁判所の双方が述べている。

子どもの権利委員会は、国内法により、未婚の親から生まれた子どもが不利な状況に置かれてきたこと、および、子どもの出生届に父親の名を明記する適切な手続きが欠如していた場合があることを指摘した。こうした状況が、父親の同意なしで行われる養子縁組で、各種の権利実現に悪影響を及ぼしてきた（CRC Committee, 1998: para 17）。この点について欧州人権裁判所も問題を提起しており、父親への情報提供を行わず、その同意を得ずに子どもの養子縁組を認めることは、欧州人権条約第8条（私生活および家族生活の尊重を受ける権利）に違反する、と示した判例がある（Keegan 対 Ireland [1994]）。

つまるところ、欧州人権裁判所が言わんとしているのは、児童保護の方針決定は、家族再統合の見込みが薄れるような遅延が生じてはならないし、かといって、単なる目前の事実による早急な判断で児童保護を決定してもいけない、ということだ。親子の関係というものは、将来的にどのようなかたちにな

るのか、あらゆる適切な考察をふまえて判断すべきことに他ならず、また、子どもと関わった時間の長さだけで断定すべきでもないのである（Strand Lobben 対 Norway [GC] [2019]: para 212）。

子どものアイデンティティの権利

　子どもが自分の出自を知る権利は、養子縁組という文脈において、特別な重要性を帯びている。子どもの権利条約第8条は、子どもは、不法な干渉を受けることなく、法的に記録された自分の国籍、氏名、家族関係などのアイデンティティを保持する権利を有しており、その尊重を国家に義務づけている。子どもの権利委員会が明言しているように、養子となった子どもは、養子縁組であることを伝えられる権利、また希望があれば、生物学上の親のアイデンティティを知る権利があり、養子縁組の正確な記録を保管しアクセス可能にしておく必要がある（Hodgkin and Newell, 2007: 115, 296）。

　同様に、欧州子ども養子縁組条約改訂版第22条（3）も、養子となった子どもが、当局に保管された自分の出自に関する情報にアクセスする権利を認めている。しかし、この条項は、上述の子どもの権利条約に比べ、親のプライバシーの保護について、いくらか柔軟性がある。つまり、この第22条は、国が生みの親のプライバシーを守ることを認め、子どもが自分の出自についていくらかの情報を得られたなら、親は身元（アイデンティティ）を開示しない権利があるとする。

　欧州人権条約の立場は、この欧州子ども養子縁組条約改訂版を踏襲している。欧州人権裁判所は次のような認識を示した。「私生活の尊重のために、各個人は、1人の人間として詳細なアイデンティティの確立が可能であるべきで、各自がその情報を得る権利は、その者の人格（パーソナリティ）形成に関わるため重視される必要がある」（Mikulić 対 Croatia [2002]）。養子縁組の文脈では、次のように表現された。「生まれ、特に出生時の環境は、欧州人権条約第8条で保障された子どもの私生活と、やがては成人後の私生活の一部を形成するものである」（Odièvre 対 France [GC] [2003]）。

　同時にこの Odièvre のケースで、欧州人権裁判所は、子どものアイデンティティの権利は、状況によって、親のプライバシーの権利とバランスを取ることができると認めた。そして、出生をめぐる情報開示を希望しないと表明した生

みの母のプライバシーを保護する法律は、対立する利害のバランスをはかる努力がなされるならば、国の判断の範囲内としてよいだろうとした。一方で、Godelli 対 Italy（2012）の事例では、イタリアの法律が、対立する利害のバランスを取らず、親の個人情報も、個人が特定されないかたちの情報も、いずれも開示の申請を一切認めずに拒否したことにもとづき、欧州人権条約第 8 条への違反が明らかになった。

　子どもが親の同意なしで公的ケアから養子縁組に措置される事例では、他の養子縁組に比べ、アイデンティティの解明の問題は争点とはなりにくい。こうした例では、上述の Odièvre の事例のように親がプライバシー保護の保障を受けている可能性は、低いからである。養子縁組の措置に至るプロセスは、子どもの担当ソーシャルワーカーが記録に残しているはずだ。Gaskin 対 United Kingdom（1989）の事例で、欧州人権裁判所は、ソーシャルワークの記録へのアクセス権を、開示請求者に認めず当局が拒否することは、欧州人権条約第 8 条に違反するとの判断を下した。その理由として、「この開示請求者のような状況にある者にとって、自身の子ども時代と幼少期の発達を知り、理解するために必要な情報を得ることには欠かせない利益があり、これは条約によって保護されている」と述べた。

結び

　本章で示したように、国際人権法により、各種の重要な権利が確立されており、各国の法制度が満たすべき最低限の規範が定められている。こうした規範は、批准した国家を拘束する力があり、国内法、政策、実践における遵守と運用を義務づけている。国際人権法が示す要件は、組織体系と手続きのありかた、および実体的権利（substantive rights／基本的人権）を広く網羅している。公的ケアからの養子縁組においては、子どもの最善の利益の原則と、子ども自身に意見表明の機会を与える義務という、2 つの主要なテーマがある。ここまで述べてきたように、子どもの最善の利益は、議論が対立する際に、どちらの立場からも引き合いに出されるはずだ。親の側は、家族再統合が子どもの最善の

利益だと（子どもの権利条約第 7 条、第 9 条を根拠として）主張し、他方、国の当局は、子どもにとって馴染みのある里親家庭で養子となることが、子どもの最善の利益だと（同条約第 3 条、第 21 条を引用して）主張するだろう。

　子どもの意見を確かめる義務は、本章でみてきたとおり、子どもの権利条約によって遵守が強く求められており、欧州子ども養子縁組条約改訂版によりさらに強化され、年長の子どもの養子縁組への同意を必須とするに至っている。それに比べると、欧州人権条約にもとづく判例は、養子縁組の決定への子どもの参加をあまり重視していない。子どもの意向が軽視される傾向は、養子縁組の決定に対する不服申立てが、常に生みの親の側からだという事実に付随するものと考えられる。現に、欧州人権裁判所が、養子縁組のプロセスに生みの親が関与する重要性を強調してきたことは注目すべきである。だが、欧州人権条約にもとづくこうした親重視の判断も、子どもの意見と子ども主体の利益の重要性がさらに強調されるようになれば、子どもの権利条約に準じるかたちになるはずだ（Breen et al., 2020）。

　今日まで、養子縁組の分野において国際人権法が国内の法制度に及ぼす影響は、ほとんど研究されていない。国際的に定められた要件が、国内の法制度においてどの程度考慮され反映されているかという調査は、将来的な研究の興味深いテーマとなるであろう。

謝辞

　本研究は、European Union's Horizon 2020 の研究開発プログラムにもとづき、European Research Council からの助成を受けている（助成承認番号 No 724460）。

　免責事項：本章は筆者個人の見解によるものであり、助成機関は、ここに掲載された情報のいかなる利用についても責任を負わないものとする。

注

1　この条項の作成中の議論、およびこの第 21 条で用いた語句の選択の根拠は、Vite and Boéchat（2008）に述べられている。

参考文献

Barrozo, P. (2010) 'The child as a person', *Global Policy*, 1(2): 228-9.

Bartholet, E. (2010) 'International adoption: the human rights position', *Global Policy*, 1(1): 91-100.

Breen, C., Krutzinna, J., Luhamaa, K. and Skivenes, M. (2020) 'Family life for children in state care. An analysis of the European Court of Human Rights' reasoning on adoption without consent', *International Journal of Children's Rights*, 28: 715-47.

Burns, K., Križ, K., Krutzinna, J., Luhamaa, K., Meysen, T., Pösö, T., Sánchez-Cabezudo, S., Skivenes, M. and Thoburn, J. (2019) 'The hidden proceedings – an analysis of accountability of child protection adoption proceedings in eight European jurisdictions', *European Journal of Comparative Law and Governance*, 6(1): 1-35.

Cantwell, N. and Holzscheiter, A. (2007) *A Commentary on the United Nations Convention on the Rights of the Child, Article 20: Children Deprived of Their Family Environment*, Leiden: Brill.

Chou, S. and Browne, K. (2008) 'The relationship between institutional care and the international adoption of children in Europe', *Adoption and Fostering*, 32(1): 40-8.

Council of Europe and PACE (Parliamentary Assembly of the Council of Europe) (2018) 'Striking a balance between the best interest of the child and the need to keep families together', Resolution 2232 (2018).

Covell, K. and Snow, R. (2006) 'Adoption and the best interests of the child: the dilemma of cultural interpretations', *The International Journal of Children's Rights*, 14(2): 109-17.

CRC Committee (The Committee on the Rights of the Child) (1998) 'Concluding observations: Ireland', CRC/C/15/Add.85.

CRC Committee (2003a) 'General comment no 5. General measures of implementation of the Convention on the Rights of the Child (Arts. 4, 42 and 44, para 6)', CRC/GC/2003/5.

CRC Committee (2003b) 'Concluding observations: Estonia', CRC/C/15/Add.196.

CRC Committee (2009) 'General comment no. 12. The right of the child to be heard (Art. 21, para 56)', CRC/C/GC/12.

CRC Committee (2010) 'Concluding observations: Spain', CRC/C/ESP/CO/3-4.

CRC Committee (2012) 'Concluding observations: Austria', CRC/C/AUT/CO/3-4.

CRC Committee (2013) 'General comment no 14 on the right of the child to have his or her best interests taken as a primary consideration (Art. 3, para 1)', CRC/C/GC/14.

CRC Committee (2017) 'Concluding observations: Estonia', CRC/C/EST/CO/2-4.

ECtHR (European Court of Human Rights) (2019) 'Guide on Article 8 of the Convention – right to respect for private and family life', updated 31 August. Available at: www.echr.coe.int/Documents/Guide_Art_8_ENG.pdf (2020年2月19日閲覧).

Hodgkin, R. and Newell, P. (2007) *Implementation Handbook for the Convention on the Rights of the Child* (3rd edn), Geneva: UNICEF.

Kilcommins, S. (2016) 'Doctrinal legal method (blackletterism): assumptions, commitments and shortcomings', in L. Cahillane and J. Schwebbe (eds) *Legal Research Methods: Principles and Practicalities*, Dublin: Clarus Press.

Kilkelly, U. (2010) 'Protecting children's rights under the ECHR: The role of positive obligations', *Northern Ireland Legal Quarterly*, 61(3): 245-61.

Kilkelly, U. (2015) 'The CRC in litigation under the ECHR', in t. Liefaard and J.E. Doek (eds) *Litigating the Rights of the Child, Dordrecht*: Springer Netherlands, pp 193–209.

Kilkelly, U. (2017) *The Child and the European Convention on Human Rights: Second Edition*, London and New York: Routledge.

Lowe (2009) 'A commentary on the United Nations Convention on the Rights of the Child – Article 21 – adoption', *The International Journal of Children's Rights*, 17(2): 344.

Oette, L. (2018) 'The UN human rights treaty bodies: impact and future', in G. Oberleitner (ed) *International Human Rights Institutions, Tribunals, and Courts*, Singapore: Springer, pp 95–115.

O'Halloran, K. (2015a) *The Politics of Adoption: International Perspectives on Law, Policy and Practice. Vol.41. Ius Gentium: Comparative Perspectives on Law and Justice*, Dordrecht: Springer Netherlands.

O'Halloran, K. (2015b) 'Adoption, the conventions and the impact of the European Court of Human Rights', in K. O'Halloran (ed) *The Politics of Adoption: International Perspectives on Law, Policy and Practice. Ius Gentium: Comparative Perspectives on Law and Justice*, Dordrecht: Springer Netherlands, pp 107–36.

O'Halloran, K. (2018) *Adoption Law and Human Rights: International Perspectives. Human Rights and International Law*, Abingdon: Routledge.

Pascual, M. G. and Pérez, A. T. (2016) *The Right to Family Life in the European Union*, Oxford: Routledge.

Rehman, J. (2003) *International Human Rights Law*, Harlow: Pearson.

Shannon, G., Horgan, R., Keehan, G. and Daly, C. (2013) *Adoption – Law and Practice under the Revised European Convention on the Adoption of Children*, Council of Europe.

Skivenes, M. and Sørsdal, L. (2018) 'The child's best interest principle across child protection jurisdictions', in A. Falch- Eriksen and E. Backe- Hansen (eds) *Human Rights in Child Protection: Implications for Professional Practice and Policy*, Cham: Springer International Publishing, pp 59–88.

Skivenes, M. and Søvig, K. H. (2016) 'Judicial discretion and the child's best interest – the European Court of Human Rights on child protection adoptions', in E. Sutherland and L.-A. B. Macfarlane (eds) *Implementing Article 3 of the United Nations Convention on the Rights of the Child: Best Interests, Welfare and Well- Being*, Cambridge: Cambridge University Press.

UN General Assembly (2019) 'Rights of the child', Resolution 74/ 133. Available at: https://undocs.org/en/A/RES/74/133 (2020 年 12 月 16 日閲覧).

Vité, S. and Boéchat, H. (2008) *Commentary on the United Nations Convention on the Rights of the Child: Adoption*, Leiden: Brill.

Young, K. G. (2008) 'Minimum core of economic and social rights: a concept in search of content', *Yale Journal of International Law*, 33: 113.

12 公的ケアからの養子縁組における「家族」を築くこと

ジェニー・クルチナ

はじめに

　養子縁組は、「もともと生殖によるつながりのなかった子どもと（両）親のあいだに、国家が、権利と義務をともなう親としての関係性を確立する法的なプロセス」として定義されるだろう (De Wispelaere and Weinstock, 2018: 213)。公的ケアからの養子縁組では、国の介入の効力によって、大人と子どものあいだに築いた関係性や新たに生まれた関係性が、法的な意味での「家族」に切り替わる。つまり国の観点からは、養子縁組は必然的に、公的な養育を受ける子どもの親権の、私的な家庭への移行をともなう。国にとっては、子どもに対する義務を、新たな家庭に永続的に委ねることが可能になる。

　この一見したところ明白な法律行為は、特に、子どもの視点を取り入れて考えると、国による「家族の創造 (family creation)」に関して、深く思索すべき問題が浮かび上がってくる。このような子ども中心のアプローチでは、規範的に、子どもは倫理にもとづき平等に扱われるべき存在であり、意見を形成して表明する能力の程度にかかわらず、子どもは本人に関わる行為に関与すべきであるとみなされる。したがって、公的ケアからの養子縁組は、**倫理的**決定といえるものであり、子どもの最善の利益において行うことを目的としているはずだ。

　本章のねらいは、公的ケアからの養子縁組の実践における、子ども中心主義

の欠如に関する懸念を検討し、養子となった子どもの権利が、そうでない同世代の子に比べて軽視されている状況を示すことである。これにより、現状の実践における透明性とアカウンタビリティの欠如という問題を明らかにし（Burns et al., 2019）、子どもの人生に重大な影響を及ぼす方針決定において、子どもが平等な倫理的存在として扱われていない状況について、認識を深めたい。

養子縁組において、法律は重要な役割を担う。国の保護の範疇にあるのか、そこから外れた（私的な）領域にあるのか、という地位を付与する力を備えているためである。例としては、法的な「親」としての地位によって、子どもに関する一定の権利と義務が一個人に付与されることになる。この地位は、その者の実社会における現実に、一致する場合も一致しない場合もある。養子縁組により、生みの家族と養子縁組家庭の双方の成員を含む、伝統的ではない社会的な親族ネットワークがつくられ、子どもと親は、一般の社会通念としての「親」や「家族」のありかたとはかなり異なる社会生活を経験するはずである。

本章は、養子となった子どものために、子ども中心主義による考察を行い、公的ケアからの養子縁組のありかたを改善する適切な方法を見出すことをねらいとする。特に、養子縁組の基本となる前提、具体的には、子どものための安定した永続的な家族を築くことを、子ども視点で評価する。まず養子縁組における「家族」という概念を振り返り、養子縁組に向けた現状のアプローチが大人中心であることへの批判を展開する。続いて2つめの点として、子どもの視点に立った倫理的決定としての養子縁組について述べる。そして3つめとして、養子となった子どもの権利を考え、養子縁組の実践が子どもの権利に及ぼす影響に焦点を当てる。最後は、この章で論じた課題をまとめ、改革に向けたささやかな提言で締めくくる。

「家族」

家族とは何かという問題は、注目を集めてきたが、例外なく受け入れられる定義は存在せず、少なくとも、どのような分野や状況にも当てはまるものはない。そもそも定義が必要なのかと問う者もいるし、家族に**具体的に誰が含まれ**

るのかという定義は、家族とは**一般的にどのような**性質なのかさえ理解していれば、問題にはならないとの声もある（Ferguson and Brake, 2018: 11-12）。性質にもとづく１つの定義としては、家族とは、１人以上の大人を含む多世代から成る単位であり、扶養を受ける子どもを、人数を問わず監護する第一義的な責任を担い（Archard, 2010: 9-10）、長期間にわたって存続するものである。したがって、一時的な里親養育は、契約上の家庭であり永続性がないため、除外されることになるだろう。かといって、子どもの視点に立つなら、養育の措置期間の長さは、必ずしも養育者との関係の質につながると見込まれるわけではない（Andersson, 2009）。その他にも各種の「家族」に関する定義があり、家族形態よりも養育機能に焦点を当てる傾向がある。この家族形態か、養育機能か、という二項対立は、簡潔で受け入れやすいが、その簡潔さゆえに十分な説得力はなく、「家族」の複雑さをとらえてはいない（Ferguson and Brake, 2018: 13）。満足のいく――つまり、倫理面において正当で、実践面でも有益な――家族の定義が必要とされている。

　法的に親であることと倫理的に親であることが拮抗する状況から明らかなように、家族という概念は、個々人の人間関係を基本的な前提として形成される。何をもって人は親になるのか、家族になるのか、という異なった見解にもとづいて、家族という概念が形成されている。法律が認める家族は、（たとえば、移民の受け入れ時など）法的な地位としての関係のみを問題にする状況がある一方で、別の状況では、（「親」としての役割を担っているかなど）より具体的なつながりとしての家族関係が求められる（Ferguson and Brake, 2018: 17）。このことは、養子となった子どもが結果的に新しい（法的な）親を得るという、養子縁組に付随する地位の変更との関連のため、本章において重要である。つまり家族は、単なる私的な存在ではなく、法にもとづく社会的な組織なのである。フェミニストの主張では、家族は政治的な組織とみなされ、未来を担う市民である子どもが国家の重大な利益に関わることを思えば、国家は家族に介入せざるを得ず、その場合、家族には正義の原則が適用されるべきだという（Satz, 2017）。公的ケアからの養子縁組において、国は、極めて重大な方策によって家族に介入し、まず実の家族との法的な（そして社会的な）結びつきを断ち、次に、子どものための代替家庭を決めて承認する。ここで生じる疑問は、養子と

なる子ども自身が家族というものをどう理解しているのか、子どもの経験を法律の枠内でどの程度まで正当化できるのか、という点である。

　養子縁組における「家族」の基本的な前提を、妥当な表現で述べるなら、子どもに（適切な）養育を提供できない生みの親が、子どもの福祉の安全を保障できる代替の養育者に置き換わること、といえるだろう。通常は、これは、子どもにとって私的、社会的、法的な面でもっとも安定性のある選択肢であり（Palacios et al., 2019: 57）、子どもが家庭環境のなかで成長する権利を重視する方針に沿うものである（the United Nations Convention on the Right of the Child: CRC／子どもの権利条約参照）。養子縁組を通じて新しい永続的な家族を子どもに提供するという目的は、説得力があるとはいえ、法律行為としての「家族」の創造がもたらすものは、情緒的にも社会的にも家族に等しい絆を育むための基盤にすぎない。この法律行為が何をもたらすのかは、公的ケアからの養子縁組において特に留意すべき点である。明らかな棄児ではないにもかかわらず、代わりの家族へ置き換えるという判断は、一面的でしかなく正当な理由が必要だからだ。それに比べて、完全な孤児や棄児の場合は、代替養育者をみつける必要性は明らかである。児童保護の多くのケースで見受けられる、ひどいネグレクトや不適切な養育（マルトリートメント）、およびそれによる子どもの健康上の（時に命の）危機は、親子分離の正当な理由となるだけではなく、家族再統合の可能性がないと法的に判断される場合、生みの家族以外に永続的な解決策を求める根拠となる。

　理想的には、養子縁組によって、子どもが現実に経験している関係性が、法律上の家族の位置づけと一致し、単なる住居の取り決めではなく実際の結びつきが反映されたものであるとよい。上述のように、捨てられた子や匿名出産の子のケースに比べ、生みの家族を完全に排除して法律上の家族を築こうとする公的ケアからの養子縁組は、その根拠が不明瞭だという点で特殊である。子どもの視点からは、社会的な結びつき、情緒的な絆、現実の経験、自分のアイデンティティは、必ずしも法的な関係と一致するとは限らず、これは多くの実証的な研究が示しているとおりである（概要は Blake, 2017）。

　家族としてのつながりは、法律やその他の方法によっても強制できるものではなく、法的な狭い概念としての「家族」に、うまく当てはまらないこともよ

くある。こうした点を法律自体が示唆しており、人権法は、法の範囲を超えてしまう「家族の権利」「家族生活の権利」ではなく、「家族生活の**尊重を受ける**権利」（Art 8 European Convention of Human Rights／欧州人権条約第８条など）を認めている。誰しも少なくとも狭義の家族として生物学的な親族がいるため、「家族の権利」は無意味である。「家族生活の権利」も、これを家族成員との意義深く愛情のある関係のことと理解するならば、法的な強制は不可能だ。まさに、人権のためのアプローチは、すでにある、もしくは発展途上の家族生活を**尊重**する、という点で控えめであり、これが尊重されなければ、とりわけ幼い子どもの場合には問題が生じる（Breen et al., 2020）。法律は、法的な安定性を提供できるとしても、意義深い家族生活をもたらすというわけではないのである。

　ここで思い至るのは、公的ケアからの養子縁組における「家族」を、子どもの視点からみるべきだという点である。養子縁組は常に「子どもの最善の利益」において行われるべき（子どもの権利条約第21条 Art 21 CRC）であるにもかかわらず、そのプロセスのほとんどは、子ども不在にみえる。養子縁組の恩恵として、里親養育を続けた子どもに比べて成果が大きいとよくいわれ（Vinnerljung and Hjern, 2011）、また、イングランドやウェールズにおける養子縁組の離縁率の低さが（Wijedasa and Selwyn, 2017）、安定性の提供に成功している証として引用される[1]。だが、こうした「根拠を明示できる」実証的データの重視は、養子縁組の重要な面ではあっても、その一側面を示しているにすぎない。公的ケアからの養子縁組の影響を受ける者（子ども、および成人した養子）が実際にどのような経験をしているのかについて、適切な考察はほとんどない。Featherstone and colleagues（2018: 22）は、「養子縁組は、一定の理論上の利害の面ではニーズを満たすかもしれないが、（子ども）本人を含む関係者すべての倫理面と人権に留意して検討する視点から、改めて問い直すべきである」と警告する。

　こうした点を強調する声は、成人した養子のコミュニティでも多くあり、昨今のソーシャルメディアの可能性を通じて実体験をもとに声をあげ、#AdultAdoptee のハッシュタグをつけて発信している例もある。Nancy Verrier 著『*The Primal Wound*（原初の傷）』（2009）が、養子のあいだで好評なのは、養子の受難を本人の視点でとらえて表現し、養子縁組について養子の立

場から理解できるように綴られているからである。「養子のバイブル」と呼ばれるこの著書でVerrier（2009: 10）はこう記す。

> 一般に、生物学上の親が育てられない、または育てる見込みのない子どもを養育するための社会的解決策、という概念でとらえられているものは、実際には、子どもにとって、2つの部分から成る痛烈な経験である。1つめは、放棄されたという経験に他ならない。（…）2つめは、他人に引き渡されたという経験だ。

もちろん養子縁組の体験は人によって異なり、養子となった**すべて**の子どもの声の代弁はできない。だが、こうした議論を通じて見解の多様性が浮かび上がることで、子どもの視点からみた養子縁組の経験が提示する論点に気づき、養子縁組のプロセスにおいてもその後についても、子ども自身に発言権を与える必要性が明らかになる。

養子縁組における子どもの視点

子どもの視点は、子どもを理解し方針決定手続きに含めるあり方を提示する。その要になるのは、子どもを中核に据える、子ども中心主義、という考えである。子どもの直接の関与（参加）は理想的だが、子どもが言葉にできない状況においても、行動を把握して考慮に入れれば、さらに踏み込んで子どもの視点を獲得することができる。子どもの視点は、子どもを倫理的存在である個人とみなすという規範に従うもので、子どもが意見をまとめ、表明する能力の程度にかかわらず重視される。公的ケアからの養子縁組において、これは大半の子どもがそのプロセスに（全面的に）参加するには幼すぎるため、特に留意すべき点である。

'adoption'（養子縁組）という語は、ラテン語の'adoptare'に由来し、これは「自分のために選択すること」を意味する（Hoad, 2003）。一部の例外をのぞき、子ども自身が選択する養子縁組、子どもによって選択される養子縁組は存在

しない[2]。実際は、大人が自分たちの理由によって決め（Malm and Welti, 2010）、それを「子どもの最善の利益」として国家が手助けする。児童保護において、決定を行うのは国家である。となれば、言葉というものは、政治性を帯び（Orwell, 2013）、強制力がある（Tutu, 1999）。つまり、養子縁組は善意の目的であり有益性が実証されているといっても、子ども（および、往々にして他の関係者）のトラウマとなる出来事に始まり、この名称（ラベル）が示すプロセス（訳注：養子縁組）に対して、関係者の誰もが肯定的な見解を表明しているとは限らない。養親にとっては、手続きの成立は、すなわち自分の「家族」の成立であろう。だが、そのために行われた選択は、公的な言葉として述べられたとしても、子どもに対する認識というより、子どもを対象物としているように見える。また、ある者が獲得すれば他方は喪失する、という事実を無視している――さらに重要な点として、子どもにとっては、喪失と獲得、この双方が生じる。

　喪失と獲得が深いトラウマ、つまり「原初の傷」となるか否かはともかく、子どもの視点からみた養子縁組は、養育歴における単なる終着点ではなく、「養子としてのアイデンティティ」の始まりでもある（Leighton, 2005）。養子となった子どもの多くは、養子縁組について肯定的な気持ちを表現しており、この事実は、各自の固有の状況において情緒面、社会面、実践面の多大な困難を経たあかつきに「養子としてのアイデンティティ」を獲得できる、という考えかたと相通じる。こうした面での個別性があるからこそ、一人ひとりの子どものために、安定した愛情のある家庭環境を創出できるよう、養子縁組という事柄に子どもの関与が必要とされるのだ。

　倫理的決定としての養子縁組は、子どもの視点を取り入れる必要があり、これは、子どもから直接情報を得ることが（年齢などにより）不可能もしくは限定される場合も、例外ではない。子どもを倫理的存在として扱うには、心を開いて多様な経験と感情を受け入れ、現実のものごとに対する本人の解釈を広く受け止める必要がある。分離のトラウマはその一例で、乳幼児にも生じ得る。母子の結びつきは、固有の深い関係性として知られ（Winnicott, 1966）、出生前からの絆が、子どもの発達に影響することは明らかになっている（Glover and Capron, 2017）。しかし、公的ケアに措置されている子ども**すべて**が、分離のトラウマか同等の経験をしていると決めつけるのは誤りで、それよりも、子ども

の個別的なアセスメントを確実に行わなければならない。

　子ども中心主義が欠如している現状の典型例は、いわゆる養子縁組市場に見受けられる。「家族の完成」とか、「救い」といった表現は、養子縁組について大人同士で話す時によく使われるが、それは子どもが目指しているものではない。極端な例としては、民間養子縁組機関も公的な機関も、家庭を求める子どもの養子縁組を促進する際に、子犬の飼い主となる家庭を探す動物保護施設と同様の宣伝をする（たとえばOne Adoption、AdoptUSKidsのウェブサイト、日付記載なし）。養子縁組を待つ子どものオンライン紹介によって、養子縁組の可能性が増す可能性があるとしても、子どものプライバシーの権利を侵害し、大人の目を惹きつけるモノとして扱う方法で、上述のように縁組の「有用性」を謳って子どもを推奨することは、倫理的に正当化できない。子どもをモノであるかのように宣伝するのは、根本的な誤りで、子どもの将来的な成果に寄与するものではない。「たとえ、子どもを獲得した者が、手に入れた子どもを不適切に扱わなかったとしても、子どもを扱う市場は、間違った方法で子どもの価値を表現し宣伝している。消費者向けのモノとみなすのは不適切であり、子どもは、愛情をもって育むべき尊重される存在である」（Sandel, 2012）。

　こうした論は、あからさまな商品化の要素がさほど強くない場合にも当てはまる。「アダプションパーティ」といった集まりの開催や、養子縁組可能な子どもの写真のリストも、養子縁組のプロセスが、おおむね大人中心であることの実例だ。大人が、要支援児童を「救済」して自分の家族を「完成」させるためのものなのである——この手の論法を、各国政府や公的な養子縁組機関も用いていることは、養子縁組情報の公式サイトを検索すればすぐわかる（表12.1）[3]。

　各国のサイトを概観したところ、希望の芽もいくらかあり、エストニア、フィンランド、ノルウェー、スペインは子ども中心であり、オーストリアは中庸、一方、イングランド、アイルランド、ドイツ、米国の表現は大人中心である。これは、子ども中心の言葉と表現で養子縁組について述べることは可能であるということを示す。しかし、それとは対照的に、「救済」「家族の完成」といった言い回しもあり、また「ノーマライゼーション」や「機会（の提供）」といった言葉は、養子縁組を恥やスティグマと結びつけていた歴史の名残とみ

え、養子に過度に恩を着せているようだ。養子縁組の当事者を擁護する人々は、こうした「養子縁組の称賛」「敬意を表す言葉」について、養親に敬意を表しているにすぎないと批判する（OriginsCanada, 2009）。言葉とその背景にある視点の関係性は重要であり、養子縁組をどのように述べるかは、子ども全般に対する、そして養子となる子どもに対する、私たちの姿勢を映し出す。表12.1が示すように、子どもを平等な倫理的存在とする認識に根差した子ども中心主義のアプローチは、私たちのあいだで内在化され文言に反映されるには至っていない。子ども中心主義の内在化の欠如は、養子となった子どもの権利に関しても明らかである。法律は地位を付与する力をもつのだから、養子となった子どもの権利保護は、そうではない一般の子どもと等しく行われているはずだと想定されるかもしれないが、次節で示すように、実際にはほど遠いのである。

表12.1 各国の公式ウェブサイト（政府または公的養子縁組機関）における養子縁組の記述

国名[a]	養子縁組についての記述	誰の視点に立っているか
オーストリア	「子どもとの養子縁組を望む、数多くの理由がある。養子縁組は、すべての人に新たな機会を提供するものである」（Bundeskanzleramt, 2020）	中庸
イングランド	政府のウェブサイトには、養子縁組のプロセスに関する記述のみ。 地方自治体（グレーター・マンチェスター）の養子縁組機関の記述：「養子縁組は、人生を一変させる。これを行う者は、（いかなる理由にしても）生みの親と暮らすことができない子どもの法的な親となる。生みの親と同じ法的な権利と義務を引き受け、養子とした子どもに永続的な家庭を提供することになる。子どもは、養子縁組した者の姓を名乗り、生涯、養子縁組家庭の一員となる」（Adoption Counts, 2019）	大人中心
エストニア	「養子縁組は、子どもに関する法的な義務と権利を、生みの親子間と同様に、養親と子どものあいだに確立する法的手続きである。養子縁組の目的は、親による養育を奪われた子どもが、適切な愛情ある家庭を見出せるようにすることである。（…）養子縁組は子どもの最善の利益に常に寄与しなければならない」（Republic of Estonia Social Insurance Board, 2020）	やや子ども中心

国名[注a]	養子縁組についての記述	誰の視点に立っているか
ドイツ	「多くのカップルにとって、養子縁組は子どもをもちたいという希望を叶える唯一の手段である。子どもの福祉は、常に養子縁組の措置の中心にある」（BMFSJ, 2019）	大人中心
フィンランド	「養子縁組の目的は、養子と養親となる者のあいだの親子関係の創出により、子どもにとっての福祉を推進することである」（National Supervisory Authority for Welfare and Health, 2020）	子ども中心
アイルランド	「アイルランドにおける養子縁組命令の性質と影響は、子どもがその親の結婚において生まれ、親子の相互関係におけるあらゆる権利と義務が生じるように、子どもが養親の子どもとなることである」（The Adoption Authority of Ireland, 2019）	大人中心
ノルウェー[注b]	「養子縁組の目的は、生物学上の親による養育を受けられない子どものために、長期的に続く適切な家庭を提供することである」（Bufdir, 2019）	子ども中心
スペイン	政府のウェブサイトには、養子縁組のプロセスに関する記述のみ。 地方政府の記述：「養子縁組は、児童保護の施策であり、何らかの事情により実の家庭にとどまることができない子どものために、最終的な拠りどころとなる家庭を提供するものである」（Comunidad de Madrid, 2019）	子ども中心
米国	「養子縁組は、養親と子どものあいだの新たな永続的な関係の創出である。ひとたびこれが成立すれば、養子となった子どもと家庭内で生まれた子どもに、法的な違いはない」（US Government Services, 2020）	大人中心

注：各国の原語から英語への翻訳は筆者による。
注a：本書に掲載の国を選択した。
注b：国際養子縁組についての記述である。国内養子縁組については、ノルウェーでは通常、年にわずか十数件程度であるため、記述がない。

養子となった子どもの権利

　公的ケアを受けている子どもは、脆弱な立場に置かれている子どもの一群であるとみなされ（UNCRC, 2013）、公的ケアから養子縁組されてからも社会的

なスティグマを負い続けている子どももいる（Garber and Grotevant, 2015; Baden, 2016）。養子縁組家庭を探しながら公的ケアを受ける子どもの多くは、慢性的な疾患、障害、民族、ジェンダーなどが絡み合う複数の理由によって疎外されており、こうした複合的な要素の交差性（インターセクショナリティ）による差別も生じやすい。それに加え、先述のように公的ケアからの養子縁組は、それに至るまでの不適切養育と、親子の分離の双方による、複雑なトラウマをともなう可能性がある。そのため、養子縁組がもたらす成果は、他の養育の選択肢よりも一般に高いとはいえ（van Ijzendoorn et al., 2005）、養子縁組を子どもの視点で行う方法については、さらなる改善ができるはずであり、またそうするべきである。重要な点は、養子縁組について子どもを中心とした文言で表現することだ。そのために、まずは、過去に養子縁組した者、現在養子である者、今後養子となる者の声を考慮すべきである。そうすれば、養子縁組についてここで述べてきたような不十分な点が明確になるだろう。

　ここで、子どもの脆弱性、同意、関与について、少し触れておきたい。養子となった子どもを脆弱な存在として論じることは、子どもを無力な者として不当に差別しているのではない。むしろ、幼い子が生みの親からの分離を（当時も、過去を振り返ったときも）どのように経験するのか計り知れないとしても、そうした分離がトラウマ的な経験であることに理解を示しているのである。重要な点として、脆弱性という概念は、責任にまつわることでもあり、大人の行動や選択によってその利益が損なわれやすい子どもへの、とりわけ重い責任についての含みがある（Lindemann, 2019: 32）。こうした責任には、養子縁組のプロセスを通じて子どもに焦点を当て子どもの関与を促す義務も含まれる。

　残念ながら、子ども中心主義は、養子縁組への子どもの同意という法的な仕組みにすり替えられてしまっている。養子縁組に対する子どもの同意は、ヨーロッパで必要要件となっているとおり（Fenton-Glynn, 2013）、養子縁組への最低限の子どもの関与でしかなく、真の子ども中心主義とはほど遠い。年齢その他の状況により、幼い子どもは、法的な「親」という地位の意味と、その変更による法的にも社会的にも広範な影響を、十分に把握できないだろう。

　同意の仕組みがあるとしても、欧州人権裁判所（European Court of Human Rights: ECtHR）による公的ケアからの養子縁組の再審理をみると、子どもの視点

と意見の考慮は、依然として例外的だとわかる（Breen et al., 2020）。子どもが意見聴取される権利については、子どもの権利条約第 12 条（Article 12 of the CRC）に規定され、同条約を批准した世界中の国々がこの点について結束している。それにもかかわらず、養子となった子どもの権利をめぐる状況は、ひどい状態にある。情報の開示とアクセスに関する権利についてもばらつきがあり、公的ケアからの養子縁組後に入手できる書類は、目的に見合ったものではない。

　ここで鍵となるのは、法律が果たす役割である。公的ケアからの養子縁組では、誰がどの情報にどのような状況でアクセスできるのかを、法律が定めている。特に重要な面は、養子縁組そのものに関する記録と、生みの親の情報、養子縁組に至った状況に関する情報である。他にも諸側面があるなかで、これらを特筆すべきなのは、養子以外の者（国家、ソーシャルワーカー、および通常は養親）は、こうした情報を知っているのに、養子となった者は同じ情報に（全面的な）アクセスはできない可能性があるからだ。このことは、養子を平等な倫理的存在とする子ども中心の立場と相容れない。関連する国内法について各国の条項を概観すると、養子が自分の過去の経緯について情報を得る権利も、国によってさまざまだとわかる（表 12.2）。どの国でも養子となった子どもは、倫理的な意味において誰もが同等であり、また総じて「自己意識の構築において固有の問題に直面している」（Witt, 2005: 138）はずなのに、国境をまたぐと権利に違いがあることは驚きである。

　表 12.2 は、生みの親に関する情報の入手が容易ではないことを示している。養子でない子どもは自分の出生証明書を確認できるが[4]、養子は法律上の現在の親の氏名しか目にすることができない。生物学上の親の名が住民登録に記録されている場合であっても、たとえばオーストリアとドイツでは、個人による私的なアクセスは不可能だ。一部の国（イングランド、アイルランド、ノルウェー）は、専用の養子登録台帳（Adopted Children Registries）を保持しているが、やはり一般にはアクセスできない。こうした状況において、氏名は、重要な意義がある。「氏名」は子どものアイデンティティの一部として保護されると、法律は明示している（子どもの権利条約第 8 条など（Article 8 CRC））。だが、現実には、養子となった子どもが養親の姓を名乗ることに重きが置かれ、養子のファーストネームまで変わる可能性もある（表 12.2）。そして、情報の「保存」といって

も、管理上の目的と、いつか子どもが情報にアクセスする可能性に備えて、もとの氏名を記録しておく程度である（表12.2）。

　調査した国はいずれも、養子縁組後、生みの親と養親の双方を記載した証明書を交付せず、法律上の現在の親しか書面に掲載しない。養子縁組記録は保管されているが、養子が情報にアクセスしようとしても、現実には障害にぶつかることが多い。たとえば、アイルランドとカリフォルニアは申請書の提出が必要である。生みの親が同意しない限り、個人を特定できない情報しか得られない、また、記録文書が示されても実際には閲覧できないようになっている部分が多いかもしれない、といった障壁がある。養子縁組の情報にアクセスする権利が法的に認められている国でも、年齢に制限を設けている。たいていの国では成人年齢に達しないとアクセスできないが、養子縁組した**未成年**のアクセスを認めている国が3つある（オーストリアは14歳、フィンランドは12歳、ドイツは16歳から）。アクセスが可能な子どもの年齢については、養子縁組に対する子どもの同意が必要とされる年齢（必要要件を適用する年齢）が一貫して低いのとは対照的である（フィンランドでは、どちらも同じ年齢）。

　養子でない子どもは、家族の系譜にアクセスできるのが普通である。一方で

> 養子となった子どもは、自分の物語を語れるようになる過程で、生物学的または（利用できる限りの）遺伝的な起源について情報を獲得する必要がある。それらが養子となった子どもの特性などを決定づける要素だと考えるからではなく、自分自身についての物語を完成させるために必要だからである（Witt, 2005: 140）。

　自分の過去に関する情報へのアクセスの差異は、完全には解消できないが、子ども中心のアプローチを取るならば、何であれ入手可能な情報への、より容易なアクセスが保障されることになる。養子は、知りたいと願う理由について、その正当性を示す必要はなく、そもそも知る権利を備えているはずだ。唯一ノルウェーは、養子縁組したことについて、子どもが**望ましい年齢になり次第**伝えることを養親に義務づけ、成人年齢に達したら情報へのアクセス権があることを養子に知らせる。他の国はいずれも、養子縁組について子どもに伝え

るかどうかは、養親の意向次第である。

　表12.2からわかるように、養子の地位が倫理的に平等に扱われていないのは明らかで、他の人が知っている自分に関する情報を入手するための苦労が続いている。こうした情報を子どもから故意に奪っている状況は、子どもを倫理的主体とする見地とは相容れない。この点を強い論拠として、生まれた国や居住地に関係なくすべての養子に、情報を得る権利を認めるよう訴えたい。

表 12.2　国内養子縁組[注a]において、養子が情報を知る権利

	住民登録／出生登録台帳に掲載されている親	出生証明書に掲載されている情報	養子縁組について子どもに伝える義務	もとの出生時記録／養子縁組書類にアクセスする権利が認められる年齢[注b]	アクセス権と養子縁組に子どもの同意が必要な年齢との比較
オーストリア	生みの親と養親を併記	法律上の現在の親	義務なし	14歳から	養子縁組への同意が必要になる年齢は定められていない（一般には14歳から）。
イングランド	生みの親、「養子縁組」との注釈を付記。養子登録台帳は別になっている	誕生時の出生証明書は無効になる。法律上の新たな親を記載した養子縁組証明書が交付される。ショート版には養子縁組に関する情報がない。ロング版には登録台帳から抜粋した養子縁組の日付などが含まれる。	義務なし	18歳	子どもの同意は必要要件ではないが、子どもの希望は確認必須。
エストニア	法律上の今の親	住民登録台帳の抜粋	義務なし	18歳[注c]	養子縁組への同意が必要な年齢（10歳）の方が低い。

国					
フィンランド	法律上の今の親	住民登録台帳の抜粋	義務なし	12歳から	養子縁組への同意が必要な年齢（12歳）と同じ。
ドイツ	生みの親と養親を併記	法律上の今の親	義務なし	16歳から[注d]	養子縁組への同意が必要な年齢（14歳）の方が低い。
アイルランド	生みの親が記載されているが、養子登録台帳とは別になっている。	生みの親の記載があるが、養子縁組時に封印。交付される養子縁組証明書には法律上の今の親を記載。	義務なし	法的な権利はない。国のアダプション・オーソリティーに、養子が誕生時の出生証明書の開示を申請すると、生みの母が同意するか死亡している場合は、通常承認される。記録が提供されても、閲覧できないようになっている部分が多く、生みの親を特定する情報がわからないことがある。	養子縁組書類にアクセスする法的な権利はない。養子縁組のために子どもの同意は必要ない。
ノルウェー	法律上の今の親。養子登録台帳は別になっている。	住民登録台帳の抜粋	義務あり	18歳。子どもに権利があることを積極的に伝える。	養子縁組への同意が必要な年齢（12歳）の方が低い。
スペイン	生みの親、「養子縁組」との注釈を付記。養親は生みの親を削除した新規の出生記録の交付を申請できる（もとの記録は保管するが封印されている）。	法律上の今の親	義務なし	18歳	養子縁組への同意が必要な年齢（12歳）の方が低い。

米国（カリフォルニア州）	法律上の今の親。台帳はないが、カリフォルニア州公衆衛生局（California Department of Public Health）のデータベースが公開されアクセス可能である。もとの出生記録は養子縁組時に封印される。	生みの親が記載されるが、養子縁組時に封印される。法律上の現在の親を記載した、養子縁組後の出生証明書が交付される。	義務なし	制限がある。養子が 21 歳以上に達し、生みの親が同意している場合に限る。裁判所命令がある場合のみ、養子縁組書類にアクセスできる。	養子縁組への同意が必要な年齢（12 歳）の方が低い。

注：掲載した情報の収集にあたり、Salomé Adroher Biosca（スペイン）、Tore Lied（ノルウェー）、Katre Luhamaa（エストニア）、Conor O'Mahony（アイルランド）、Tarja Pösö（フィンランド）の諸氏の助力に感謝する。

注 a：国際養子縁組の場合、養子の権利はさらに制限されることが多い。

注 b：European Union Agency for Fundamental Rights（2018）のデータによる。

注 c：これより低い年齢の子どもは、養親の同意があれば情報にアクセスできる。ただし、生みの親やきょうだいが、アイデンティティの開示に同意しなかった場合、また情報が子どもの最善の利益にならない場合は、制限される。

注 d：これより低い年齢の子どもは、養親の同意があれば情報にアクセスできる。

出典：各国の資料は、いずれも 2020 年 3 月 31 日閲覧。
オーストリア – Personenstandsgesetz 2013（www.ris.bka.gv.at/GeltendeFassung.wxe?Abfrage=Bundesnormen&Gesetzesnummer=20008228）、および Personenstandsgesetz-Durchführungsverordnung 2013（www.ris.bka.gv.at/GeltendeFassung.wxe?Abfrage=Bundesnormen&Gesetzesnummer=20008627）；
イングランド –Adoption and Children Act 2002（www.legislation.gov.uk/ukpga/2002/38/contents）；
フィンランド –Adoption Act 2012. 2012/22Oikeusministeriö（www.finlex.fi/en/laki/kaannokset/2012/en20120022?search%5Btype%5D=pika&search%5Bkieli%5D%5B0%5D=en&search%5Bpika%5D=adoption%20act）；
ドイツ –Personenstandsgesetz 2007（www.gesetze-im-internet.de/pstg/BJNR012210007.html）；
ノルウェー – Lov Om Adopsjon（Adopsjonsloven）2017（https://lovdata.no/dokument/NL/lov/2017-06-16-48）；
スペイン –Código Civil 1889（www.boe.es/eli/es/rd/1889/07/24/(1)/con）および Reglamento de La Ley Del Registro Civil 1958（www.boe.es/buscar/doc.php?id=BOE-A-1958-18486）；
米国（カリフォルニア州）–Family Code（http://leginfo.legislature.ca.gov/faces/codesTOCSelected.xhtml?tocCode=fam）。

結び

　本章は、今日の公的ケアからの養子縁組の実践における、子ども中心主義の検証を目的とし、養子となった子どもの権利と、そうではない同世代の子の対比を試みた。養子縁組は、生みの家族が育てられない多くの子どもへ代替家庭を提供することにより、児童福祉施策における役割を果たしているのは明らかだが、養子縁組のプロセスにおいてもそれ以後も、あくまでも子どもが中心であり続けるためには、さらなる方策が必要である。

　養子縁組を公的に記述した文言、および出生記録の扱いを示した一覧表（表12.1、12.2）は、学術的に検討すべき課題と思われるが、今日の言説を誰がコントロールしているのかを明示している。子ども中心主義にもとづく喫緊の課題として、私たちは養子となった子どもを第一に考え、公的ケアからの養子縁組を促進するにあたり、養子の声に耳を傾けなければならない。まずは、養子となった子どもの権利を、そうでない子どもの権利と同等に位置づけることに、直ちに着手すべきである。子どもは倫理的存在であり、決して市場で取引してはならず、また、養子は、家族史に関する情報について、それを求める理由の正当性を示す必要はないはずだ。情報へのアクセスの現状は、養子となった多くの子どもにとって、社会的関係と情緒面の結びつきによる現在の家族の全体像が、養子縁組という法律行為で生じたものだと知る機会を明らかに妨げている。こうした情報がいかに重要かを示す、近年のニューヨーク州の出来事がある。何千もの要望書が数日のうちに殺到したため、2020年1月に新しい法律が施行され、養子は本来の出生証明書の写しを入手できるようになったのだ（Engel, 2020）。当時、ニューヨーク州のクオモ知事（Cuomo, 2020）は、法律への署名に際しこう述べた。

> すべての人には、自分がどこから来たのかを知る権利があり、この新しい法律によって、ニューヨーク州の全住民は等しく無制限に、自身の本来の出生記録を知る権利を与えられる。（…）この基本的人権が認められなかった長い年月を経てようやく、養子である人々は、自分の生まれ、家系、医学的な背景に関する重要な情報を入手できるのだ。

氏名変更の問題や、出生証明書、養子縁組ウェブサイト上の個人情報掲載について、養子となった子どもの誰もが同様に問題視するわけではなく、まったく気にしない者もいるだろう。だが、大切なのは、すべての子どもが尊重される権利をもっており、養子となった子どもの視点を考慮しなければならないという点である。各種の問題について子どもがそれぞれ何を気にかけ何を選択するかは、あらかじめ推測できないため、養子となった者の個性に合わせる柔軟性が求められる。こうしたことをふまえ、国家は力を行使して以下を実現すべきであろう。まずは、生みの両親と養親をあわせて記載し、出生時の氏名と養子縁組後の氏名を併記した記録をつくること。そして、書類に保管されている情報へのアクセスの緩和。さらに、希望に応じて離別した実の家族とのコンタクトを促進することだ。

倫理にもとづく決定として養子縁組を行うには、それが子どもに、そしてゆくゆくは成人後に及ぼす影響を、私たちが考慮する必要がある。本章は、公的ケアからの養子縁組をめぐり、より一層子ども中心に改善すべきいくつかの面を取り上げたにすぎず、他にも多くの側面がある。それをふまえ、公的ケアからの養子縁組で常に子どもが倫理的主体として確実に扱われるよう、私たちは共通の目標に向けて取り組まなければならない。

謝辞

本研究は、Research Council of Norway の助成を、独立プロジェクト——人文社会学プログラム（Independent Projects – Humanities and Social Science program）において受けている（助成番号 no. 262773）。また、European Union's Horizon 2020 の研究開発プログラムのもと、European Research Council の助成も受けている（助成承認番号 No 724460）。

免責事項：本章は筆者個人の見解によるものであり、助成機関は、本稿に含まれる情報のいかなる利用についても責任を負わないものとする。

注

1. 制度の違いと包括的なデータの不足のため、養子縁組の離縁率の国際的な比較は困難である（Palacios et al., 2018）。
2. 例外としては、ある程度の年齢の子どもが、すでに一緒に暮らしている継親など親しい関係の大人との、養子縁組を希望する場合がある。
3. 検索は、'adoption + 各国の国名 '、と入力して行い、上位に表示される政府のウェブサイトを検出した。政府のサイトに養子縁組の記述がない場合（イングランド、スペイン）は、代わりに主要都市について検索した。イングランドについては、養子縁組機関が多数あるロンドンよりも簡潔である第2の都市圏、グレーター・マンチェスターを取り上げた。
4. ただし、父親（時に母親）が不明の場合もある。

参考文献

Adoption Counts (2019) 'Adoption explained'. Available at: https://adoptioncounts.org.uk/adoption-explained (2020年3月31日閲覧).

AdoptUSKids (no date) 'Meet the children'. Available at: www.adoptuskids.org/meet-the-children/search-for-children/search (2020年3月31日閲覧).

Andersson, G. (2009), 'Foster children: a longitudinal study of placements and family relationships', *International Journal of Social Welfare*, 18: 13–26.

Archard, D. (2010) *The Family: A Liberal Defense*, Basingstoke: Palgrave Macmillan.

Baden, A. (2016) ' "Do you know your real parents?" and other adoption microaggressions', *Adoption Quarterly*, 19(1): 1–25.

Blake, L. (2017) 'Parents and children who are estranged in adulthood: a review and discussion of the literature', *Journal of Family Theory and Review*, 9(4): 521–36.

BMFSJ (Bundesministeriums für Familie, Senioren, Frauen und Jugend) (2019) 'Adoption'. Available at: www.bmfsfj.de/bmfsfj/themen/familie/schwangerschaft-und-kinderwunsch/adoptionenund-adoptionsvermittlung/73952 (2020年3月31日閲覧).

Breen, C., Krutzinna, J., Luhamaa, K. and Skivenes, M. (2020) 'Family life for children in state care. An analysis of the European Court of Human Rights' reasoning on adoption without consent', *International Journal of Children's Rights*, 28: 715–47.

Bufdir (2019) 'Adoptere fra utlandet gjennom en organisasjon' ['Adopting from abroad via an organisation']. Available at: www.bufdir.no/Adopsjon/Jeg_onsker_a_adoptere/Adoptere_fra_utlandet/ (2020年3月31日閲覧).

Bundeskanzleramt (2020) 'Allgemeines zur Adoption' ['General information concerning adoption']. Available at: www.oesterreich.gv.at/themen/familie_und_partnerschaft/adoption/Seite.720001.html (2020年3月31日閲覧).

Burns, K., Križ, K., Krutzinna, J., Luhamaa, K., Meysen, T., Pösö, T., Segado, S., Skivenes, M. and Thoburn, J. (2019)

'The hidden proceedings – an analysis of accountability of child protection adoption proceedings in eight European jurisdictions', *European Journal of Comparative Law and Governance*, 6(4): 339–71.

Comunidad de Madrid (2019) 'Adopción'. Available at: www.comunidad.madrid/servicios/asuntos-sociales/adopcion (2020 年 3 月 31 日閲覧).

Cuomo, A. M. (2020) 'Governor Cuomo announces new law allowing adoptees to obtain a certified birth certificate at age 18 goes into effect January 15'. Available at: www.governor.ny.gov/news/governorcuomo-announces-new-law-allowing-adoptees-obtain-certifiedbirth-certificate-age-18 (2020 年 3 月 31 日閲覧).

De Wispelaere, J. and Weinstock, D. (2018) 'Ethical challenges for adoption regimes', in A. Gheaus, G. Calder and J. De Wispelaere (eds) *The Routledge Handbook of the Philosophy of Childhood and Children*, Abingdon: Routledge, pp 213–24.

Engel, C. (2020) 'Signed and unsealed, New York delivers on its promise for open birth records', NY City Lens. Available at: http://nycitylens.com/2020/03/adoption-law-history/ (2020 年 3 月 31 日閲覧).

European Union Agency for Fundamental Rights (2018) 'Accessing adoption files and information on the biological family'. Available at: https://fra.europa.eu/en/publication/2017/mapping-minimumage-requirements/accessing-adoption-files (2020 年 3 月 31 日閲覧).

Featherstone, B., Gupta, A., Morris, K. and White, S. (2018) *Protecting Children*, Bristol: Bristol University Press.

Fenton- Glynn, C. (2013) 'The child's voice in adoption proceedings: a European perspective', *The International Journal of Children's Rights*, 21(4): 590– 615.

Ferguson, L. and Brake, E. (2018) 'Introduction: the importance of theory to children's and family law', in E. Brake and L. Ferguson (eds) *Philosophical Foundations of Children's and Family Law*, Oxford: Oxford University Press, pp 1–37.

Garber, K. J. and Grotevant, H. D. (2015) ' "YOU were adopted?!": microaggressions toward adolescent adopted individuals in same- race families', *The Counseling Psychologist*, 43(3): 435–62.

Glover, V. and Capron, L. (2017) 'Prenatal parenting', *Current Opinion in Psychology*, 15: 66–70.

Hoad, T. F. (2003) 'Adopt', The Concise Oxford Dictionary of English Etymology. Available at: www.oxfordreference.com/view/10.1093/acref/9780192830982.001.0001/acref-9780192830982-e-188 (2020 年 3 月 31 日閲覧).

Krutzinna, J. (近刊) 'Who is "the child"? Best interests and individuality of children in discretionary decision-making'.

Leighton, K. (2005) 'Being adopted and being a philosopher: exploring identity and the "desire to know" differently', in S. Haslanger and C. Witt (eds) *Adoption Matters: Philosophical and Feminist Essays*, New York: Cornell University Press, pp 146–70.

Lindemann, H. (2019) 'Why families matter', in M. Verkerk, H. Lindemann and J. McLaughlin (eds) *What About the Family? Practices of Responsibility in Care*, Oxford: Oxford University Press, pp 16–46.

Malm, K. and Welti, K. (2010) 'Exploring motivations to adopt', *Adoption Quarterly*, 13(3/4): 185–208.

National Supervisory Authority for Welfare and Health (2020) 'Adoption'. Available at: www.valvira.fi/web/en/social_welfare/adoption (2020 年 3 月 31 日閲覧).

One Adoption (no date) 'Child profiles'. Available at: www.oneadoption.co.uk/north-humber/child-profiles (2020 年 3 月 31 日閲覧).

OriginsCanada (2009) 'The language of adoption'. Available at: www.originscanada.org/adoption-practices/adoption-language/languageof-adoption/ (2020 年 3 月 31 日閲覧).

Orwell, G. (2013) *Politics and the English Language (First Published in 1945)*, London: Penguin Classics. [Haruka

Tsubota 訳（2018）『オーウェル評論集4：作家とリヴァイアサン』に収録　オープンシェルフパブリッシング］

Palacios, J., Rolock, N., Selwyn, J. and Barbosa-Ducharne, M. (2018) 'Adoption breakdown: concept, research, and implications', *Research on Social Work Practice*, 29(2): 130–42.

Palacios, J., Adroher, S., Brodzynski, D., Grotevant, H., Johnson, D., Juffer, F., Martinez-Mora, L., Muhamedrahimov, R., Selwyn, J., Simmonds, J. and Tarren-Sweeney, M. (2019) 'Adoption in the service of child protection: an international interdisciplinary perspective', *Psychology, Public Policy, and Law*, 25(2): 57–72.

Republic of Estonia Social Insurance Board (2020) 'Adoption'. Available at: www.sotsiaalkindlustusamet.ee/en/family-and-childprotection/adoption (2020年3月31日閲覧).

Sandel, M. (2012) *What Money Can't Buy: The Moral Limits of Markets*, London: Penguin Books. [マイケル・サンデル著　鬼澤忍訳（2014）『それをお金で買いますか：市場主義の限界』早川書房]

Satz, D. (2017) 'Feminist perspectives on reproduction and the family', in E. N. Zalta (ed) *The Stanford Encyclopedia of Philosophy*. Available at: https://plato.stanford.edu/archives/sum2017/entries/feminismfamily/ (2020年3月31日閲覧).

The Adoption Authority of Ireland (2019) 'Domestic adoption'. Available at: https://aai.gov.ie/en/who-we-are/domestic-adoption.html (2020年3月31日閲覧).

Tutu, D. (1999) 'Bill Moyers' conversation with Archbishop Tutu'. Available at: www.pbs.org/moyers/journal/12282007/transcript2.html (2020年3月31日閲覧).

UNCRC (United Nations Committee on the Rights of the Child) (2013) 'General comment no. 14 (2013) on the right of the child to have his or her best interests taken as a primary consideration (Art. 3, para. 1)'.

US Government Services (2020) 'Adoption, foster care, and other child related issues'. Available at: www.usa.gov/child-care (2020年3月31日閲覧).

Van Ijzendoorn, M., Juffer, F. and Klein Poelhuis, C. (2005) 'Adoption and cognitive development: a meta-analytic comparison of adopted and nonadopted children's IQ and school performance', *Psychological Bulletin*, 131(2): 301–16.

Verrier, N. (2009) *The Primal Wound: Understanding the Adopted Child* (UK edn), London: Coram-BAAF Adoption and Fostering Academy.

Vinnerljung, B. and Hjern, A. (2011) 'Cognitive, educational and self-support outcomes of long-term foster care versus adoption. A Swedish national cohort study', *Children and Youth Services Review*, 33(10): 1902–10.

Wijedasa, D. and Selwyn, J. (2017) 'Examining rates and risk factors for post-order adoption disruption in England and Wales through survival analyses', *Children and Youth Services Review*, 83: 179–89.

Winnicott, D. (2012) *The Family and Individual Development*, London and New York: Routledge. [D・W・ウィニコット著　牛島定信監訳（1984）『子どもと家庭：その発達と病理』誠信書房]

Witt, C. (2005) 'Family resemblances: adoption, personal identity, and genetic essentialism', in S. Haslanger and C. Witt (eds) *Adoption Matters: Philosophical and Feminist Essays*, New York: Cornell University Press, pp 135–45.

13 ノルウェーの公的ケアからの養子縁組決定におけるアタッチメントの理解

ヘーゲ・スタイン・ヘランド
スヴァイヌング・ヘレーセン・ニゴード

はじめに

　子どもと養育者との間に形成されるアタッチメントは、子どものウェルビーイングのためにも、1人の人間としての発達のためにも、極めて重要である。ノルウェーの児童福祉の法律と政策においては、アタッチメントの意味について定義は見当たらず、また、親の同意のない公的ケアからの養子縁組決定におけるアタッチメントの評価のありかたについて、具体的な説明もほとんどない。それにもかかわらず、実際には、1992年ノルウェー児童福祉法 (Norwegian Child Welfare Act 1992: CWA)、第4条20項の第3パラグラフの (a)（Article 4-20 (para3a)）に従い、養子縁組を承認する基本条件2つのうち、1つが「アタッチメント」に関するものである。この条項は、子どもが「現在生活をともにしている者とその環境に強い愛着を抱いており（attached）、そこから子どもを引き離すと本人に深刻な問題をもたらし得ると、アセスメント全般を通じて」考えられる場合には、養子縁組が承認されるとしている。養子縁組の方針決定者には、アタッチメントが内包するものを裁量で解釈する余地がかなり残されていることになる。

　養子縁組は、児童福祉法において特に強硬な方策とみなされるが、方針決定者がどの程度の自由な判断をしているのか、実際の決定に関わる要素としてア

タッチメントをいかに理解し利用しているか、ほとんど知られていない。本章は、児童福祉法にもとづく自発的でない養子縁組に関する方針決定機関の決定、すなわち地方社会福祉委員会（County Social Welfare Board）の決定を調査する。それにより、養子縁組の決定におけるアタッチメントという概念の解釈を検討し、方針決定者が決定通知においてこの言葉をいかに用いているのかを考察することがねらいである。

　本章の最初の部分では、心理学の観点からアタッチメント理論を簡単に説明して、養子縁組とアタッチメントという概念の関連を示す。続いて、ノルウェーにおける公的ケアからの養子縁組の正式な方針決定の仕組みを概観する。その次に、方針決定のプロセスにおける専門家の知識の活用をめぐる課題を示したうえで、法にもとづく決定と自由な判断をめぐる議論につなげ、組織論とシステム理論から得た見地も活用する。さらに、本章の調査について、その方法と限界を述べたうえで、得られた調査結果の提示と考察を行う。最後に結論を述べて締めくくる。

背景

　2000年代初期以降、ノルウェーにおける公的ケアからの養子縁組の政策展開において、専門的知見の影響力が増してきた。近年、こうした専門的議論の中心となるのは心理学分野の知識である（Tefre, 2020）。Tefre（2020）が明らかにしたように、ノルウェーの政策論議において主に発達心理学が提供する言説は、子どもの利益のために国家が介入する正当性を示すようになり、さらに、アタッチメントという心理学の概念が、養子縁組に関する政策論議で重要な位置を占めるようになってきた。その実例として、数年前に当局で、「発達を促すアタッチメント」という指針を児童福祉システムに導入することが議論されている（NOU, 2012: 5）。心理学分野からの提言として、方針決定プロセスの判断において、子どもと養育者との間に形成されるアタッチメントの質を重視し、必要なら、生物学上の関係重視の原則よりも優先することが求められてきた。

　こうした展開には課題がないわけではなく、ノルウェーの児童福祉に関する

方針決定者が、どの程度、心理学によるアタッチメントの理解にもとづいて実践を行っているのかは、明らかになっていない。実践現場全体で専門的な知見と概念を導入するには、その意味するところと本質をすべてのプロセスで持続的に共有し、意図した目的に合わせて活用する必要がある。養子縁組のアセスメントにおけるアタッチメントの解釈と活用は、方針決定者の自由な判断に委ねられている部分が多く、決定の責務を担う組織とその決定内容について、法的な正当性をめぐる課題が見えてくる。

　私たちが知る限り、ノルウェーの行政や裁判制度における、アタッチメントの解釈と活用のありかたを分析した先行研究はない。ただし、公的ケアからの養子縁組の決定において、各々の方針決定組織や機関が重視した考えは何かを調査した報告がある（Bendiksen, 2008; Skivenes, 2010; Skivenes and Tefre, 2012; Helland, 近刊）。こうした調査から、養子縁組のアセスメント、および子どもの最善の利益の検討において、アタッチメントが重要な要素であることは確かである。また、児童福祉の他分野の実践も網羅した研究で指摘された点として、専門職が幼い子どものための措置の実践にアタッチメント理論を導入しても、十分にニュアンスを汲んで活用できてはいないという（Smeplass, 2009）。世界的にはさらに多くの研究があり、アタッチメント理論とその知識は家庭裁判所の審議において価値ある役割を担うものの、実際の活用については、この概念に関する一貫した共通理解が不十分なため、一般には依然として不備があるといわれている（McIntosh, 2011[1]; Cashmore and Parkinson, 2014）。こうした研究報告をふまえると、養子縁組の決定をめぐるアタッチメントの概念の解釈と活用は、ばらつきがあると推測するのが妥当である。そして、養子縁組の決定におけるこの概念の解釈と活用も、さまざまである可能性がある。

　理解のありかたにばらつきのある概念は、誤った論拠につながりやすく（Copi et al., 2014）、決定における裁量の余地がより広がる。ノルウェーには、政策立案者による児童福祉の方針決定の手引きとなる指針がほとんどないため、実際の方針決定において地方社会福祉委員会（the Board）が、アタッチメントの概念を活用しているのか、また、いかに活用しているのか、検証する意義は大きい。アタッチメントを心理学の理論に合わせて使うのか、それとも、より一般的な表現として用いるのか。もし後者であるなら、下される決定の質に、

どのように影響するのだろうか。

公的ケアからの養子縁組における決定のための制度

　養子縁組が承認される条件は、以下の4つである（Art 4-20 para 3 CWA ／ノルウェー児童福祉法第4条20項（第3パラグラフ））。(1) 生みの親が子どもに適切な養育を提供できない、または、子どもが現在ともにある人々と環境に対してアタッチメントを形成している、このいずれかの理由により、措置が永続的なものであること（第4条20項のaの条件）。(2) 養子縁組が子どもの最善の利益であること（同bの条件）。(3) 養子縁組希望者が子どもの里親であるなら、子どもの養育に自らが適切であると示していること（同cの条件）。(4) 養子縁組法に則った養子縁組の承認条件を、満たしていること（同dの条件）である。決定を下す地方社会福祉委員会（the Board）は、裁判官の資格をもつ法律家を委員長とし、さらに専門家1名（たいていは心理学者）と、専門家以外の者1名で構成される[2]（ノルウェーにおける養子縁組の方針決定の条件について、詳しい説明は、ヘランドおよびスキヴェネスによる本書9章を参照）。

　アタッチメントの理解のありかたをめぐる議論やその方向性を示したものはほとんどなく、児童福祉法制定に至る準備作業においても、関連する政策や通達にも、地方社会福祉委員会の信頼性確保に向けた内部指針にも見当たらない。それでも、アタッチメントに関する短い記述はいくつかある。たとえば、子ども家族省（Ministry of Children and Families）が携わった2013年の法案（Prop. 106: 82）では、アタッチメントおよび関係性の質、つまり「子どもの年齢に応じた相互作用、関係性の質、アタッチメントのありかた」は、子どもの最善の利益を判断するための原則の1つとすべきだと提唱された。

養子縁組とアタッチメント

　アタッチメントという概念は、子どもとその発達に関する議論に頻出し、

児童福祉分野の専門職が子どもの養育とウェルビーイングの現状と今後に言及する際の重要な要素である（Azar et al., 1998; Kuehnle et al., 2000; Hennum, 2016)。アタッチメントは、養子縁組の基本要件（訳注：前述の第4条20項の条件a）に含まれる2つの選択肢の1つであるため、養子縁組の決定において特別な位置づけにある。Ofstad and Skar（2015）によると、子どもの年齢、措置期間、子どもと親の接触の程度が、児童福祉法第4条20項（Article 4-20）にもとづくアタッチメントのアセスメントで重要な要素となる。判例法（たとえばRt. 2007 s. 561)、通達文書、国際条約や協定（CRC, 2013; The Norwegian Directorate for Children, Youth and Family Affairs, 2017)、および養子縁組の決定における子どもの最善の利益のアセスメントに関する研究をふまえ（Skivenes, 2010; Skivenes and Tefre, 2012; Helland, 2020)、私たちは、アタッチメントが、地方社会福祉委員会によるアセスメントの一部を成すものであると予想する。

アタッチメントの概念とアタッチメント理論

　何かに対する愛着がある（attached）という意味でのアタッチメント（attachment）は、日常会話でよく使う言葉である。私たちは、人やものごと、場所に対する結びつきを感じ、関わりのあるものごとや相手、自分にとって大切と思える場所と、情緒的な絆を深めることができる。この「一般認識」としてのアタッチメントの理解は、この語の日常的な用例に反映されており、「帰属意識」の概念には通ずるが、アタッチメント理論にもとづく心理学上の理解とは直結しない。私たちが、何かに、誰かに愛着を感じるというとき、それは、アタッチメントの対象が自分にとって情緒的な価値をもつという意味合いがある。こうした日常のアタッチメントが生じるのは、対象との長期の接触があることが欠かせない基準となる。この種の一般認識としてのアタッチメントについて述べる場合、関係の長さや強さなど、量的な尺度を重視する。

　心理学においても、アタッチメントは、関係性を示す概念として理解されている。さらに、アタッチメント理論においては、幼い子どもと養育者間で、子どもの発達における特定の時期に育まれる関係性を意味する（Ainsworth, 1982)。ここで詳しく述べる余地はないが、アタッチメントは包括的かつ複合的な理論である。この理論の核心は、アタッチメントの各種のパターン（子

どもの行動)を、養育の状況と関連づけた点にある。アタッチメント理論は、1950年代に John Bowlby が提唱し、さらに Mary Ainsworth らが発展させた。この理論が示す枠組みは、子どもはもっとも身近な養育者との関係のなかでどのように発達するか、子どもの経験する関係性がいかに子どもの将来への期待につながるのか、または精神機能障害の発症につながり得る影響をいかに及ぼすのか、説明を試みている (Wallin, 2007)。現代の子どもの発達に関する包括的理論の構成要素として、Bowlby がまず強調したかったのは、養育者 (主に母親) との分離と喪失の体験が子どもに及ぼす影響であった (Rutter, 1981)。

　心理学のアタッチメント理論の枠組みにおいて、子どものアタッチメントをアセスメントするには、Ainsworth and Bell (1970) が開発した調査法である「ストレンジ・シチュエーション」の手順に沿って行う。これは、養育者と引き離されてストレスを感じるシチュエーションにある子どもの反応と、それに続く養育者との再会時の反応から、子どものアタッチメントのパターンを見極める調査だ。この手法を用いて、「安定型」「不安定―アンビバレント型」「不安定―回避型」「不安定―無秩序型」という4つのアタッチメントパターンのどれに当てはまるかを特定できる (Main and Solomon, 1986)。

　私たちは本章の分析を行うために、心理学で用いるアタッチメントの概念を、関係の長さのような**量的**要素ではなく関係性の**質的**要素を重視するものとみなし、心理学の理解におけるアタッチメントの種類の4分類を調査に用いることとする。

　アタッチメントについて、アタッチメント理論と日常的な表現の双方の用法があることから、本章の分析では、**心理学的**と**非心理学的**アタッチメントという区別を設ける。後者は、日常会話における「一般認識」の用法の愛着のことである。一般の用法では、愛着について「強い」「弱い」といった記述や、その「欠如」、もしくは単にそれが在る、ない、という表現で説明することがある。これらは型にはめる類別法で、それゆえ、現実の事象を単純化してしまう。それでも、概念を構成する要素としては、こうした記述による類別を、本章における私たちの分析目的のために活用できる。

自由な判断と法にもとづく決断

　定められた規則と連動して、自由に判断できる部分もあることは、裁判所による決定において重要であり（Dworkin, 1963）、これは地方社会福祉委員会などの機関による決定も同様である。方針決定者による自由な判断とは、一連の規範の制約内で、方針決定者に、各事例において法を解釈し意味を与えて具現化する一定の自由が与えられていることを意味する（Hawkins, 1986）。法律とは民主主義による決まりであるから、法律文書について、何をもとにいかに解釈するか、きっとこうあるべきだろう、という期待を人々は抱くことができる。こうした、一般に予測可能であるという基本原則は、方針決定者の裁量となる自由な判断によって脅かされることになる。自由な判断は、同等の事例は等しく扱われ、異なる事例は異なる扱いを受けるという原則も脅かす。

　組織という視点に立つと、基本的な概念について異なる解釈や活用法があるのは問題である。組織の正当性を示す1つの前提として、社会文化の認識にもとづく一貫性の維持が求められるからだ（Scott, 2001）。その意味で、ある組織とその実践が正当であるためには、組織内で役割を担う者が一様に状況を見定め、同一の標準的枠組みのなかで判断を下すことが不可欠である。組織の正当性は、実際の決定の質に左右され、既存の法律と規定に従った決定を下しているかにかかっている（Scott, 2001）。また、方針決定者は、筋道を立てた合理的な論証のために、一貫した表現を用いて論じるべきだとの指摘もある（Feteris, 2017: 81）。

方針決定プロセスにおける専門職の言説および心理学の専門知識の利用

　本章で行う分析の背景知識として、Niklas Luhmann によるシステム理論の系譜がある（King and Piper, 1995; Luhmann, 1995; King and Thornhill, 2003）。この理論は、法というものを自己創出システム（オートポイエーシス）とみなす（訳注：ルーマンのシステム理論で、社会システムは、ネットワークを通じて要素を生成しながら、自分自身を構築して成り立っているとみる）。つまり、司法システムは、自己を指標とし、システム自体に内在する方法と手続きを自ら参照して、世の中に関する

言明の正当性を立証する。

　地方社会福祉委員会は裁判所ではないが、司法の手続きに則って運営しており、したがって司法システム内に位置づけられる。児童福祉の事例の困難さは、司法システムに、法律以外の論理に沿った視点を取り入れて検討しなければならない点である。裁判での言説において、児童福祉案件を判断する法的な方針決定者は、**司法**と**福祉**の2つの体系を理性的思考、つまり価値体系として機能させることになるのだ（King and Piper, 1995; Ottosen, 2006）。司法システム内の論理の特性として、合法か非合法か、正しいか間違っているか、という司法による二項対立の視点がある。となれば、児童福祉の案件では、子どものために何が良いか悪いかという、福祉にもとづく二項対立の視点も、方針決定者は取り入れる必要がある。

　上述のシステム理論の見解により（King and Thornhill, 2003）、司法システムは閉鎖的とみなされている。つまり、司法システムに内在する手続きと基準によって再創出可能な場合のみ、ものごとの有効性を認める傾向があるため、閉鎖的だという意味である。それとともに、司法システムは、児童福祉の事例に関して必要な知識を自ら創出する力はない。となると、司法システムは、外部で創出された知識を頼りにするわけで、こうして心理学の視点が、事例を判断する要素として導入されることになる。心理学の言説から、子どもの社会的、心理的なウェルビーイング——子どもにとって何が有害で何が有益か——に関する情報を得たうえで決定するのである。心理学の言説が及ぼす影響は、個別のレベルでは、方針決定や情報収集方法に反映され、より全般的なレベルや理論的なレベルでは、児童福祉の案件に関する法律や政策に及んでいる（Ottosen, 2006）。これは、先述のように、ノルウェーの児童福祉政策において心理学分野から得た専門的知見の影響が増している点にも見受けられる。

分析方法とデータ

　本章の論拠とする以下の分析で用いるデータは、2016年に地方社会福祉委員会が決定を下したすべての養子縁組、計58件から成る。そのうち56件が

公的ケアから養子縁組に至った。同委員会は、決定根拠を文書で示す義務がある。文書の構成は、まず、その事例の事実関係の提示、次に関係者の陳述として、公的な当事者（自治体）および個人の当事者（親、子）の主張、さらに、同委員会のアセスメントと決定事項となっている。同委員会によるアセスメントは、平均6ページから成る。同委員会に含まれる専門家は、調査した58事例のうち、67％が心理学者[3]、14％が精神科医、9％が（臨床）ソーシャルワーカー、7％が児童福祉ワーカー、3％が特別支援教育教諭であった。

この58件の文書を、次の5段階の方法で分析した[4]。（1）まず、決定通知文書を通読して、アタッチメントがどのように記述されているかを確かめた。（2）次に、決定の文書内にある、アタッチメントへの言及とアタッチメントに関連する語[5]を特定するために、検索を行い、該当する記述をすべて抜き出して登録した。（3）第3に、誰に対するアタッチメントの記述で、それがどのように（心理学の意味でのアタッチメントか、そうではない一般的なものか）言及されているのかを確かめた。（4）第4として、アタッチメントの言及においてどのような語彙が用いられたかを割り出した。（5）最後に第5として、同委員会の論証においてアタッチメントをいかに利用し機能させているかを明らかにし、そこからわかる概念としてのアタッチメントの意味を考察した。

第3～第5段階では、分析ツールとしてNvivo 12というソフトウェアを用い、決定通知文書中にある同委員会のアセスメントの部分のみを分析した。分析データはすべて手作業で見直して文書と照合した。第4段階を除き、アタッチメントへの言及を含む事例が何件あったかという件数を数えており、各事例内で述べられた回数は考慮していない。第5段階の情報のコーディング（デジタル符号化）は、3つの方法で検証を重ねており、まず、研究員が系統立てた方法で各自のコーディングを見直し、次にお互いのコーディングを確認し、さらに合同で再検証を実施した。

信頼性の向上のため、文書のどの部分がコーディングの対象として適しているか、厳密な基準を設け、次のいずれかに該当するものとした。（1）アタッチメントの語に直接言及している、もしくは、（2）ノルウェー児童福祉法第4条20項の第3パラグラフ（a）（Art 4-20 para 3）（訳注：前述、または第9章注4を参照）が養子縁組の要件として示す2つめの可能性（訳注：アタッチメント形成）に関す

る議論とみなされる部分である。単にこの条項そのものに言及しただけである場合、および「アタッチメント」の語を用いずに関係性について述べられている場合は、分析から除外した。

分析の限界

　私たちの分析は、記述された資料——決定通知という目的のために、後から振り返って記した文書——にもとづいたものにすぎず、各事例の全体像を示してはいない。分析した決定通知文書には、地方社会福祉委員会が審理中に入手したすべての情報が含まれているわけではない。それでも、同委員会は正式な決定についての説明責任を担っているため、その決定の正当性を示す根拠として同委員会が説明したい内容は、分析した文書に含まれている（Magnussen and Skivenes, 2015）。とはいえ、やはり各ケースにおいて専門家や他の専門職が実施した調査の質は不明であり、この点でも限界がある。

分析結果

どの文脈にどの程度の言及があるか

　分析結果から、養子縁組の決定においてアタッチメントが重要な要素であるとわかる（表13.1）。アタッチメントへの言及が法律内にあることを思えば、予想された結果である。さらに明らかになった点として、アタッチメントに関する記載は、ほとんどのケースの決定文書で、自治体など公的機関が養子縁組を主張する部分に表れている。ケースのうち半数ほどは、親など個人の主張を記した部分にも、アタッチメントへの言及がある。

　第2の方法として、養子縁組の4つの法的基準（第4条20項a、b、c、d）との関連を調べた（表13.2）。第4条20項（a）が示す要件である永続性と関連づけて、アタッチメントについて言及した記述が、調査ケースのほぼすべてにあるとわかり、例外は3ケースだけだった[6]。アタッチメントは子どもの最善の利益のアセスメントとも関係の深い要素である。ケースの86％が、最善の利益を

要件とする第 4 条 20 項（b）との関連で、周囲の人や環境と子どものアタッチメントについて述べている。アセスメントのなかで、里親の適性の条項（第 4 条 20 項（c）の要件）との関連でアタッチメントについて述べたものは少ない。また、養子縁組の決定がその法律に従っているという合法性（第 4 条 20 項（d）の要件）と関連づけた言及も限られている。

表 13.1　養子縁組事例の決定文書においてアタッチメント関連の言葉への言及が 1 カ所以上あった部分

決定文書のどの部分か	アタッチメントに言及した事例数
I. 公的な当事者（自治体）の主張	55（95%）
II. 個人の当事者（親）の主張	30（52%）
III. 個人の当事者（子ども）の主張[注a]	2（3%）[注a]
IV. 地方社会福祉委員会によるアセスメント	57（98%）

注：どこに言及があるか、文書のセクションごとの分布状況を明らかにした。数字は事例の件数であり、また、全ケース数（58 件）に占める割合をパーセンテージで示した。
注a：子どもが裁判の当事者となるには、15 歳以上である必要があり、そのため子どもが当事者となるケースはほとんどない。

表 13.2　地方社会福祉委員会によるアセスメントの部分で、児童福祉法第 4 条 20 項の各種条件と関連づけて、アタッチメントについて評価／記述している事例数

	養子縁組条項（第 4 条 20 項）が示す各種条件（a, b, c, d）				
	(a) 永続性	(b) 子どもの最善の利益	(c) 里親の適性（fitness）	(d) 合法性	その他／不明
事例数（%）	55（95%）	50（86%）	4（7%）	1（2%）	3（5%）

注：事例の数、および、全ケース数（58 件）に占める割合を示した。

誰に対するアタッチメントが地方社会福祉委員会でアセスメントされているか

　第 3 の方法として、子どものアタッチメントが誰に対するものとして記述されているのか、および、そのアタッチメントは「心理学」と「非心理学」のど

ちらの性質なのかを検討した（アタッチメントの意味づけの違いについては先述のとおり。第3の分析については表13.3を参照）。結果として、心理学による理解よりも、そうではない一般的な理解のアタッチメントのほうが主流だとわかる。内容は、子どもと生みの親のあいだよりも、子どもと里親のあいだに形成されるアタッチメントに関する言及のほうが多い。さらにこの分析で、アタッチメントの有無（その関係がアタッチメントであるのか否か）が、アセスメントされているとわかった。地方社会福祉委員会が、子どもと里親のあいだにアタッチメントが**ある**と（肯定的な表現として）述べた場合、子どもと生物学上の親のあいだにはそうしたアタッチメントを見出せないということになる。

　調査ケースの約3分の1で、子どもにとっての周辺環境、すなわち拡大家族に対するアタッチメントが記されていた。その多くが、祖父母、おじ、おばといった拡大家族へのアタッチメントであり、「家族を取り巻く環境」へのアタッチメントといえる。また、法的に必要なのは里親のアセスメントだけであることを考えると、生物学上の家族へのアタッチメントもアセスメントしている点は興味深く、第4条20項（a）の永続性、（b）の最善の利益、双方との関連でアセスメントを行っている――（a）に関しては3分の1の事例で、（b）に関しては半数を超えるケースで、生物学上の家族の文脈内に言及があった。

表13.3　アタッチメントの種別（非心理学的か、心理学的理解か）ごとのアタッチメント対象の記述

	非心理学的理解			心理学的理解	
	里親（里親家庭）に対して	生物学上の親（生物学上の家族）に対して	環境（拡大家族）に対して	里親（里親家庭）に対して	生物学上の親（生物学上の家族）に対して
事例数（%）	54（93%）	41（71%）	18（31%）	22（38%）	9（16%）

注：事例の数、および、全ケース数（58件）に占める割合を示した

アタッチメントは地方社会福祉委員会でいかに記述されているか

　第4の方法として、アタッチメントの記述に用いられた形容詞を調査した（表13.4）。その結果、先述したアタッチメント理論の用語を使って、アタッチ

メントの概念を心理学の形式で記述することは一般的ではないことがわかる。詳しく調査したところ、文書中の225カ所で、アタッチメントの語はそれを説明する形容詞をともなっている（こうした表現は、58ケース中40ケースに分布している）。225カ所中36カ所で使われた形容詞が、アタッチメントに関する心理学的な用語を具体的に記したものだった（58ケース中25ケース（36カ所）に、安定型、不安定型、無秩序型、という語があった）。「安定型のアタッチメント」への言及が、29カ所（22ケース）にあり、いずれも子どもと里親の関係についての説明だった。「不安定型のアタッチメント」への言及が6カ所、「無秩序型のアタッチメント」が1カ所あり、いずれも生物学上の親に対する子どものアタッチメントについてであった。

表13.4　アタッチメントの記述に用いられる、心理学関連の用語

言及された心理学の用語	言及があった36カ所の内訳	子どものアタッチメント対象
安定型	29カ所	里親（里親家庭）
不安定型	6カ所	生物学上の親
無秩序型	1カ所	生物学上の親

注：記述された言葉と、誰に対するアタッチメントについての言及かを示した。数字は、こうした言葉の使用回数を示す（心理学の用語は、58ケース中25ケースの文書において36カ所の言及があった）。

　一方で、アタッチメントの語が、心理学ではない一般的な理解による形容詞をともなう例を、82カ所（34ケース）で確認した。アタッチメントの量的な評価を述べた「強い」「弱い」「不十分な」「十分な」「欠如した」「存在しない」といった表現である。時には1つの文中にアタッチメントについて記述する形容詞を複数用いている。アタッチメントについて、心理学と、非心理学的な記述を組み合わせた表現（たとえば「安定型の安全な」など）は、32カ所だった。また、地方社会福祉委員会は、アタッチメントを「本質的な」「基本的な」「深く根差した」「真の」「主要な」「精神的な」という語で度々表現する。こうした言葉を用いるとき、アタッチメントの強さという量的な評価に言及するとともに、アタッチメントの質的な特質についても含みをもたせている。

地方社会福祉委員会はアタッチメントをどのように理解しているか

　第5の方法として、同委員会が決定文書の論旨において、アタッチメントをどう理解してこの語を機能させているかを調べた（表13.5）。そして、アタッチメントをアセスメントするために、もっとも一般的な指標は「時間」に関することだとわかった（全事例の90％で用いられていた）。家庭外養育の最初の措置、養子縁組希望者による養育を受けるようになった年齢、措置期間、同委員会が決定を行う時点での子どもの年齢、といった時間にまつわる要素に言及している。つまり、措置の永続性が鍵となるようだ。

　また、アタッチメントのアセスメントを、「養育とコンタクト」に関する文脈において行っており、そうした記述が全ケースの60％にあるとわかった。養育の文脈では、特に、生物学上の親に対するアタッチメントの欠如について述べられており、親子のコンタクトの（低い）頻度と質が、養子縁組の条件に該当すると論じている。「養育とコンタクト」のカテゴリーに含まれる文脈のなかで、子どもを適切に養育しない親のネグレクトや力不足への言及は、アセスメントにおいて子どもと生物学上の親のアタッチメントの否定的な要因を示す情報となる。対照的に、里親による養育と関連づけた言及は、アタッチメントの絆を豊かに育む基盤を提供しているとみなされる。

　子どもの「アイデンティティ、家庭への融合（integration）、帰属意識」については、全事例の76％で、アタッチメントの語を用いた言及があった。このカテゴリー内の検討事項は密接に絡み合っており、アイデンティティ、子どもの自己感（child's feeling of self）、子どもの安全（child's safety）（Triseliotis, 1983など）に関する記述と読み取ることができる。具体的には以下のような文脈で言及されている。子どもの視点および経験からみて、誰が事実上の親（家族）なのか、現在の家庭以外に家族がいるという認識はないのではないか。「子どもがあたかも里親の"生物学上の子"であるかのように」現在の家族の一員となっているか。養育家庭とそれを取りまく環境に溶け込んで融合しているか。里親を「お母さん」「お父さん」と呼んでいるか。里親家庭の姓を名乗りたい、もしくは使っているか。こうした点は、2件のケースを除いて、里親家庭へのアタッチメントの絆を述べるときのみ検討されていた。

表 13.5　アセスメントの文中で、アタッチメントへの言及がある記述

	テーマ別の分野		
	時間の経過に関すること	アイデンティティ、家庭への融合、帰属意識	養育状況とコンタクト
ケース数（%）	52（90%）	44（76%）	35（60%）

注：ケースの数、および全ケース数（58件）に占める割合を示した。他にも30件のケースで、この表以外の各種のテーマにおいてアタッチメントの語が表れた。

分析にもとづく考察

　私たちの分析が明らかにしたように、公的ケアからの養子縁組に関する決定時に地方社会福祉委員会が示す通知文書において、アタッチメントは重要な概念として表れている。しかし、アタッチメントという概念は幅広い意味で用いられ、アタッチメントとは何か、どのように説明されるべきかについて、共通する理解は明確ではない。こうした状況は、とりわけ、アタッチメントの語にともなう形容詞が多岐にわたる実態から明らかだ。私たちの分析では、アタッチメントがどのような文脈でいかにアセスメントされるのか、実際の文書に見受けられる共通性を明らかにし、また、アセスメントの根拠として主に用いられる指標——「時間の問題」「アイデンティティ、融合、帰属意識」「養育とコンタクト」——を示すことができた。けれども決定文書では、調査したケースのあいだでも各ケース内でも、アタッチメントという概念の理解について何ら明確な一致点を示してはいない。

　アタッチメントの安定性を見極める道筋やその要素は（George et al., 2011）1つとは限らず、みてきたようなばらつきが、方針決定のもたらす成果に、さらには関係者に重要な意味合いをもつとは言い切れないが、ばらつきによる不確実性は、方針決定の質に大きな課題を投げかけている。本章で分析したようなアセスメントが、家族再統合やケア命令の決定にも深く関連することを考えれば、ここに示した課題は、養子縁組に限らず他の方針決定プロセスにも広く当てはまるだろう。

　方針決定の通知文書において、アタッチメントに関する記述の主な特徴は、アタッチメントが存在するのか否かで二分している点である。こうした区別

は、手続きプロセスの影響だと考えられる。ノルウェーの法律上、養子縁組希望者は、まず子どもの里親として養育を行い、その子どもの養育に適していると示す必要がある。また、養子縁組を申請するケースは、基本的に、生みの親との家族再統合が実現可能な選択肢となっていない。こうした手続き上の理由が影響して、生物学上の親よりも子どもの里親とのアタッチメントを論じる記述が多いと説明できるだろう。同様の理由で、必然的に子どものアイデンティティと帰属意識が、里親家庭との関係において論じられる事情も明らかである。ただし、子どもの「出生に関するアイデンティティ」と生物学上の由来については、あまり注目されない点は問題であろう（子どもの権利委員会の2013年の「概評14号」'General comment no. 14' of the CRC Committee [2013] などを参照）。

　加えて、ノルウェー児童福祉法第4条20項（a）が示すとおり生みの親による子どもの養育が永続的に不可能なことが養子縁組の要件となるため、地方社会福祉委員会は、同様に法的要件である里親とのアタッチメントのアセスメントと並行して、生物学的な親についてもアセスメントしていることを私たちの研究は明らかにした。これは論旨展開上の戦略と解釈でき、同委員会は、里親に対する子どものアタッチメントを、生物学上の親に対するアタッチメントの欠如と対比させている。里親と子ども間のアタッチメントの性質は、それが失われると子どもにとって深刻な問題につながるようなものである（訳注：第4条20項（a）の要件を満たしている）、という論旨を強調する意図である。こうしてみると、論旨展開の手段としての対比を方針決定における判断の根拠として示しているといえる。

　分析結果は、二分法を用いた司法の言説の概要を示唆する。公正で正当な決定のために、アタッチメントの有無と、どの関係にアタッチメントが生じているのかをアセスメントすることは、地方社会福祉委員会の仕事である。司法の論理に従えば、アタッチメントは、存在するか否かが問われる。アタッチメントが、ある状況では認められ、別の状況では認められないことは容易に想像できるが、こうした二分法の論理がその有無の枠に、アタッチメントを無理やり類別しているのであれば問題である。なぜなら、子どもが形成するアタッチメントには、多様な性質のさまざまな関係性があることが、研究から明らかになっているからだ（Killén, 2007）。また、アタッチメントのような複雑な構成の

概念を単純化して、その有無で二分した表現で認識しているとなれば、方針決定の質にも問題が生じる。Groze and Rosenthal（1993）によれば、二分法は、ある概念について統一されたまとまりのある理解が困難な時に生じやすい。そうした状況で用いる言葉は誤解につながりやすく、また、アタッチメントは存在するか否かという理解ではなく、多様なレベルから成る区切りのない連続体としてとらえるべきではないか、という問題提起もある。

加えて、「福祉」と「司法」が拮抗する様子も見受けられた。心理学によるアタッチメントの理解が、アセスメントにおいてどう位置づけられているかあまりはっきりしない。それとともに、地方社会福祉委員会の文書では、法的な文脈のところどころで、心理学にもとづく表現が紛れ込み、アタッチメントという概念について心理学による理解と非心理学の理解が明らかに混在している。そのため、この概念を利用する同委員会の解釈のありかたには課題がある。心理学の専門的知見の影響が、政策面だけでなく現実の方針決定の具体的な文書にも現れていることが、現状の慣行の1つの説明となる。また、影響の現れについては、同委員会における心理学者の割合の高さをふまえれば、委員会のメンバー構成の結果であるともいえるだろう。

私たちの分析で、アタッチメントは主に、永続性に関する第4条20項（a）との関連で論じられていることが明らかになった。この基本要件の条項が、措置の永続性を判断する2つの根拠を示しており、その1つであるアタッチメントの形成に着目することは、論拠を示すための選択として適切だといえる。実際には、アタッチメントのアセスメントによって、子どもを養育者と再び引き離すと深刻な問題が生じることがすでに予見されるなら、法律の記載を理由に、生みの親が適切な養育を子どもに永続的に提供できない見込みについて、複雑で難しい問題を論じるのは冗長だろう（Lindboe, 2011）。アセスメントの要素として（何よりも）意義が大きいのはアタッチメントであるはずで、永続性に関する判断において2つの論拠のどちらを決定的な要素として選ぶかにかかわらず、アタッチメントのアセスメントは行われる。養育の質は、アタッチメントによる絆の表れとみなされる。その点をふまえ、生みの親の養育提供能力も合わせて、アセスメントすることになる。

アタッチメントは、子どもの最善の利益をアセスメントする要素として言

及されることが多い、と明らかになった点は興味深い。子どものアイデンティティ、家族との融合と帰属意識、養育の状況、現実の家庭環境が、アタッチメントを見極める指標であることを考えれば、アタッチメントが最善の利益のアセスメントの一部を成していることは、驚くことではない。とはいえ、アタッチメントについて、養子縁組のアセスメントの検討事項を全般的に網羅した包括的概念とみなすのか、それとも、養子縁組か里親養育の継続かを天秤にかけるときの単なる基軸とするのかという問いの答えは、いまだ明らかでない。

結び

　本章の分析は、養子縁組の決定においてアタッチメントは主要な位置づけにあり、措置の永続性の判断にも、養子縁組が子どもの最善の利益なのかの見極めにおいても、重要であることを示している。こうしたアセスメントの質は、方針決定全体の質の確保に深く関わる。同時に、本章の分析では、アタッチメントという概念の解釈に多様性が見受けられた。これは、方針決定者の自由な判断に委ねられる余地がかなりある現状を考えれば、想定されることである。加えて、そうした方針決定において心理学の要素としてのアタッチメントの理解が深まっているのか、非心理学的な要素として理解している面が強いのかを考えることは、本章の範囲外であるが、同じ概念が異なる意味をもったり、法をめぐる予測可能性が損なわれたりすれば、問題が生じる可能性があることは明らかだ。そのため、養子縁組のケースにおけるアタッチメントのアセスメントと意味づけについて、政策立案者はより具体的で確かな手引きを方針決定者向けに示すべきなのではないか、という疑問が湧いてくる。そのような方策は、裁判所と地方社会福祉委員会によるアタッチメントの理解とその概念の利用において、曖昧さを最小限にし、十分な一貫性を確保するために有益であろう。

謝辞

　本研究は、Research Council of Norway の助成を、独立プロジェクト——人

文社会学プログラム（Independent Projects – Humanities and Social Science program）のもとで受けている（助成番号 no. 262773）。また、European Union's Horizon 2020 の研究開発プログラムのもと、European Research Council の助成も受けている（助成承認番号 No 724460）。

　免責事項：本章は筆者個人の見解によるものであり、助成機関は、本稿に含まれる情報のいかなる利用についても責任を負わないものとする。

注

1　米国、カナダ、ノルウェー、オーストリア、ニュージーランド、南アフリカ、イスラエルから寄せられた298件の回答にもとづく調査の結果である。
2　当該事例において必要ならば、地方社会福祉委員会は5名の委員による構成も可能である。
3　計58件の事例のうち、同委員会に専門家が2名いる事例が7件あり、また、委員長（法律家）が単独で決定を下した事例が7件あった。委員長のみでなく専門家が実際に委員会の任務に就いていた事例（51事例）のなかでは、心理学者の割合は75％となる。
4　分析方法とコーディング（デジタル符号化）の詳細は次を参照。www.discretion.uib.no/projects/supplementary-documentation/
5　ノルウェー語で、'knyttet til'（related to ／関係のある）、'tilknytning'（attachment ／アタッチメント）、'tilknytningen'（association ／結びつき）、'tilknyttet'（associated ／結びついた）、'tilknytningspsykologisk'（attachment psychology ／アタッチメント心理学）。
6　3ケースのうち1件は、アセスメントが不適切であった。他の2件は、第4条20項（a）の要件のアセスメントとして、生みの親が養育を提供できないことのみを示している。

参考文献

Ainsworth, M. D. (1982) 'Attachment: retrospect and prospect', in C.M. Parkes and J. Stevenson- Hinde (eds) *The Place of Attachment in Human Behavior*, New York: Basic Books, pp 3–30.

Ainsworth, M. D. and Bell, S. M. (1970) 'Attachment, exploration, and separation: illustrated by the behavior of one- year- olds in a strange situation', *Child Development*, 41: 49-67.

Azar, S. T., Lauretti, A. F. and Loding, B. V. (1998) 'The evaluation of parental fitness in termination of parental rights cases: a functionalcontextual perspective', *Clinical Child and Family Psychology Review*, 1(2): 77–100.

Bendiksen, L. R. L. (2008) *Barn i langvarige fosterhjemsplasseringer - Foreldreansvar og adopsjon* [*Children in Long-Term Placements – Parental Responsibility and Adoption*], Bergen: Fagbokforlaget.

Cashmore, J. and Parkinson, P. (2014) 'The use and abuse of social science research evidence in children's cases', *Psychology, Public Policy, and Law*, 20(3): 239–50.

Copi, I., Cohen, C. and McMahon, K. (2014) *Introduction to Logic* (14th edn), New York: Pearson.

CRC (Committee on the Rights of the Child) (2013) 'General comment no. 14 (2013) on the right of the child to have his or her best interests taken as a primary consideration (Art. 3, para. 1)', CRC/C/GC/14.

Dworkin, R. (1963) 'Judicial discretion', *The Journal of Philosophy*, 60(21): 624–38.

Feteris, E. T. (2017) *Fundamentals of Legal Argumentation: A Survey of Theories on the Justification of Judicial Decisions*, Dordrecht: Kluwer Academic Publishers.

George, C., Isaacs, M. and Marvin, R. (2011) 'Incorporating attachment assessment into custody evaluations: the case of a two-year old and her parents', *Family Court Review*, 49(3): 483–500.

Groze, V. and Rosenthal, J. (1993) 'Attachment theory and the adoption of children with special needs', *Social Work Research and Abstracts*, 29(2): 5–13.

Hawkins, K. (1986) 'Discretion in making legal decisions. On legal decision-making', *Washington and Lee Law Review*, 43: 1161–242.

Helland, H. S. (2020) 'Tipping the scales: The power of parental commitment in decisions on adoption from care', *Children and Youth Services Review*, 119: 105693.

Helland, H. S. (近刊) 'In the best interest of the child? Justifying decisions on adoption without parental consent in the Norwegian Supreme Court'.

Hennum, N. (2016) 'Kunnskapens makt i beslutninger' ['The power of knowledge in decisions'], in Ø. Christiansen and B.H. Kojan (eds) *Barnevernets beslutninger* [*Child Welfare Decisions*], Oslo: Universitetsforlaget, pp 48–61.

Killén, K. (2007) *Barndommen varer i generasjoner. Forebygging er alles ansvar* [*Childhood Lasts for Generations. Prevention Is Everyone's Responsibility*] (2nd edn), Oslo: Kommuneforlaget.

King, M. and Piper, C. (1995) *How the Law Thinks about Children* (2nd edn), Aldershot: Ashgate.

King, M. and Thornhill, C. (2003) *Niklas Luhmann's Theory of Politics and Law*, Basingstoke: Palgrave Macmillan.

Kuehnle, K., Coulter, M. and Firestone, G. (2000) 'Child protection evaluations: the forensic stepchild', *Family and Conciliation Courts Review*, 38: 368–91.

Lindboe, K. (2011) *Barnevernloven* [*The Child Welfare Act*] (7th edn), Oslo: Gyldendal Akademiske.

Luhmann, N. (1995) *Social Systems*, Stanford, CA: Stanford University Press. [ニクラス・ルーマン著 佐藤勉訳 (1993)『社会システム理論』(上) (下)、恒星社厚生閣]

Magnussen, A.-M. and Skivenes, M. (2015) 'The child's opinion and position in care order proceedings', *The International Journal of Children's Rights*, 23(4): 705–23.

Main, M. and Solomon, J. (1986) 'Discovery of a new, insecure-disorganized/ disoriented attachment pattern', in M. Yogman and T. B. Brazelton (eds) *Affective Development in Infancy*, Norwood, NJ: Ablex, pp 95–124.

McIntosh, J. E. (2011) 'Guest editor's introduction to special issue on attachment theory, separation, and divorce: forging coherent understandings for family law', *Family Court Review*, 49(3): 418–25.

NOU 2012:5 (Noregs offentlege utgreiingar) (2012) *Bedre beskyttelse av barns utvikling – ekspertutvalgets utredning om det biologiske prinsipp i barnevernet* [*Better Protection of Children's Development – The*

Expert Panel Inquiry on the Biological Principle in the Child Welfare System], Oslo: Barne- , Likestillings- og Inkluderingsdepartementet.

Ofstad, K. and Skar, R. (2015) *Barnevernloven med kommentarer* [*The Child Welfare Act with Comments*] (6th edn), Oslo: Gyldendal juridisk.

Ottosen, M. H. (2006) 'In the name of the father, the child and the holy genes: constructions of "the child's best interest" in legal disputes over contact', *Acta Sociologica*, 49(1): 29–46.

Rutter, M. (1981) *Maternal Deprivation Reassessed* (2nd edn), Harmondsworth: Penguin. [マイケル・ラター著 北見芳雄ほか訳（1979）『母親剥奪理論の功罪：マターナル・デプリベーションの再検討』誠信書房]

Scott, W. R. (2001) *Institutions and Organizations* (2nd edn), Thousand Oaks, CA: Sage.

Skivenes, M. (2010) 'Judging the child's best interests: rational reasoning or subjective presumptions?', *Acta Sociologica*, 53(4): 339–53.

Skivenes, M. and Tefre, Ø. S. (2012) 'Adoption in the child welfare system – a cross- country analysis of child welfare workers' recommendations for or against adoption', *Children and Youth Services Review*, 34(11): 2220–8.

Smeplass, S. F. (2009) 'Tilknytningsteori i møtet med praksisfeltet ved plassering av små barn i fosterhjem' [Attachment theory meets the practice field in the placing of small children in foster care], *Tidsskriftet Norges Barnevern*, 86(3): 158–71.

Tefre, Ø. S. (2020) 'The child's best interests and the politics of adoptions from care in Norway', *International Journal of Children's Rights*, 28(2): 288–321.

The Norwegian Directorate for Children, Youth and Family Affairs (2017) 'Saksbehandlingsrundskrivet' ['Circular for case processing'] Available at: https://bufdir.no/en/Barnevern/Fagstotte/saksbehandlingsrundskrivet/ （2020 年 12 月 9 日閲覧).

Triseliotis, J. (1983) 'Identity and security in adoption and long- term fostering', *Adoption and Fostering*, 7: 22–31.

Wallin, D. (2007) *Attachment in Psychotherapy*, New York: Guilford. [デイビッド・J・ウォーリン著　津島豊美訳（2011）『愛着と精神療法』星和書店]

養子縁組による家族親族ネットワーク
—— 養子縁組後の生みの家族とのコンタクトをめぐる論考

ジュン・ソバーン

はじめに

　生みの家族の成員と、養親、養子（子どもおよび成人）の関係のありかたをめぐる法律、条約、および実践は、時とともに変化してきた。国によるそれぞれの養子縁組モデルは、概観すると多種多様であり、特に公的ケアからの養子縁組はさまざまである。こうした変遷は、過去と現在で、用いる言葉の違いにも表れている。イングランドでは、生みの親子が接触する権利にもとづく「アクセス」という語を使っていたが、法律と実務における用語である「コンタクト」に変化した。昨今、養子縁組家庭と生みの家族のあいだでは、「家族の時間（family time）」という表現が好まれることがある。本書の各章でも、面会を意味する「訪問（visitation）」や、多様な取り決めを意味する広義の語として「オープンアダプション」を用いる著者がいる。こうした用語の変化は、近年生じてきた、法律や実践上の方向性の表れである。

　養子縁組後のつながりは、養子である子ども／成人の生涯を通じて、多様であるという合意が生まれ、生みの家族と養子縁組家庭の成員が人生で経験する出来事によって千差万別だとされている。養子縁組家庭のコンタクトを調査した Neil et al.（2015）は、「コミュニケーションの開放性（communicative openness）」という表現を用いる（これを最初に使って論じたのは Brodzinsky [2006] であり、その後 Grotevant et al. [2013] にも言及がある）。Neil et al. はこの表現を用い

て、さまざまなニーズをもつ子どものために幅広いコンタクトの取り決めを成功させた養親たちのアプローチについて述べた。

　養子縁組後にコンタクトを取ることが及ぼす、大人と子どもの日常的な社会生活や内面世界への影響は、国境を越えて共通する部分が多いものの、大人と子どもが実際にどのような影響を経験するかは、やはり各国の法規定や、公的ケアからの養子縁組に対する専門職のアプローチ次第である。ノルウェーやアイルランドのような国では、公的ケアからの養子縁組のほとんどは、数カ月というより数年にわたって、すでに子どもと暮らしている里親が養親になっている。そうした国の場合、長期の里親養育を受ける子どもが家族とのつながりを保つための取り決めは、養子縁組後の取り決めにも影響するため、極めて重要である。本書のノルウェーの章は、「オープンアダプション」を奨励する動きを伝えている。また、オーストラリアのニューサウスウェールズ州では、養親候補者は、専門的な「永続性」プログラムにおいて、生みの家族とのつながりを継続していく意向を示すことが必要とされる（Tregeagle et al., 2014）。

　一方、イングランドでは、近年の公的ケアからの養子縁組のほとんどの措置で、幼い子どもが面識のない家庭の養子となる。そのため、養子縁組措置の前後の生みの家族と養親のつながり、および、里親家庭から新しい家庭への連携の取れた移行について、考慮する重要性が急速に高まっている。さらに、イングランドと上記のノルウェー等の「混合型」のシステム（公的ケアからの養子縁組を、米国のように「高頻度」で活用するシステムと、フィンランドのように「低頻度」で活用するシステムを含む）の国では、関連規則や実践においても、調査研究においても、里親家庭と養親の双方を視野に入れてコンタクトを考える必要がある。米国では、親族による養子縁組がかなり多く、養子縁組後のコンタクトをめぐる問題もさまざまである。他方、養子縁組後にその事実を内密にするモデルが今も多い地域では、コンタクトの継続は一般的ではないが、ソーシャルワーカー、生みの親族、養親、ある程度の年齢の子どもが、コンタクトの促進に踏み出せば、それは可能になるはずだ。

　本章は、法のもとで公的ケアからの養子縁組に措置された子どものための、生みの親とのコンタクトに焦点を当てる。各国の司法におけるコンタクトの実践は、かなり幅広く長年にわたって行われているため、実践に向けた知識基

盤が整い、それに合わせて法律も改正されてきた。こうした傾向は、本書の他の章から明らかなように、主に米国と英国全土でみられるが、本章は英国（イングランド）に着目する[1]。はじめに、背景を概観したうえで、代替家庭への措置が必要で公的ケアを受ける子どものための、いわゆる「コンタクト」が、今日の文献で一般にどのように述べられているか、理解を深める（コンタクトよりも、「生涯の家族（families for life）」、「永遠の家族（forever families）」という言葉が、特に専門職、養子、養親のあいだで用いられることがある）。本章の「コンタクト」は、養子縁組家庭で成長していく過程で、子どもと生みの家族の成員の間に有意義なつながりを築き、維持するための一連の実践を簡潔に示す語として用いる。

英国の子ども措置事業におけるコンタクトの状況および実践

　子どもの発達および社会科学にもとづく主要な原則と知見（特にKirk, 1964;Brodzinski, 1987; Fahlberg, 1994）が、養子縁組全般と、特に公的ケアからの養子縁組に役立つ情報源となっており、親子の適切なつながりの維持を取り決めて促進する実践の根拠も示している。Thoburn（1994）がまとめた結論は、広く支持されている。それによると、公的ケアを受けている子どもと親の適切なコンタクトの取り決めは、子どもがアイデンティティの意識と自尊感情を高め、新しい関係性を築く自信を育むことにつながり、成功に寄与するものだという。これにともない、個々の子どものニーズを満たすために、公的ケアを受けている時期から養子縁組を経て将来に至る人生のいずれの段階でも、最善のかたちで注意深くアセスメントを繰り返す必要がある。

　子どもの発達と措置に関する多くの研究を集約すると、生みの親や親族のもとに戻っても長期的なニーズが満たされないために公的ケアを受けている子どもが求めるのは、安定、愛情、安全性、そして「家族の一員（part of a family）」であるということだ——これは、「永続性の認識（sense of permanence）」および帰属意識として知られるようになっている。だが、こうした子どもは、生みの親と自分の生まれに関する情報と文化的伝統も求めており、そもそも「なぜ」生みの家族を離れたうえで、別の家族の一員となる必要が生じたのか、理解す

るための助けが必要である。そこで養親とソーシャルワーカーの支援が求められ、経験してきた分離、喪失、その他のトラウマの苦しみに向き合い対処するために、そして（一部の例外を除き）生みの家族の大人たちやきょうだいと適切で有意義なつながりを維持するために、時には専門家による治療が必要になることもある。

それに加え、新しい家族が、子どもと異なる民族や文化背景の家庭である場合、特に子どもと養親の外見がみるからに異なるときは、生まれに由来する伝統と、成育環境の文化を統合するという課題も抱える。生みの家族とのつながりの維持がその重要な一部となる場合もある (Thoburn et al., 2000)。

幼児期を過ぎた年齢で、公的ケアから養子となった子どもは（当時の里親による縁組でも、面識のない養親家庭との縁組でも）、生みの家族内の1人もしくは複数の大人にアタッチメントを抱き続けている可能性があり、同時に（すべてではないが、ほとんどの場合）養親に対するアタッチメントも形成するようになる。きょうだい揃って同じ家庭の養子となるケースでは、新しい家庭に移った時点の年齢の違いで、アタッチメントは子どもそれぞれで異なるだろう。

全般的な基本事項を述べてきたが、生みの親とのつながりに話を進めよう。ソーシャルワーカーほか実践者にインタビューを行った研究からわかったとおり、よく話題になるが実際には「根拠のない通説」がある (Thoburn et al., 2000; Adams, 2012; Neil et al., 2015など)。以下のような通説である。

- 生みの家族（および、以前の里親家庭）とのコンタクトは、子どもが養子縁組家庭に移ってからのアタッチメント形成を妨げる。
- コンタクトによって、子どもがいつか生みの家族のもとに戻りたいと願う可能性が高まる。
- 養親にとって、秘密の保持と、子どもが生みの家族について得る情報のコントロールが難しくなるため、きょうだいが今も生みの親と暮らしているか接触している場合、養子となった子どもときょうだいのコンタクトは、役に立たないどころか有害である。
- 幼少期を過ぎた子どもで、生みの家族に「強い」アタッチメントを抱いている場合は、新しい家庭におけるアタッチメントの形成を期待できない、

もしくは期待すべきでない。
・短期計画の里親養育家庭で安定したアタッチメントを形成している子どもは、別の家庭に移っても、容易に「アタッチメントの移行」ができる。

なお、実際には避けられないこととはいえ、慣れ親しんだ里親との離別やその喪失は、常にストレスとなる。状況に応じて、たとえば以前の里親とのコンタクトを維持できるようにするなど、新たに養親となる者はこうした見込みに備えておく必要がある。

養子となった子どもの生みの家族とのつながりに関する研究概要

　この節は、政策や実践のために学ぶべき点として、各種の調査研究（養子、実の親族、養親から直接聞き取った調査が多い）と、実践にもとづく文献（Fahlberg, 1994; Argent, 2002; Adams, 2012; 調査研究にもとづく実践の手引きとしてはMacaskill, 2002）を概観する。数多くの研究が（米国を中心に）行われており、乳幼児期に（主に同意にもとづく）養子縁組に措置された子どもの、生みの家族との継続的なコンタクトについて報告している。なかでも、Grotevant and colleagues (2013) による長期的な研究は、ウェルビーイングの多様性について、事例記録のデータ、綿密な聞き取り、統一調査を活用して、コンタクトのパターンの変遷を報告した。Howe and Feast (2000) とTriseliotis et al. (2005) の研究は、1970年代以前のほとんどの「同意にもとづく」養子縁組の措置において、養子縁組後は生みの家族とのコンタクトがなかった点に着目し、「養子縁組、生みの家族探し、家族再統合」について論じている。英国では、こうした論点が取り上げられようになるまで、子どもと生みの家族のコンタクトに関する研究の多くは、里親家庭で養育を受ける子どもに焦点を当てており、その内容は、一緒に暮らしてきた里親の養子となる子どものために参考になるといえる（Neil and Howe, 2004など）。

　政府委託の研究として、1989年児童法（Children Act 1989）と2002年養子縁組法（Adoption Act 2002）の前後に、子どもの措置の取り決めに関する追跡調査

が行われ、そこには、長期の養育を受ける子どもと養子についてコンタクトに関する情報がある（Thomas, 2013）。しかし、長期的な追跡調査は限られており、子どもの人生の各段階におけるコンタクトの取り決めに焦点を絞って、公的ケアから養子縁組家庭を経て成長後の成人としての人生まで扱った研究は見当たらない。

　Boyle（2017）は、より近年の（2004年以降に刊行された）文献について検証している。コンタクトの影響に関して、「アタッチメント」「分離と喪失」「アイデンティティ」を主要なテーマに含む、という基準を満たす11点の文献を抽出し内容分析を行った。文献には、2名の子どものみにしぼったものから、87名の子を取り上げたものまである。これらの文献が参照している調査研究が、さらに7件存在し、そのうち4件は、長期にわたる里親養育と養子縁組をテーマとしているという。

　公的ケアからの養子縁組に関する英国での研究の大半は、通常、個人が特定できないように匿名化されたケース記録のデータと、実の親族、子ども、養親からの直接の聞き取りを合わせたものである。生みの家族とのコンタクトの有無を、将来的な成果の優劣に影響し得る要素（変数）だとみなす研究もある。Fratter et al.（1991）は「コンタクト」を、影響を及ぼす要素（変数）として調査し、公的ケアから養子縁組もしくは永続的な里親家庭に措置された1,165名の子どもについて報告した。Thoburn et al.（2000）は、量的データと質的データを活用し、民族的マイノリティの背景をもつ子ども297名が17～25歳に達した時点の追跡調査を行った。

　Fratter（1996）とSmith and Logan（2004）は、養子縁組後の直接のコンタクトを取り決めた養親と生みの親の見解を報告した。近年では、Neil et al.（2015）が、養子の各種コンタクトの取り決めについて16年間にわたる追跡調査を報告しており、ほとんどは養子縁組に措置された時点で2歳以下だった子どもに関するものである。Selwyn et al.（2014）による長期的な調査は、幼少期を過ぎてから、公的ケアを受けるようになったり養子縁組に措置されたりした子どもを含む。措置を受ける前に、長期にわたりトラウマとなる出来事を経験した子どもは、往々にして、生みの家族について肯定的な記憶と否定的な記憶が入り混じっている。このことは、上記のNeil et al.が述べる幼少期に措

置された子どもの例と、このSelwyn et al. の調査で、コンタクトが子どもにもたらす恩恵とストレスの状況が異なる理由である。具体的には、年長になって措置された子どものほうが、生みの親族との対面の会合の前後に不安を示している。一方、こうした傾向は、幼少期に措置されたため面会する生みの親族へのアタッチメントを形成していない子どもの場合は低い。

公的ケアからの養子縁組の諸段階におけるコンタクトの取り決め

　本書の2章で触れたように、イングランドでは、1980年代から現在に至るまでのあいだに養子縁組に措置される子どもの年齢が変化してきた。かつては、あらゆる年齢の「措置が困難な」子どもを、施設養育と里親養育から、養子縁組家庭もしくは「永続的な」里親家庭に措置するよう、専門の機関が取り組んでいた。現在では、ほとんどが3歳以下で養子縁組家庭の一員になる(Fratter et al., 1991; Selwyn et al., 2014; Neil et al., 2015, 2018)。1980年代から今日に至る年月で、法律と法定指針にもとづく必要要件として、公的ケアを受けるすべての子どものために「パーマネンシープラン（permanence plan）」の策定が重視されるようになり、生みの家族との短期的および長期的なつながりに関する項目を、計画に盛り込む必要が生じた。措置された年代でみると、1990年代の半ば以降に、イングランドで公的ケアから養子縁組された子どもの80〜90%は、生みの家族の1名以上の大人との間に何らかのかたちのコンタクト（大半が支援機関を通じた間接的なコンタクト）の計画が策定された。

　公的ケアを受け始めた当初や、養子縁組家庭への移行時期のコンタクトのありかたに着目した研究は、ほとんどない。わずかに言及があるのは、まだ公的ケアに関する手続きの最中の、ごく幼い子どもに関するもので、研究者は、この時期にコンタクトをめぐって葛藤が生じる状況を考察している。つまり、一方では、裁判所の判断を待つことなく速やかにコンタクトの取り決めを行い、それによって幼児がアタッチメントを維持したり、（出生と同時に親と離れた乳幼児の場合は）アタッチメントを形成したりできれば、親もとに戻ったほうがよいと計画された場合に、帰宅が容易になる。だが、他方では、生みの親族との

頻繁な面会にともなう混乱が繰り返されると、幼児に悪影響が及ぶのではないかとの懸念があり、葛藤が生じるのだ。双方の可能性を視野に入れた「コンカレント・プランニング（concurrent planning／同時進行計画）」の策定について調査した研究は、こうした手続き期間中の生みの家族とのコンタクトが、なぜ大なり小なりストレスになるかについて、一部の養親候補者と生みの親の見解を伝えている（Monck et al., 2003; Kenrick, 2009）。この研究報告にもとづき、Schofield and Simmonds（2011）は、コンタクトが幼児の発達に及ぼす影響を考慮すべきではないか、裁判手続き期間中にコンタクトの取り決めと頻度を変更できるようにすることが重要ではないか、と問題提起した。

　こうした調査の大多数は、提供されている既存のデータと、養子縁組の決定後の、「養子縁組による家族親族ネットワーク（adoptive kinship network）」[2]に含まれる人々から得られる見識を参照している。養親、および、養子である子どもと若年成人（ヤングアダルト）の見解についての調査がほとんどで、一部に、実の親族と養子縁組ワーカーの見解を中心に報告する調査もある。

　Neilと共同研究者（2015）は、養子縁組に措置された時点で2歳以下だった子どもを主として、各種のコンタクトの取り決めについて16年間にわたる追跡調査を報告している。調査の開始とちょうど同じ時期に、一部の養子縁組機関が、生みの親や成人親族との直接的なコンタクトに前向きな養親を重点的に探していた。そのため、調査対象となった養親家庭は、直接の面会（年に1回が普通だが、それより頻繁な場合もある）と「間接的」なコンタクトの双方を検討する余地がある家族だった。いくつかのケースでは、養子となった子どもが、年齢に応じた方法で間接的な交流（通常は、養子縁組の専門ワーカーの調整による交流）に関わっていた。一方、別のケースでは、生みの家族が（ワーカーや養子縁組支援機関などに）何かを託しても、子どもが「十分な年齢に達してから」みるよう、ただ「保管」されることもあった。また、「間接的なコンタクト」を行うことにした養親のなかに、措置の前か直後に生みの親と顔を合わせた者もいた。やがて時とともに、取り決めは変化していった。直接のコンタクトが間接的になり、なくなる例もあれば、間接的なコンタクトの取り決めがやがて直接のコンタクトになることもあり、その場合、養親、実の親族、子どものあいだで行われたり、成長した子どもと実の親族だけで会ったりする。

適切に管理された、合意にもとづく直接のコンタクトのほうが、「レターボックス」を通じた間接的なコンタクトよりも、関係者全員にとって通常は問題が少ないという研究知見に反して、近年は対面のコンタクトは減少してきている。ある程度の年齢で養子縁組に措置された子どもの場合でも、「レターボックスコンタクト」のほうが標準となっているのだ。

　加えてこうした調査報告は、この10年ほど、養子となった子どもがソーシャルメディアを通じて生みの親とコンタクトを取り始めることがあると伝えている。このような再会の多くは、互いを知りたいという養子と生みの親のニーズが満たされていなかったことに起因する。だが、往々にして、こうした突然のコンタクトは、本人たちだけの秘密として支援を受けずに行われ、養子である若者にとって難しい問題を引き起こしかねない。

　おそらく、ビデオ通話やオンラインメッセージを通じたコンタクトは、若者と大人がひとまず近況を伝え合う場合にも便利であり、すでに対面のコンタクトの計画があるなら、さらなる「追加」利用が歓迎されるだろう——つまり、非公式のコンタクトが頻繁に行えて、遠く離れた場所にいてもコンタクトが取りやすくなるのだ。専門の学術雑誌やソーシャルメディアのコメントで指摘されているとおり、オンラインでコンタクトを維持したり再構築したりする方法があることによって、専門職と養親は、クローズドアダプションがもはや保証されないこと、および「青天の霹靂」のコンタクトを回避する最善策は養子の若者のニーズに応える開かれたコミュニケーションの維持であることを、考えざるを得なくなっている。昨今普及したデジタルテクノロジーは、新型コロナウィルス感染症（COVID-19）の世界的流行にともなう「ロックダウン」の期間中、公的ケアを受ける子どもと生みの親が連絡を取り続けるために利用された。このようなテクノロジーに関する調査研究は、養子となった子どもにとって、デジタル機器を介したコンタクトは、生みの家族との関係維持のために有益な選択肢となり得ることを示唆している（Neil et al., 2020）。

　養子縁組後の支援を行う組織や、親の権利擁護団体の報告で、またソーシャルメディアで、「当事者としての経験がある専門家（experts by experience）」が発信する情報が増えている。最近の例としては、ポッドキャストの『*Two Good Mums*（2人のお母さん）』というシリーズがある。実親と養親の心の向き

が、強制的な親子分離による喪失のトラウマや、不本意にも子どもがいない悲しみから、現在の定期的な電子メールや年に一度の家族会合のやりがいへと変化したことを語っている[3]。また、養親として、そして養子縁組後の相談を受けるカウンセラーとして情報発信している別のブログ（Mummy Tiger Blogs, 2018）では、養子の娘とともに、子どもの年齢と養育上の理由による型にはめたやりかたではなく、個別の状況に合わせてより柔軟なコンタクトの取り決めにするよう訴えている。「先週、私は裁判所が子どもの養育は不可能と判断した女性に子どもを預けた。気分がひどく不安定で私と会うことなどできない、とソーシャルワーカーがいうような女性に」(Twitter@mummytiger1, 2018年11月18日)。一方、生みの親とのコンタクトは、ストレスの多い経験だったという声もある。たとえば Neil et al. (2015: 97) がインタビューした養母は、一連のプロセスを開始した時点の約束どおり、時おりの家族ミーティングを設けてきたが、以下のように述べる。

　　本当のところよく知らない人たちと、一緒に過ごす時間なのです。友人でも親族でもなく、共通の背景も何もない相手との、一風変わった関係といえます。(…) おまけに、その度に、娘は100％で自分の子ではないのだと、思い起こさざるを得ません。辛くても、そのことに立ち向かわなければならないのです。

コンタクトの取り決めが養育の長期的な成果に及ぼす影響

　研究者は、養育の成果をさまざまな尺度で評価しているため、コンタクトの取り決めがもたらす影響が、養子縁組への満足度と子どものウェルビーイングに、どのような成果として表れるのか、各種の調査の論述を比較するのは難しい。成果を評価する尺度は、調査方法によって異なり、以下のようなものがある。

　・養子縁組の措置の継続／破綻（ただし、追跡調査の期間にばらつきがある。より

前向きな表現でいうと「養子縁組家庭が、子どもの"生涯の家族"になっているか」）
・身体的、精神的なウェルビーイング（すなわち、介入目標の達成度）、具体的には、レジリエンス、自己効力感、自尊感情など
・教育／就労の目標の達成度
・成人として満足のいく人間関係の構築
・養子としての個人的、民族的、文化的アイデンティティの自覚と肯定感
・養子縁組家庭での経験や措置の実践に対する、子ども／若者、生みの親、養親の満足感

このなかで特に最後の2点は、生みの家族との継続的なつながりへの配慮が求められる。

措置が破綻したり強いストレスにさらされたりするケースを扱った調査研究では、その結論として、マッチングの問題が指摘されている。それによると、不適切なマッチング（法的な取り決めという点もさることながら、特に養親のニーズ、希望、動機と、子どものニーズの一致に問題がある場合）は、「修復」は不可能であり、いくら質の高いサービスを実践しても応急的な「継ぎ当て」にしかならないという。養親および養子である若者は、子どもにとって意義あるつながりを維持するというニーズを、マッチングの過程でも具体的な措置の計画においても、通常以上により重視するべきだと主張する（先述のブログ、およびFeatherstone et al., 2018）。

本書の別の章で触れたように、イングランドにおける公的ケアからの養子縁組数は増えているが、幼少期を過ぎてからの措置の割合は減少しており、措置後に生みの親と直接のコンタクトを継続する者の数も減少傾向にある。近年の縦断研究は、取り決めたコンタクトの種類と、措置の安定性などウェルビーイングの成果のあいだに、統計的有意な因果関係は見出せないことを示す。しかしながら、米国の研究と並んで英国のNeil et al. (2015) の報告でも、子どものうち「より優れた成果」を示した群の養親は、特性として「コミュニケーションの開放性（communicative openness）」が見受けられる傾向があり、これは、子どもが生みの家族の少なくとも1名の大人と直接のコンタクトがある場合に、より多い特性だった。この研究の他にも養子縁組家庭の子どもの声を直接聞き

取った調査（Thomas et al., 1999; Thoburn et al., 2000; Smith and Logan, 2004; McSherry and Fargas Malet, 2018）は、生みの親族とのコンタクトが現にある者は、全体として、コンタクトの取り決めにほぼ満足していると報告している。満足していない者は、コンタクトの頻度を減らすより増やすことを求め、また、生みの家族の一部に限らず、より多くの家族とのコンタクトを希望していた。

　幼い養子の成長を追いながら、詳細にわたり対話を重ねてきた調査にもとづき、Neil et al.（2015）は次のように結論づけた。

・コンタクトに関する満足度は、どの程度オープンか各種のタイプでばらつきがあり、タイプや頻度よりも、コンタクトの質と安定性に関連している。
・コンタクトに対する不満は、コンタクトの空白や、説明のない中断によるものであり、「直接」のコンタクトより「レターボックス」を介したコンタクトで生じやすかった。
・ほとんどがコンタクトに何らかの利点を感じており、その選択肢があるべきだと主張した（当事者の声として、「短時間のコンタクトであっても（…）ソーシャルワーカーは、コンタクトを取り続けるという選択肢が常に残されるようにすべきだと思う」（Neil et al., 2015: 255））

誰にとって、なぜコンタクトが重要なのか、不適切で管理の行き届かないコンタクトのリスクは何か

　コンタクトの弊害に関するエビデンスはわずかであり、主に直接のコンタクトの数少ないケース分析から得た結果である（Howe and Steele, 2004 など）。ごく幼い子どもについては、養子縁組後の直接のコンタクトは一般的ではなく、縁組前に行ったコンタクトの調査が主となり、いくらか年長の子どもは、虐待を受けたり拒絶されたり、各種の経験をもつ場合が中心となる傾向にある。心理学や児童精神医学の観点による文献で論じられているように、幼い子どもでも、害を及ぼした親と会うとトラウマがよみがえりかねず、新しい家庭での安全と信頼の感覚が損なわれる懸念がある。Selwyn et al.（2014）などの研究者

は、生みの親とのコンタクトが措置の不安定化につながったケースを報告している（特に青少年期にティーンエイジャーか生みの親が、ソーシャルメディアを通じて、養親の知らないうちにコンタクトを再開したり、その機会を増やしたりする事例がある）。

　調査研究や実践についての文献には、適切な管理されたコンタクトの潜在的な有益性への言及が多く、そうした恩恵は、他でもない家族成員（たいていは、祖父母やきょうだい）とのつながりが維持されるからこそ得られると述べる。本章で海外も含め参照した調査や研究を総括すると、子どもと若年成人のために生みの親との適切で意義深いつながりを維持することは、安全に取り決められたものである限り、以下のような潜在的利益がある。

- 子どもと若年成人が遺伝的家系と文化的伝統についてのアイデンティティをより明確に認識するために役立つ（養親が異なる民族である場合、生みの家族成員とのコンタクトは、民族的、文化的なアイデンティティの感覚のために特に重要である）。
- 子どもと若年成人が養子としての自分のアイデンティティを理解し、肯定的に受け入れるために役立つ。
- 若者や成人の自尊感情を高めることにつながる。
- 生みの親と、親が抱えている困難を知っている養子にとっては、親が苦しんでいないかと心配したり、今も親もとにいるきょうだいを心配したりせずにすむ。
- 注意深い管理のもとでコンタクトを行えば、養子縁組の措置が（養子縁組命令の前や後に）破綻したり、子どもが再び公的ケアを受ける状態に戻ったりするリスクを減らせる。
- 幼少期を過ぎて措置された子どもにとって、コンタクトは生みの親との関係を維持し、分離と喪失感による悲しみを乗り越えるために役立つ（一時的な里親養育期間中の年少の子どもにとっても、同様に役立ち、生みの家族との関係が改善される）。
- 養子縁組の措置がうまくいかないことがあれば、生みの親との関係性を臨時の対応策として活用できる（特に障害のある子どもの場合、養親家庭が「短期休暇」を取れるように、生みの家族成員が介入して公的ケアを提供した例がある）。

・つながりを維持することは、子どもが成人した時に、その子ども自身のためになる可能性があり、養子は少なくとも1人の「生涯の家族」をもつ見込みが高くなる（これは、きょうだいとのつながりの維持である例が多い）。

　養親にとっての潜在的な有益性については（Thoburn et al., 2000; Jones and Hackett, 2007; Neil, 2010; Neil et al., 2015, Featherstone et al., 2018）、以下のとおりである。

・コンタクトは、養親に生みの家族について偏りのないイメージと全般的な理解をもたらす。
・養親が子どもとコミュニケーションを取り、子どもの理解の変化に応じて調整するために有益である。
・養子縁組して間もない時期も、子どもへの愛情が深まる過程においても、養親の不安感に対処するために役立つ（「突如、生みの母親が現れるなんて、私にとっては、ものすごい脅威といえるかもしれませんが（…）そんなことはないのです。私たちは、すでに娘と関係を築いていますから」（Neil et al., 2015: 84））。
・コンタクトによって、養親は子どもとの関係を密にできる（「コンタクトを通じ、子どもは、私たち家族（養子縁組家庭）の一員だという気持ちが、むしろ強くなっていると思います（…）コンタクトを終えて帰るとき、いつも私たちは、安心感が深まる感じがするのです（…）子どもが私たち両親を必要とし、間違いなく私たちの子だという確信が強まります」（Neil et al., 2010: 162））。

生みの家族にとっての潜在的な有益性

　「養子縁組による家族親族ネットワーク」の一員として、適切なつながりを保っている自分の経験について、他の誰よりも感謝を示しながら研究者に語ったのは、生みの親と親族である（Neil et al., 2010）。イングランドで、過去10年ほどの措置の実践と法的な方針決定は、実務上の慣例的なやりかたとしてお決まりの「型」にはめていくものだった。コンタクトについて（法的に求められているとおり）協議するものの、その決定は直接のコンタクトではなく、支援機

関の管理下で行う「レターボックス」コンタクトなのだ。こうした慣行であるため、養育前や養育中に子どもの生活の重要な部分を担っていた親族であっても、直接の接触を保ちたいかどうか確認されていない。また、生みの親によっては、ソーシャルワーカーが今後のコンタクトの取り決めについて（時には）相談をもちかけることがあっても、苦悩が深刻で感情的に落ち込んでいるため応じられない。ソーシャルワーカーとマッチング委員会（matching panels）は、親とかなり関係が良好だった年長の子どものケースであっても、家庭から子どもを引き離すと決まった当初に生みの親が示した苦悩や拒絶の反応が、その後いつまでも変わらないという前提に立っており、親が抱える怒りや苦しみを乗り越え、子どもと親自身に役立つ取り決めに至るよう助ける試みがなされていない。

　何らかのかたちで継続的なコンタクトをもつ生みの親や親族は、特別に計画され実現した面会であり、フルタイムの親にはなれないとしても「今も母親（父親、祖母、祖父）でいられる」と、誰もが感謝の気持ちを表していた。研究者が引用した実の親族の言葉によると、実際の面会はもちろん、慎重に言葉を選んで書かれた手紙であっても、子どもが愛され大切にされているとわかることが安心材料になるという（Featherstone et al., 2018）。また、調査への回答のなかには、定期的に近況が伝えられると、ものごとを悪いほうに考えてしまう「最悪の思考」にとらわれなくなる、との声もある——生みの親は、詳細はわからなくても、すべてとはいわないまでも、子どものことを知りたいのだ。一部には、「今も母親でいられる」機会があるから、他の子どもは産まないと決めた者もいる。

養子縁組措置の前後でコンタクトの取り決めを行う支援サービスの重要性

　適切なつながりを保つ取り決めを、いかに結び、継続、もしくは変更するか、子ども、若年成人、生みの親、養親、ソーシャルワーカー、里親の考えについて、質的な調査を行った研究は多くある。研究者は、コンタクトの開始当初と変更時に、信頼できる専門職が支援を行わない限り、有益なコンタクトは実現しにくいと強調する（また、生みの親と親族養育者（kinship carers）のための支援、実用的なサービス設計、移動手段に関する援助も必要である）。Neil et al.（2015）

は、コンタクトの取り決めの多くが、相手方に何の説明もなく立ち消えになっていることを明らかにした。その調査では、3分の1の若者は、当初開始したコンタクト（多くは間接的なコンタクト）が10代半ば時点までに失われていた。そのもっとも多い理由は、養親がコンタクトによる養親家庭全体への有益性が認められないと感じるためであるが、生みの親が関与しなくなったり、支援機関のレターボックスサービスが信頼に足るものではなく、利用しにくく配慮が不十分なためであったりもする。親とのコンタクトは、祖父母やきょうだいに比べ、存続する割合が低かった（ただし、親のどちらかの死亡といった、やむを得ない事情もある）。一方で、青少年期世代が（養親の知らないうちに）ソーシャルメディアを通じて行うコンタクトは、増加傾向にあった。

　Neil and Howe（2004）は、コンタクトの成功につながるサービスの特徴を論じ、コンタクトは互いが影響を及ぼし合うものであるとの考えから「相互作用モデル（transactional model）」を提唱している。研究者と実践者の見立てでは、養親と実の親族が肯定的な関係か、少なくとも中立的な関係を構築できる場合に、コンタクトの取り決めが成功し存続する可能性が高まる。とはいえ、実の親族が養子縁組を受け入れられるようになるには、行き届いたソーシャルワークの支援が必要である。モニタリングを継続してこそ、親族が当初抱く敵意が受容へと変わっていく様子を直に察知でき、適切なコンタクトの実現が可能になるはずである（Neil et al., 2010）。

　コンタクトの取り決めについての協議は、養子縁組の可能性が高まったらすぐに開始し、措置に携わるチームにおいて、生みの親も交えて行うべきである。自治体による開催が恒例となっている家族ミーティングは、養子縁組に措置予定の子どもの生みの親、および近しい親族の見解を探る話し合いの場であり、協議を行う格好の機会である。こうした議論の場でどのようにアプローチするかで、その後の状況にかなりの違いが生じる。よくありがちなのは、「コンタクトの方針としては…」と切り出してしまうやりかたであり、「コンタクトはどのようにしたいと思っていますか」であれば、ましなほうだ。だが、より適切なのは「お子さんが新しい家庭に落ち着いたら、あなたはどのような役割を子どもの人生において果たすことができますか」「連絡を取り続けるために、あなたにとって一番よいのは、どのような取り決めですか／それを継続し

ていけますか」といったアプローチである。

　里親もしくは養親となる見込みの家族、生みの親、親族、何らかの措置を受けているきょうだいの養育者は、誰もがコンタクトの取り決めに関係する立場にあるため、「マッチング」の決定の時期に一堂に会する機会を設けると得るものが大きい（Cossar and Neil, 2013）。このようなミーティングはさまざまなタイミングで開催されるが、子どもとの面会や、きょうだい間の面会とは、区別して行う必要がある。また、養子縁組に至った子どもの多くに、何らかのかたちのコンタクトが続いたり後に生じたりしていることをふまえ、実の親族からの要望として、養子縁組前に最後に親子で面会する「お別れの対面（goodbye visits）」という習慣や表現は、不適切で心が痛むのでやめてほしいとの訴えがある。そのため、たとえば「新しい家庭への旅立ちを祝福する家族会合」といった表現を用いる支援機関が多い。

結び

　養子縁組家庭での子どもの経験の質、および子どものニーズや願いと、養親の能力、希望、期待がマッチしていることは、好ましい成果を決定づける要因として特に重要である。ただし、確かな見識にもとづく適切な養育計画（ケアプランニング）と、子ども、里親、養親、実の親族を対象としたソーシャルワークの実践の質次第で、子どもと若者が望む人生の可能性を、最大限に開くスタートとなる措置かどうかの違いが生じる。そうしたなかで、生みの家族の成員と適切なつながりを保つよう取り決めることは、1つの構成要素にすぎないとはいえ、重要な点であろう。すべてのケースのコンタクトに有効な決まった型は存在せず、子どもの年齢によってコンタクトの頻度を決める計算式もない。だが、子どもの意見を聴くと、ほとんどが実際の取り決めよりも多くのコンタクトを、より多くの家族成員と取りたいと望んでいる点に、留意することが大切である。一部の子どもには配慮が必要であり、特に、家族によるひどく不適切な扱いや激しい拒絶を経験した子どもの場合は、生みの家族の一部の（時にすべての）成員と何らかのコンタクトを取ることが害になる可能性があ

り、注意しなければならない。しかし、全体としては、調査研究が裏づけているとおり、何らかのかたちのコンタクトがあれば、結果として生みの家族の（全員である必要はないが）一部の成員との意義深い関係を育むことができると考えられる。イングランドでは、つながりの維持は、子どもの年齢と養親候補者の意向で画一的に決めるのではなく、それぞれの子どものニーズ、個別状況、関係性をもとに決定するという方向性が明確なエビデンスにもとづいて支持されている。

注

1　連合王国の4カ国、イングランド、ウェールズ、スコットランド、北アイルランドにおいて、養子縁組の実践は、多くの共通点があるが、同一ではない。
2　この言葉は、米国で Grotevant et al.（2013）が用いている。
3　www.twogoodmums.co.uk 参照

参考文献

Adams, P. (2012) *Planning for Contact in Permanent Placements*, London: BAAF.

Argent, H. (ed) (2002) *Staying Connected: Managing Contact in Adoption*, London: BAAF.

Boyle, C. (2017) 'What is the impact of birth family contact on children in adoption and long- term foster care?', *Child and Family Social Work*, 22: 22-33.

Brodzinsky, D. (1987) 'Adjustment to adoption: a psychosocial perspective', *Clinical Psychological Review*, 7: 25-47.

Brodzinsky, D. (2006) 'Family structural openness and communication openness as predictors in the adjustment of adopted children', *Adoption Quarterly*, 9: 1-18.

Cossar, J. and Neil, E. (2013) 'Making sense of siblings: connections and severances in post- adoption contact', *Child and Family Social Work*, 18: 67-76.

Fahlberg, V. (1994) *A Child's Journey through Placement*, London: BAAF.

Featherstone, B., Gupta, A. and Mills, S. (2018) *The Role of the Social Worker in Adoption – Ethics and Human Rights*, Birmingham: BASW.

Fratter, J. (1996) *Adoption with Contact: Implications for Policy and Practice*, London: BAAF.

Fratter, J., Rowe, J., Sapsford, D. and Thoburn, J. (1991) *Permanent Family Placement: A Decade of Experience*, London: BAAF.

Grotevant, H. D., McRoy, R. G., Wrobel, G. and Ayres- Lopes, S. (2013) 'Contact between adoptive and birth families: perspectives from the Minnesota/Texas Adoption Research Project', *Child Development Perspectives*, 7(3): 193-8.

Howe, D. and Feast, J. (2000) *Adoption, Search and Reunion: The Long-Term Experience of Adopted Adults*, London: BAAF.

Howe, D. and Steele, M. (2004) 'Contact in cases in which children have been traumatically abused or neglected by their birth parents', in E. Neil and D. Howe (eds) *Contact in Adoption and Permanent Foster Care*, London: BAAF.

Jones, C. and Hackett, S. (2007) 'Communicative openness within adoptive families: adoptive parents' narrative accounts of the challenges of adoption talk and the approaches used to manage these challenges', *Adoption Quarterly*, 10(2/3): 157-78.

Kenrick, J. (2009) 'Concurrent planning: a retrospective study of the continuities and discontinuities of care and their impact on the development of infant and young children placed for adoption by the Coram Concurrent Planning Project', *Adoption and Fostering*, 33(4): 5-18.

Kirk, D. (1964) *Shared Fate*, London: Collier Macmillan.

Macaskill, C. (2002) *Safe Contact? Children in Permanent Placement and Contact with Their Birth Relatives*, Lyme Regis: Russell House.

McSherry, D. and Fargas Malet, M. (2018) 'The extent of stability and relational permanence achieved for young children in care in Northern Ireland', *Children Australia*, 43(2): 124-34.

Monck, E., Reynolds, J. and Wigfall, V. (2003) *The Role of Concurrent Planning*, London: BAAF.

Mummy Tiger Blogs (2018) 'Contact'. Available at: http://mummytigerblogs.com/contact/ (2020年6月7日閲覧).

Neil, E. (2010) 'The benefits and challenges of direct post- adoption contact: perspectives from adoptive parents and birth relatives', Aloma: Revista de Psicologia, Ciències de l'Educació i de l'Esport, 27. Available at: http://revistaaloma.net/index.php/aloma/article/view/23/12

Neil, E. and Howe, D. (eds) (2004) *Contact in Adoption and Permanent Foster Care: Research, Theory and Practice*, London: BAAF.

Neil, E., Cossar, J., Lorgelly, P. and Young, J. (2010) *Helping Birth Families: Services, Cost and Outcomes*, London: BAAF.

Neil, E., Beek, M. and Ward, E. (2015) *Contact after Adoption: A Longitudinal Study of Post Adoption Contact Arrangements*, London: Coram-BAAF.

Neil, E., Young, J. and Hartley, L. (2018) *The Joys and Challenges of Adoptive Family Life: A Survey of Adoptive Parents in the Yorkshire and Humberside Region*, Norwich: UEA Centre for Research on Children and Families. Available at: www.researchgate.net/publication/337171004_THE_JOYS_AND_CHALLENGES_OF_ADOPTIVE_FAMILY_LIFE_A_SURVEY_OF_ADOPTIVE_PARENTS_IN_THE_YORKSHIRE_AND_HUMBERSIDE_REGION (2020年12月11日閲覧).

Neil, E., Copson, R. and Sorensen, P. (2020) *Contact During Lockdown: How Are Children and Their Birth Families Keeping in Touch?*, London: Nuffield Family Justice Observatory.

Schofield, G. and Simmonds, J. (2011) 'Contact for infants during care proceedings', *Family Law*, 41: 617-22.

Selwyn, J., Wijedasa, D.N. and Meakings, S.J. (2014) *Beyond the Adoption Order: Challenges, Interventions and Disruptions*, London: DfE.

Smith, C. and Logan, J. (2004) *After Adoption: Direct Contact and Relationships*, London: Routledge.

Thoburn, J. (1994) *Child Placement: Principles and Practice*, Aldershot: Avebury. [ジューン・ソブン著　平田美智子、鈴木真理子訳（1998）『児童福祉のパーマネンシー：ケースマネジメントの理念と実践』筒井書房]

Thoburn, J., Norford, L. and Rashid, S. P. (2000) *Permanent Family Placement for Children of Minority Ethnic Origin*, London: Jessica Kingsley.

Thomas, C. (2013) *Adoption for Looked after Children: Messages from Research*, London: BAAF.

Thomas, C., Beckford, V., Lowe, N. and Murch, M. (1999) *Adopted Children Speaking*, London: BAAF.

Tregeagle, S., Moggash, L., Cox, E. and Voigt, L. (2014) 'A pathway from long- term care to adoption: findings from an Australian permanency programme', *Adoption and Fostering*, 38(2): 115–30.

Triseliotis, J., Feast, J. and Kyle, J. (2005) *The Adoption Triangle Revisited*, London: BAAF.

15 各国の多様な状況における公的ケアからの養子縁組の意味づけ

タルヤ・ポソ
マリット・スキヴェネス
ジュン・ソバーン

はじめに

　本書は、子どもたちのなかでも特定のグループ、具体的には、公的な養育を受け、養子縁組が望ましいとされる子どもたちに焦点を当ててきた。それはつまり、さまざまな事情により、国の児童保護システムと政府の責任のもとにある子どもに関することである。伝統的な家族の責任と国家の責任は、こうした子どものために改められた。彼らにとって、子どもを育てる公的責任を担うのは国家であり、**パレンス・パトリエ（国親思想）**が導かれた。もちろん、実践のうえでは、子どもを育てるのは里親、親族、拡大家族、施設のケアワーカーである。しかし、子どもに関する方針を決定し、良き親が行うように子どものニーズを適切に満たすための正式な権限を有するのは国家である。

　近年、WHO–ユニセフ–医学雑誌ランセットの合同委員会（WHO-UNICEF-Lancet Commission）が『世界の子どもたちの未来は？（A future for the world's children?）』（Clarke et al., 2020）という報告書内で、世界各地の子どもの生存と健やかな成長のための基本的条件を評価している。本書で取り上げた9カ国のうち7カ国は、子どもの生活状況に関して上位20位に入り、残る2カ国はエストニア（27位）と米国（39位）だ（Clarke et al., 2020）。本書の導入の1章で述べ

たように、子どもに対する責任を果たすための各国のアプローチは、リスク志向の児童保護システム[1]から、生みの家族と子どもの権利を重視する家族サービス志向のシステムまで多岐にわたる（Gilbert et al., 2011）。

　児童保護のための親子分離と代替養育の多様なありかたは、子どもに対する国家の責務、および各種の児童保護システムとともに、これまでも注目されてきた。しかし、本書のように公的ケアからの養子縁組を主眼とした取り組みは類がなく、その独自性は、公的ケアからの養子縁組に関する国家の政策、実践、主要課題を深く掘り下げて検討しようとする点にある。本書は先行研究であるPalacios et al.（2019）を補完するものだ。Palacios et al.の論考は、学際的な研究者グループが当分野の幅広い知見をふまえ、国際条約と国内法に従い子どもの最善の利益を重視した権利と倫理の枠組みにおいて養子縁組が実施されるならば、それは子どもの代替養育にふさわしい正当なモデルとなると結論づけている。本書の最終章では、これまでの各章が伝える要点を整理し、児童保護施策として養子縁組を活用するプラス面とマイナス面を考え、今後の研究、政策、実践の方向性を示したい[2]。

公的ケアからの養子縁組の種類

　私たちは「公的ケアからの養子縁組」という言葉の定義を、導入の1章で以下のように示した。

　　公的ケアからの養子縁組、と呼ぶものは、公的な養育か国による後見を受けている子どもが、親の監護権の部分的な停止もしくは完全な取り消しの結果、生みの親の同意の有無にかかわらず、養親候補者のもとに措置されること／里親と法的に養子縁組されることを意味する。

　本書では、国内で行われる公的ケアからの養子縁組のみを取り上げた。どの国の児童保護システムも、目指すところは家族再統合である（Berrick et al., 近刊a）。だが残念ながら、家族再統合の統計はほとんど情報入手できないようで、

公的な養育下で何年過ごしたかさえ、各国を比較できる情報がない。それでもいくつかの章の執筆者は、長期の公的ケアを離れる子どもの数が極めて少ないことを報告している。

「公的ケアからの養子縁組」という言葉は、広範に用いられる確立した用語ではない。だが現に、本書に掲載した各国の司法において、公的な養育を受ける子どもが養子縁組されている。公的ケアからの養子縁組には、主に2種類あることがわかる。1つ目は、長期の公的な養育を受けている子どもがすでに一緒に暮らしている里親（もしくは親族）と養子縁組する場合。2つ目は、公的な養育の開始後すぐに、特別にリクルートした養親の家庭に移行する場合であり、それはかなり早いこともあるが、数ヵ月か数年の公的な養育を経て移ることもある。1つ目の道筋では、子どもがよく知る里親が養親となるが、2つ目の道筋では、養親は子どもにとって面識のない相手である。本書に掲載した各国は、このうちいずれか一方のアプローチをとる国と、両方を併用する国がある。

養子縁組は、大半の国（オーストリアとフィンランドを除く）では、児童保護システムに統合された一部と位置づけられる。多くは、ケア命令の決定も、公的ケアからの養子縁組の決定も、同一の方針決定機関が行う（フィンランドとスペインは除く）。どの国のシステムでも、親の合意がなくとも養子縁組を行うことができるが、オーストリア、フィンランド、ドイツ、アイルランドの4ヵ国は、生みの親の協力と同意が標準的規範となっている（アイルランドは、同意の有無により2つの道筋を示している）。同様に、子どもの同意も必要である（その年齢規定については、本章で後述する）。本書の9ヵ国のうち、米国を除く8ヵ国の司法における手続きと方針決定機関の概要は、Burns et al.（2019: 特に365ページのTable 4）にまとめられている。

公的ケアからの養子縁組に関して、近年認識されるようになった重要なテーマが2つある（Helland and Skivenes, 2019; Breen et al., 2020; ECtHR Strand Lobben v Norway 2017）。第1に、各事例における決定は、養子縁組か生みの親との家族再統合かではなく、「公的な養育の継続」対「養子縁組」の判断であること。第2に、養子縁組の決定によって、子どもに対する公的な養育の責任が、家族の私的養育に移行する点である。養子となった子どもは、もはや国家の責務と

15　各国の多様な状況における公的ケアからの養子縁組の意味づけ

291

しての**パレンス・パトリエ（国親思想）**のもとに直接あるのではなく、家族という私的な領域に加わる（Tefre, 2015）。これと通底する視点として、子どもは正式な権利を備えているとともに、国と裁判所が直接関与しなければならない家族内の個人である、という認識も求められる。家族という観点と、子どもにとっての家族生活の権利から考えると、この点は、私たちの視野のなかで見過ごされている部分であり、非常に重要なものであると考えられる。

　Breen et al.（2020）の論考は、子どもの事実上の家族生活の状態とその尊重について論じており、公的ケアからの養子縁組に関する欧州人権裁判所（ECtHR）の20件の判例を分析し、言説が変化してきているとする。公的ケアからの養子縁組のケースで、関心を集めつつパラドックスをともなう議論を呼ぶのは、判例法や原則において、生みの親との家族再統合が見込めず公的ケアのもとで育つと見込まれるにもかかわらず、生みの家族のほうが優位に置かれる場合である（Breen et al., 2020）。こうした点に関して、Breen et al. は、子どもにとっての家族に対する欧州人権裁判所の見解と理解は、子どもと生物学的関係のない事実上の家族との生活を認め、より強力に保護する方向に徐々に変化していることを明らかにした。

　本書に取り上げた各国の家庭にみるとおり、公的な養育を受けていた子どもを養子とした家族は、一般の家族と同じになり、例外は経済支援や養子縁組後のサポートに関するものである（米国とイングランド）。同じことが、養子となった子ども自身にも当てはまる。養子縁組すると、子どもにとっては養子縁組家庭からの支援だけが頼りとなり、必要なら、同様のニーズをもつ他の子どもたちに与えられる支援に頼る。本章では、公的ケアから養子縁組された子どもの数を調べたうえで、各国の著者から指摘された養子縁組前後の支援サービスに関して検討したい。

公的ケアからの養子縁組の数

　本書に掲載した9カ国の司法は、さまざまな福祉国家のモデルと児童保護のシステムを網羅している。統計を検証するには、児童保護システムにより公的

な養育に措置された子どものうち、どれくらいがその後に養子縁組されているのかを確認することが重要だ。私たちは、各国の章の著者にケア命令によって公的な養育を受けている子どもの数と、公的ケアからの養子縁組数の提供を求めた。集計の計算根拠が必ずしも同じではないため、各国の統計の比較は困難を極めるという点は留意すべきである（たとえば、ある時点での数値を示したストックデータなのか、一定期間中の数値を示したフローデータなのかというばらつき、あるいは、各国の司法によるケア命令の意味づけの違い、といった問題がある）。それでも概観すれば、どの国で公的ケアからの養子縁組の活用頻度が高いかは、一目瞭然である。ある時点で公的ケアを受けていた子どもが、その年内に養子縁組された割合は、米国で14.44％、イングランドで6.2％だった。スペインでは、公的ケアを受けている子どもの1.7％が養子となった。その他の国々は、公的ケアを受けていて養子となった子どもは、1％未満だった。興味深いのは、国ごとの養子縁組政策は児童保護システムと必ずしも合致するわけではないが、若干の相関関係がみられることである。イングランドと米国は、養子縁組の利用率が高い（表15.1）。一方、同じリスク志向の児童保護システムをもつアイルランドは、公的ケアからの養子縁組は少ない。

　イングランドと米国が養子縁組を活用する主要な理由は、ソバーン（2章）とベリック（5章）の両者の指摘によれば、調査研究が示すとおり実に多くの子どもが、家族と再統合できず、あまりに多くの措置変更を経験しているためである。米国では、子どもが永続性を確保する権利に議会指導者が着目したことから、子どもの権利重視の志向が、新たな法制定につながった（the Adoption and Safe Families Act 1997／1997年養子縁組・家族安全法）。これにより、家族再統合が不可能な場合、養子縁組が優先的な選択肢であると定められたのだ（5章参照）。Tefre（2015）は、米国の新たな法制定に向けて、永続性の重要性とともに、養子となった子どもが里親養育を受ける子どもに比べて優れた成果を上げていることを示した研究が重要な原動力になったと論じる。同様の根拠は、ノルウェー（9章；Tefre, 2020）とアイルランド（4章参照）でも示されている。イングランドでは、子どものための安定性と家族の一員である権利を重視した結果、養子縁組の増加とともに長期の里親養育の拡充につながり、それによって、長期の里親養育が、子どものために永続性を確保する選択肢の1つとみな

15　各国の多様な状況における公的ケアからの養子縁組の意味づけ

されるようになった。ただし、幼い子どもは、長期の里親養育を仮に開始したとしても、実際には速やかに養子縁組に措置される場合が多い（2章参照）。

表15.1　公的な養育を受ける子どもと公的ケアからの養子縁組について、9カ国の概要

1	2	3	4	5	6
国名と子ども人口（0〜17歳）（調査年）	ケア命令により公的な養育を受ける子どもの数　年末時点での総数（調査年）	子ども10万人当たりのケア命令による公的な養育を受ける子どもの数	公的ケアから養子縁組となった子どもの数	子ども10万人当たりの公的ケアから養子縁組された子どもの数	公的な養育を受ける子どものなかで公的ケアから養子縁組された子どもの割合
オーストリア[a] 1,535,958 (2018)	13,325[a]	868	110 (2018)	7.1	0.83%
イングランド 11,776,562 (2018)	61,710	524	3,820 (2017/18)	32	6.2%
エストニア 252,117 (2018)	2,451	972	22 (2018)	8	0.9%
フィンランド 1,058,091 (2018)	9,295	878	10 (2015)	0.9 (2015)	0.1% (2015)
ドイツ 13,470,300 (2016)	147,258 (2016)	1,082	269	2	0.18%
アイルランド 1,190,478 (2017)	5,974 (2018)	501	25 (2018)	2	0.42%
ノルウェー 1,122,508 (2018)	8,868 (2018)	790	55 (2018)	4.8	0.62%
スペイン 8,119,000 (2015)	34,644 (2017)	426	588 (2016)	7.2	1.7%
米国 73,600,000 (2016)	437,283 (2018)	595	63,123 (2018)	85.9	14.44%

注a：オーストリアの数値は、その年に、あらゆる種類の家庭外養育に措置された人数の合計である。

過去15年ほどの公的ケアからの養子縁組の動向を（本書の各章が示すデータをもとに）みると、やはり米国とイングランドが際立っている。両国とも公的ケアからの養子縁組の活用は拡大している。ただしイングランドでは、近年は減少傾向にある。オーストリア、ノルウェー、エストニア、ドイツでも養子縁組の動向をみることができ、いくらかの減少（エストニア）と、ごくわずかな増加（オーストリア、ノルウェー）が見受けられる。ただし、公的ケアからの養子縁組を統計に盛り込む方法は、各国で時とともに変更を経てきた。統計が示す動向は、世界中で国内養子縁組が減少しているという全体的な傾向に沿うものである（Palacios et al., 2019）。

　実のところ、家族サービス志向の児童保護システムにおいて、公的ケアからの養子縁組は、長期の公的ケアが必要な子どものための措置の一般的な方法ではない。児童保護のための介入策について、一般市民の見解を調査した研究は限られているが、それでも一部の調査では、公的ケアからの養子縁組に肯定的な立場を取る人は多く、特定の状況下では里親養育よりも養子縁組を選択することが示されている（Skivenes and Thoburn, 2017; Helland et al., 2020; Berrick et al., 近刊b）。これはやや驚くべきことであり、ノルウェーやフィンランドのような国では、一般市民の見解と、現行の実践が一致していない可能性を調査結果が示している。

子どもの立場から

　養子縁組は、その長い歴史を通じて、養子を求める側の視点から考えることが多く、より子ども中心の視点が台頭したのは、1960年代、1970年代のごく近年のことである（Triseliotis et al., 1997）。そうした新たな考え方は、より子どもに焦点を置き、幼少期の逆境を乗り越え縁組後の生活に適応する子どもの能力といった問題の調査を促進し、その結果が養育計画と実践の改善に活用されてきた（Palacios and Brodzinsky, 2010）。こうした姿勢は、今日、とりわけ人権および子どもの権利を重視しつつ、より権利を基盤とする考え方へと拡大されている（11章参照）。こうした重要性が示唆しているのは、子どもの視点に立った

公的ケアからの養子縁組の検討とは、生涯の家族に帰属する機会を得る子どもについて物語ることに他ならない、という点である。個人の自尊感情と自己価値認識に不可欠な帰属意識としての絆を、子どもが再構築するための物語でもある。

残念ながら、やはり生みの親と養親候補者の視点で養子縁組が促進されることが少なからずあり（Breen et al., 2020）、これは 9 章と 12 章で指摘されている。国際養子縁組を経験した子どもに着目した研究は、公的ケアからの養子縁組の問題にすべて当てはまるわけではないが、アイデンティティと帰属意識についての考えかたは、どちらの養子縁組にも関連するはずである。具体的なところでは、ヘランドおよびスキヴェネス（9 章、および McEwan-Strand and Skivenes, 2020）は、ノルウェーにおいては、方針決定の観点から「養子縁組のプロセスにノルウェーの子どもは関与しているのか、どのように関与しているのか、子どもは同意しているのか、里親養育か養子縁組かという措置の選択肢について、また、生みの親とのコンタクトについて、子どもどう考えているのかといった点について、既存の研究がいまだ答えを示していない問題がかなりある」と結論づけている。

本書に示した国のほとんどは、一定年齢以上の子どもが養子縁組に同意することを要件としている。例外はイングランドとアイルランドだが、イングランドでは、すべての年齢の子どもの希望を個別に確かめて裁判所に報告することが必須である。同意が必要となる年齢は、エストニアでは 10 歳、ノルウェー、スペイン、フィンランドでは、同意の「資格の適用年齢（qualifying age）」は 12 歳、ドイツとオーストリアでは 14 歳である（Burns et al., 2019）。ほとんどの国では、この年齢に達しない子どもでも、法的に能力があると認められれば同意を表明することがある。

子どもが自分の措置の経緯や養子縁組の方針決定への関与についてどう考えているのか、という理解は進んでおらず、これは知識基盤の間隙に他ならない。1999 年に Thomas と共同研究者が発表した調査研究によれば、イングランドで公的ケアから養子縁組した 41 名の子どもにインタビューしたところ、半数の子どもが裁判所の審理のことを気にかけていたという。実際に法廷で裁判官と対面する聴聞のことだけではなく、審理の結果について、裁判官が養子

縁組は「ダメ」というのではないか、そうしたらどうなるのだろう、などと心配していた。「養子縁組が認められるのかどうか、心配だった。もし許可されなかったら、どうすればいいんだろう、どこに行けばいんだろうって思っていた」という（Thomas et al., 1999: 69）。裁判所の聴聞まで待つ期間の長さに困難を感じた、と語る子どもも約半数に上った。

　Neil et al.（2015）の研究では、10年間追跡調査した16～20歳の32人の養子にインタビューを行っている。また、Thoburn et al.（2000）は、民族的マイノリティの生まれで、公的ケアから永続的な家庭に（ほとんどが養親のもとに）措置された265名の子どもを追跡調査し、そのうち16～21歳の24人の若者と話をした。どちらの追跡調査でも、養子となった者たちは、養子縁組のプラス面だけでなくマイナス面、特に生みの親族の大人ともきょうだいとも、すべてのつながりを失わざるを得なかったと後悔するものなど、幅広い経験と考えをもっていたことを報告している（14章参照）。

　ノルウェーでは、生みの親による自発的な縁組ではなく公的ケアから養子となった子どもの養子縁組家庭について、Berg（2010）が小規模な量的調査を行っており、公的ケアから養子となった6人の子どものインタビューも含まれる。それによると、インタビュー時に17歳以上になっていた子どもたちは、養子となったこと、実の家族のこと、養子縁組された理由について、十分理解していた。どの子どもも、養子となって幸せだと話し、新しい家庭での暮らしを通じて、実の家庭よりも多くの機会に恵まれてよりよい生活を送れたと考えていた。

　しかし、子どもの立場に立つということは、単に子どもの意見を聞きさえすればよい、というものではない。養子縁組は一部の子どもにとって長期的な養育に代わる選択肢であるという基本的な考え方を導くものとして、より幅広い視点なのである。こうした立場は、公的ケアからの養子縁組を行うすべての国で明白な2つの前提、すなわち、子どもの最善の利益の原則、および養子縁組によって家族を築くことを願う大人の側の願望について慎重に考えるよう私たちに求めている。この2点は相互補完的であるが、ともすると、養子縁組で家族をもちたい大人が子どもをモノとしてとらえ、家族を創造する手段として子どもを扱うことになりかねない。これについて、Breen et al.（2020）は、公的

ケアからの養子縁組に関する欧州人権裁判所のすべての判決を分析した結果として、有望な見解を示す。

> 公的ケアからの養子縁組の文脈において、裁判所の「家族という単位」は生物学上の親子関係を意味するものとして理解されているが、近年では、子どもと里親の関係や、特定の状況に限っては、きょうだい関係にも適用されている。その意味で、われわれの調査では、裁判所による家族の構成の理解は、家族という概念を個人間の思いやりある関係と営みによって生まれる絆の反映とみなす理論的な文献と一致していることがわかる。

個人間の思いやりある関係と営みによって生まれる絆は、すべての子どもにとって大切である。同等に、養子となる予定の子どもにとって重要なのは、既存の関係性と、養親候補者とのあいだに見込まれる関係性の適切なアセスメントだ。第13章では、ノルウェーの裁判所が養子縁組の決定においてアタッチメントをどのようにとらえているかを検討し、このような心理学的用語にもとづく質の高いアセスメントがいかに重要であるかと、司法と福祉の双方の接点で裁判所がどのような課題を抱えているかを示している。

公的ケアからの養子縁組と生みの親

20世紀の初期の西洋諸国においては、単身の母親による育児が支持されていなかったため、国内養子縁組は後の時代に比べて一般的であった。シングルマザーであることの社会的なスティグマとともに、経済的援助も育児支援もなかったことが、育児放棄されたり養子縁組に託されたりする子どもの数の多さに影響していた。1960〜70年代以降は、福祉国家によるシングルマザー向けの支援サービスの増加、避妊方法の普及、「非嫡出」の子どもと母親への社会的スティグマの低減の結果として、国内養子縁組に委ねられる子どもの数は減少してきた。

それでも、各国の章では今なお放棄された子どもについての報告がある。ド

イツの赤ちゃんポスト（baby hatches）や、オーストリア、エストニア、フィンランド、スペインで新生児が養子縁組に託されている状況は、母親への育児支援サービスの不備を示している可能性があり（Luhamaa et al., 2021）、また、こうした放棄につながる社会的・文化的規範の存在もうかがえる。留意すべきは、養子に「出される」赤ちゃんの話の中心は、今なお母親であり、父親の役割に目を向けていない点である。出生間もない「赤ちゃんの養子縁組」の背景と動機について、本書では深く論じておらず、育児放棄の場合とは事情が異なる可能性がある（7章参照）。だが、このような赤ちゃんの養子縁組が現に存在すること自体が、養子縁組の既存の法律と倫理的な指針に照らして重要な点である。

　生みの家族から養親のもとに至るまでの経緯は、国によって違いがあり、それは、公的ケアからの養子縁組の法制定や、公的ケアからの養子縁組が生みの家族成員に及ぼす影響、支援サービスの提供にも影響を及ぼす。だが、どのような経緯を経るにせよ、かつては（多様な社会背景の家庭から）乳幼児が「供給」され、同意による養子縁組が行われていたが、それが減少に転じるなかでも、親が物質的に貧しいか、社会的に不利な背景をもつ子どもの場合は、公的ケアを受けることになり養子縁組が検討される傾向がある。家族向けの支援サービス提供の歴史が長い国では、家庭における資力の不足だけを理由とした公的ケアからの養子縁組は稀であり、あるべきことではない（Luhamaa et al., 2021）。親が抱える困難の原因となる貧困や剝奪は、心身の健康問題、依存症、親同士の暴力といった連鎖を生む。

　乳幼児が公的ケアを受け始めて養子となる割合が多い国（本書では特にイングランドと米国）で、特に注目すべきは、生みの親自身が18歳未満で、まだ子ども固有の権利をもち、自らも「公的ケアを受けている」ことがある点である。しかし、公的ケアから養子縁組された子どもの生みの親への調査によると、母親の年齢、とりわけ父親の年齢は18歳を上回っているのが普通であり、特に複数の子ども（きょうだい、もしくは続けて生まれた乳幼児）を同意のない養子縁組で失った親の場合は18歳を超えていた。各国の章で参照した公的ケアからの養子縁組に関する調査には、子どもがどの時点で公的ケアを受けるようになり、いつ養子縁組に措置されたか、具体的な情報を示した例もあるが、それ以降も長期にわたって生みの親の状況を示した報告は少ない（14章、Howe and

Feast, 2000; Triseliotis et al., 2005; Neil et al., 2015; Broadhurst et al., 2018)。

公的ケアから養子縁組した子どもの養親になること

　養子縁組の種類を問わず、養親候補者は、法的要件に照らした資格のみならず、健康面と精神面の一定の基準に見合った適性について、この分野の国際協定と倫理基準に則って認定を受ける必要がある（11章参照）。養親候補者は、子どもが措置される前に専門的な研修と支援サービスを受けることになっており、措置の手続き中と措置後も同様である。本書に示した各国の公的ケアからの養子縁組では、里親が、その子どもを養子とする例が多い。事実、国によっては、里親に**限って**公的な養育を受ける子どもとの養子縁組が可能であり（たとえばノルウェー）、また他の国でも、公的ケアを受けている子どもの養子縁組のプロセスを開始するのは特に里親である（エストニアやフィンランド）。子どもと里親は、当然ながら、養子縁組手続き前にお互いをよく知っており、既存の関係性にもとづいて、新たに養子縁組家庭が形成される。これは同時に、養子縁組を念頭に置いた里親の募集や開拓の重要性を示しており、子どもと里親のマッチング段階の取り組みが、将来的な養子縁組のもたらす利益とその見込みに影響を及ぼすことを意味する。里親養育事業に応募した人々は、里親になるためのアセスメントと研修を受けるが、それとは異なる役割と関与が、養親となるためには求められることになる。

　とはいえ、里親が養親となるためには、適性のアセスメントだけが重要なのではなく、養親になる意義の理解も大切である。国によっては「養子の親であること」について心理カウンセリングで取り上げ、これが養子縁組のプロセスの一環として必須となっている（Triseliotis et al., 1997）。養子縁組に向けた準備プロセスは、養子縁組の成功のために重要とみなされる（8章参照）。カウンセリングの目的は、養親候補者を支え、里親から養親に移行する意味について、情緒面と心理面の心構えを整えることである。こうした支援は、養子縁組を予定している家庭の、養親以外の家族成員についても行われる。里親養育で育てていた子どもとの養子縁組は、家族の構造全体と関係性に影響するからであ

る。たとえばドイツのボヴェンシェンおよびメイゼンのように一部の章の執筆者は、里親養育の期間があったことがアセスメントやカウンセリングに影響すること、つまり、当局が養育家庭についてすでに把握している場合にアセスメントが簡略化される可能性に懸念を示している。

　里親ではない者が、公的な養育を受ける子どもの養子縁組を申請する場合は、子どもと養親候補者のマッチングが養子縁組プロセスの一環として行われる。養親候補者にとっては、養子縁組が可能な子どもたちについて知る機会が必要であり、イングランドに関する2章で述べたようにアダプションパーティのような集まりが開催される場合もある。養親候補者を募集するために、特に年長の子どもやティーンエイジャーの養親となることへの関心を促すキャンペーンも実施されている（McRoy et al., 2009）。だが、養親候補者へのカウンセリングは、あまり進んでいるとはいえない――本書で米国とイングランドでの実践を記した各章は、マッチングに焦点を当てており、養親候補者の心理社会的指導にはあまり注意が払われていない。それでも、適切な養親という定義は、各国で議論を呼びつつも重要視され、民族、人種、婚姻関係、性的指向といった論点が検討されている（5章参照）。

　養親候補者が、里親であっても子どもと面識のない人であっても、その適性と深い関与の姿勢が、公的ケアから養子縁組される子どものためには非常に重要である。養子縁組の歴史には、子どもが養親からひどい扱いを受けた悲劇や、搾取までされた話が数多くある（Briggs and Marre, 2009）。以前から、養子縁組前のアセスメントを行うことによって、一部の不適切とみなされる養親候補者を、公的で正式な養子縁組の手続きから外してきた。たとえば、年齢の問題によって除外される養親候補者がいる。近年では、養親候補者は単身でもよいのか、同性の関係のカップルでもよいか、また、異性のカップルか同性のカップルかどうかについて法規定を設けるのか否か、といった点が注目され、国による対応の違いが生じている（European Parliamentary Research Services, 2016）。

　現に養子縁組が意図している成功が、公的ケアを受ける子どものために、法的にも居住についても関係性についても永続性をもたらすことである以上、養親（および養子縁組家庭）はその中核として重大な役割を担う。里親養育を通

15　各国の多様な状況における公的ケアからの養子縁組の意味づけ

301

じて子どもがすでに養親候補者を知っている場合は、このような永続性の提供についていくらかの利点があるが、それでも、こうした候補者は、里親から養親への移行にともなう法的、社会的、心理的な意味について、情報、支援、理解が必要だ。また、養親候補者が養子となる子どもと面識のない者である場合は、より一層、準備段階で学ぶべき内容が多く、養親となることだけではなく、家庭に迎え入れる子どもの特別なニーズと特性を知る必要がある。

公的ケアからの養子縁組の前後の支援サービス

　各国の章は、程度の差はあれ、養子縁組に先立つ支援サービスの存在を示している。養子縁組前の主要なサービスは、生みの親、養子となる子ども、養親候補者に対するカウンセリングである。一般に、カウンセリングの目的は、各当事者への情報提供と、養子縁組がもたらす変化を受容するための心理面、情緒面の支援である。カウンセリングは、養親候補者の資格と適性のアセスメントを兼ねる場合もあり、また生みの親による関与と同意について確認する機会でもある。それとともにカウンセリングを、養子縁組に向けた手続きの必須要件とみなす例もあり、たとえばフィンランドでは義務化している。国によってはカウンセリングの代わりに、もしくは、それと並行で事前研修を行う。たとえばオーストリアは、講義や演習から成る「準備研修コース（preparatory courses）」を養親候補者向けに用意している。カウンセリングの提供は、養子縁組の専門のソーシャルワーカーが行う国が大半である。

　唯一エストニアの章が、子どもをめぐるより広範なネットワーク、つまり「生物学上の親族、きょうだい、および子どもに関わりのあるすべての人」（3章参照）を対象とした事前準備と支援の実践について述べている。だが、どの国の章をみても、公的ケアから養子縁組される子どもの状況に合わせ、特化して組み立てたカウンセリングの報告はない。また、養子縁組カウンセリングは、養子となる子ども自身にも提供されるが、公的ケアからの養子縁組ならではの特性をふまえた提供のありかたについては、やはりどの国の章も言及がない。

子どもにとって、里親養育から養子縁組への移行は、往々にして苗字の変更を意味する（国によっては、ファーストネームまで「授けられる」場合もある）。こうした目に見える変更点は、他のさまざまな変容に比べて日常レベルの雑多なことかもしれないが、その意味合いは軽視できず、子どもの心の準備なしに変えてはいけない。周知のとおり、公的ケアを受けている子どもは、つまるところ、社会への帰属意識に関するさまざまな問題を抱えて苦しんでいるのである。したがって、里親養育から養子縁組への移行は、子どものニーズのカウンセリングに加え、養子縁組の決定に対する子どもの希望や見解を、十分考慮したうえで行わなければならない。

　養子縁組が成立した後は、養親と養子の家庭は、その他一般の親子の世帯と同じとみなされるのが普通で、受給できる支援サービスも同等となる。多くの国で、もともと里親養育を行っていた家庭は、それまで受給していた支援と手当を失う。本書に掲載した国では、米国とイングランドの章だけが、一部、もしくはほとんどの養親が、養子縁組後も引きつづき公的な経済支援を受けられることに言及している。米国では「一般に養親は、まず税額控除の適用を受ける。そして普通は、里親養育補助金（foster care subsidy）と同様に、子どもが18歳になるまで毎月の補助を受け取る」（5章参照）。

　また、里親だった大人だけではなく、養子となった子ども自身も、それまで受けていた支援を失う。たとえば、フィンランドの章によると、公的ケアを受けて成長した子どもは、若年成人として独立できるよう、公的ケアを終える年齢になってからもアフターケアのサービスを受けている一方、公的ケアから養子縁組された子どもは、そうした公的な支援を受けられず養親からの支援に頼るしかない。ほとんどの国では、縁組成立後の養子縁組家庭向けのサービスは求められた場合に限って行われる傾向があり、子どものアイデンティティに関する問題への対応についても、養親や子どもからの援助の要望があったときだけである。こうした要望は、養子が青年期に達して大人になり、生みの家族の情報を知りたい、家族の成員と再び連絡を取りたい、と思う時にもっとも生じやすい。

　生みの親に対する養子縁組後のサービス提供も、主に、縁組後のコンタクトの支援に関することである。だが、精神保健サービスもあり、特に出産後間も

15　各国の多様な状況における公的ケアからの養子縁組の意味づけ

なく子どもを養子縁組に託した親など、子どもと離れた悲しみ（悲嘆反応）を経験する多くの生みの親のために、カウンセリングを行っている。

結び

　本書は、公的ケアからの養子縁組について探求し、今日の社会で生みの親と養親の権利に対して子どもの権利がいかに重視され実現されているのか、また、政府、法律家、福祉専門職がどのようにこうした権利のバランスを取り、親もとで育つことができない子どもの養育の義務を果たしているのかを知ることをねらいとしてきた。本編では、米国とイングランドでは児童保護を理由に公的ケアを受けている子どもが養子となる可能性が高く、この両国はガイドラインと実践枠組みがよく整備されていることが示されている。児童保護に関してリスク志向の国も、家族サービスと子どもの権利志向の国も含む他の7カ国は、公的ケアから養子縁組される子どもは限定的で、児童福祉の政策における養子縁組への関心も一般的に高くない。

　公的ケアからの養子縁組の各当事者について、各国の調査研究が示す知見は、驚くほど少ない。子ども、生みの親、養親が、養子縁組決定時とその後に示す特徴、見解、対処メカニズム（coping mechanisms／コーピング）について、公的ケアからの養子縁組の活用頻度が高い国以外では、ほとんど研究されていないのである。したがって、児童保護システムの施策や実践上の決定は、現状で入手できる限られた情報をもとに行うしかない。実際には、児童保護システムの論理的根拠、福祉国家のありかた、養子縁組の歴史と文化的意味は、地域によって多様であるため、研究から導かれるメッセージは、個々の国の文脈と、公私の責任、家族生活の権利、子どもの権利に関する理解に合わせて適応させる必要がある。

　国による長期の公的ケアを必要とする子どもは、どの国の司法においても、成長のために最善と見込まれる選択肢を与えられるべきであり、その選択肢は、それぞれのプラス面とマイナス面について研究にもとづく知見をふまえて提供されなければならないのである。

謝辞

本研究は、Research Council of Norway の助成を、独立プロジェクト——人文社会学プログラム (Independent Projects – Humanities and Social Science program) のもとで受けている (助成番号 no. 262773)。また、European Union's Horizon 2020 の研究開発プログラムのもと、European Research Council の助成も受けている (助成承認番号 No 724460)。

免責事項：本章は筆者個人の見解によるものであり、助成機関は、本稿に含まれる情報のいかなる利用についても責任を負わないものとする。

注

1 イングランドは、家族サービス志向の法規定を備えているものの、実践上は、リスク志向の枠組みにおいて運用しており、こうした2つのアプローチの中間に位置する。

2 本章で触れる各国の実践は、紙面が限られているため、筆者としては取捨選択せざるを得ない。したがって、ここに言及がなくても実際には生じている事象がある。

参考文献

Berg, T. (2010) 'Adopsjon som barneverntiltak – hvordan gikk det med barna? Rapport fra praksis' ['Adoption as a child welfare measure – how did it work out for the children? A report from praxis'], *Tidsskriftet Norges Barnevern*, 87(1): 48–59.

Berrick, J. D., Gilbert, N. and Skivenes, M. (eds) (近刊 a) *International Handbook of Child Protection Systems*, New York: Oxford University Press.

Berrick, J.D., Skivenes, M. and Roscoe, J. (近刊 b) 'Right orientation and citizens views of adoption from care in U.S. and Norway'.

Breen, C., Krutzinna, J., Luhamaa, K. and Skivenes, M. (2020) 'Family life for children in state care. An analysis of the European Court of Human Rights' reasoning on adoption without consent', *International Journal of Children's Rights*, 28(2020): 715-747. Available at: https://brill.com/view/journals/chil/aop/article-10.1163-15718182-28040001/article-10.1163-15718182-28040001.xml?language=en

Briggs, L. and Mare, D. (2009) 'Introduction. The circulation of children', in D. Mare and L. Briggs (eds) *International Adoption. Global Inequalities and the Circulation of Children*, New York: New York University Press, pp 1–28.

Broadhurst, K., Alrouh, B., Mason, C., Ward, H., Holmes, L., Ryan, M. and Bowyer, S. (2018) *Born into Care Proceedings in England*, London: Nuffield Foundation.

Burns, K., Kriz, K., Krutzinna, J., Luhamaa, K., Meysen, T., Pösö, T., Sagrario, S., Skivenes, M. and Thoburn, J. (2019)

'The hidden proceedings – an analysis of accountability of child protection adoption proceedings in eight European jurisdictions', *European Journal of Comparative Law and Governance*, 6(4): 339–71.

Clark, H., Coll-Seck, A. M., Banerjee, A., Peterson, S., Dalglish, S. L., Ameratunga, S., Balabanova, D., Bhan, M. K., Bhutta, Z. A., Borrazzo, J., Claeson, M., Doherty, T., El-Jardali, F., George, A. S., Gichaga, A., Gram, L., Hipgrave, D. B., Kwamie, A., Meng, Q., Mercer, R., Narain, S., Nsungwa-Sabiiti, J., Olumide, A. O., Osrin, D., Powell-Jackson, T., Rasanathan, K., Rasul, I., Reid, P., Requejo, J., Rohde, S. S., Rollins, N., Romedenne, M., Singh Sachdev, H., Saleh, R., Shawar, Y. R., Shiffman, J., Simon, J., Sly, P. D., Stenberg, K., Tomlinson, M., Ved, R. R. and Costello, A. (2020) 'A future for the world's children? A WHO-UNICEF–Lancet Commission', *The Lancet*, 395(10224): 605–58.

European Parliamentary Research Service (2016) 'Briefing. Adoption of children in the European Union'. Available at: www.europarl.europa.eu/RegData/etudes/BRIE/2016/583860/EPRS_BRI(2016)583860_EN.pdf (2020 年 6 月 24 日閲覧).

Gilbert, N., Parton, N. and Skivenes, M. (eds) (2011) *Child Protection Systems. International Trends and Emerging Orientations*, New York: Oxford University Press.

Helland, H. and Skivenes, M. (2019) *Adopsjon som barneverntiltak* [*Adoption from Care as a Child Welfare Measure*], Bergen: University of Bergen.

Helland, H., Pedersen, S. and Skivenes, M. (2020) 'Befolkningens syn på adopsjon' ['Population's view on adoption from care'], *Tidsskrift for Samfunnsforskning*, 61(2): 124–39.

Howe, D. and Feast, J. (2000) *Adoption, Search and Reunion: The Long Term Experience of Adopted Adults*, London: BAAF.

Luhamaa, K., McEwan-Strand, A., Ruiken, B., Skivenes, M. and Wingens, F. (2021) 'Services and support to mothers and newborn babies in vulnerable situations: A study of eight countries', *Children and Youth Service Review*, 120: 105762.

McEwan-Strand, A. and Skivenes, M. (2020) 'Children's capacities and role in matters of great significance for them. An analysis of the Norwegian county boards' decision-making in cases about adoption from care', *International Journal of Children's Rights*, 28(3): 632–65.

McRoy, R., Lynch, C., Chanmugam, A., Madden, E. and Ayers-Lopez, S. (2009) 'Children from care CAN be adopted', in G. Wrobel and E. Neil (eds) *International Advances in Adoption Research and Practice*, Chichester: Wiley-Blackwell, pp 97–118.

Neil, E., Beek, M. and Ward, E. (2015) *Contact after Adoption: A Longitudinal Study of Post Adoption Contact Arrangements*, London: Coram-BAAF.

Palacios, J. and Brodzinsky, D. (2010) 'Adoption research: trends, topics, outcomes', *International Journal of Behavioral Development*, 34(3): 270–84.

Palacios, J., Brodzinsky, D., Grotevant, H., Johnson, D., Juffer, F., Marninez-Mora, L., Muhamedrahimov, R., Selwyn, J., Simmons, J. and Tarren-Sweeney, M. (2019) 'Adoption in the service of child protection. An international interdisciplinary perspective', *Psychology, Public Policy, and Law*, 25(2): 57–72.

Skivenes, M. and Thoburn, J. (2017) 'Citizens' views in four jurisdictions on placement policies for maltreated children', *Child and Family Social Work*, 22(4): 1472–9.

Tefre, Ø. (2015) 'The justifications for terminating parental rights and adoption in the United States', *Children and Youth Service Review*, 48: 87–97.

Tefre, Ø. (2020) 'The child's best interest and the politics of adoptions from care in Norway', *The International Journal of Children's Rights*, 28(2): 288–321.

Thoburn, J., Norford, L. and Rashid, S. P. (2000) *Permanent Family Placement for Children of Minority Ethnic Origin*, London: Jessica Kingsley.

Thomas, C., Lowe, N. V., Lowe, N., Beckford, V. and Murch, M. (1999) *Adopted Children Speaking: A Whole New World*, London: British Association for Adoption and Fostering.

Triseliotis, J., Shireman, J. and Hundelby, M. (1997) *Adoption. Theory, Policy and Practice*, London: Cassell.

Triseliotis, J., Feast, J. and Kyle, J. (2005) *The Adoption Triangle Revisited*, London: BAAF.

おわりに

　本書の原著者であるタルヤ・ポソ教授（タンペレ大学、フィンランド）、マリット・スキヴェネス教授（ベルゲン大学、ノルウェー）、ジュン・ソバーン教授（イースト・アングリア大学、英国）の3名は、長年にわたって児童保護制度の国際比較研究や里親・養子縁組制度に関する数々の研究を行ってきた著名な研究者です。本書は、2019年秋に開催されたセミナーの発表をもとに、ベルゲン大学裁量権パターナリズム研究センターが行う研究プロジェクトの成果として2021年に刊行されました。

　各国の取り組みを見てみると、避妊の導入や非婚の親に対する社会的スティグマの低減、生みの親に対する支援の拡充などの社会的な変化に加えて、長期で子どもを養育する里親の権利拡大、後見を受ける子どもの増加、パーマネンシー保障の選択肢に関する考え方など、養子縁組を取り巻くさまざまな影響によって、養子縁組の位置づけが移り変わってきていることがわかります。養子縁組そのものも、セミオープン／オープンアダプションや生みの家族とのコンタクトの取り決め、縁組後の支援によって、その意味合いが変化してきていることが示唆されています。

　日本では2019年に、特別養子縁組制度導入以来、初めて制度改正され、対象となる子どもの上限年齢の引き上げ、養親の手続きにかかる負担軽減がはかられました。その背景には、2016年に出された「新たな子ども家庭福祉のあり方に関する専門委員会（提言）」において、制度の見直しに関する検討が提言されたことや、2016年改正児童福祉法では、子どもを家庭で養育することが困難または適当でない場合は、特別養子縁組や里親等による養育を推進することが明確化されたこと、2017年に取りまとめられた「新しい社会的養育ビジョン」のなかで、パーマネンシー保障としての特別養子縁組の推進および法制度改革が提言されたことなどがあります。

　日本における近年の特別養子縁組の成立件数は、年間500件〜700件程度を推移しています[1]。本書の9カ国と日本の状況を比較すると、どのようになるで

しょうか。15章で述べられているように、「集計の計算根拠が必ずしも同じではない」という点には十分に留意しながら、各国の概況をとらえることを試みたいと思います。なお、日本のデータについては、他の国となるべく時点を揃えるようにしました。

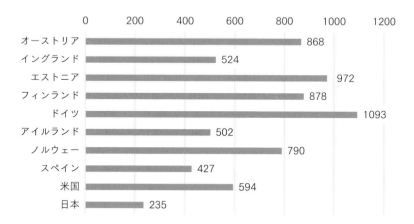

図1　子ども10万人当たりの公的な養育を受ける子どもの人数

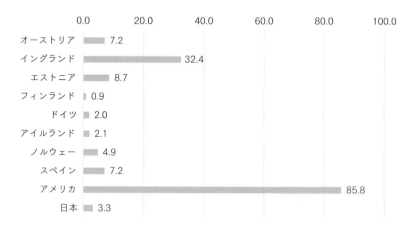

図2　子ども10万人当たりの公的ケアから養子縁組となった子どもの人数

注：各国データの詳細は、表15.1を参照。日本の子ども10万人当たりの公的な養育を受ける子どもおよび養子縁組となった子どもの人数は、政府統計「e-Stat」の統計表（2018年10月1日時点）、厚生労働省子ども家庭局家庭福祉課「社会的養育の推進に向けて（平成31年1月）」における社会的養護のもとで暮らす子どもの人数、司法統計における特別養子縁組成立件数（2018年）をもとに算出。

まず、図1「子ども10万人当たりの公的な養育を受ける子どもの人数（社会的養護のもとで暮らす子どもの人数）」は、日本を含む10カ国中、ドイツ・エストニアが多く、下位に位置するのは日本、スペイン、アイルランド、イングランド、米国です。エストニアを除いて、リスク志向の児童保護システムを有する国に分類される3カ国（イングランド、アイルランド、米国）が含まれており、日本の数の少なさは際立っています。

　次に、図2「子ども10万人当たりの公的ケアから養子縁組となった子どもの人数（特別養子縁組の成立件数）」は、米国・イングランドが突出しており、下位に位置するのは、フィンランド、ドイツ、アイルランド、日本、ノルウェーです。数がもっとも少ないフィンランドは、算出元のデータには新生児の縁組を含めていないこと、ドイツは養子縁組養育に措置された子どものみを対象としていることに留意が必要です（詳細は各章参照）。

　以上の点をふまえると、日本は子ども人口に対する社会的養護（代替養育）の割合も、養子縁組の割合も低いことが推察されます。これは、日本の家庭支援の状況をふまえると、社会的養護や養子縁組が必要となる子どもが、他国に比べて少ないことの表れではないように感じられます。こうしたデータは、特定の時点で傾向を示す指標の1つであり、それだけをもって良し悪しの判断ができるものではありません。しかし、社会的養護の割合も養子縁組の割合も低い可能性があることを知ることは、制度が組み込まれている、より広範な社会状況に目を向けさせてくれるのではないでしょうか。そこにどのような社会的・文化的・歴史的な経緯があったのか、このままの方向性で良いのかを問いかけてくれるように感じます。

　"adoption"（養子縁組）の語源は、adoptare（AD. + optare）[2]というラテン語で、「自分で選ぶ（方向＋選ぶ）」ことを意味します。養子縁組を取り巻く状況や、養子縁組そのもののあり方が変わっていくなかで、子どもの最善の利益のために、どのような方向性を選ぶのか、本書がそのことを考える一助になれば嬉しく思います。

　最後に、本書が出版されるまでに、多くの方に支えていただきました。私が所属していた早稲田大学社会的養育研究所の皆さまには、上鹿渡和宏先生、御園生直美先生をはじめ、本書の重要性をご理解くださり、後押しいただきまし

た。また、日本財団には助成金を活用させていただきましたこと、厚く御礼申し上げます。

　海野桂氏は、原書において法制度や難しい表現が多くあったにもかかわらず素晴らしい翻訳をしてくださいました。目白大学の阿久津美紀先生には、養子縁組の記録についてアイルランドでは出生情報追跡法ができたこと、ノルウェーではアクセス権について養子縁組機関が児童に通知する義務があること、ドイツでは出自を知る権利を支えるための具体的なプロセスが定められていることなど、貴重な情報を教えていただきました。

　本書の企画から出版まで、明石書店の深澤孝之氏、柳澤友加里氏には多大なご協力をいただき、柳澤さんのご指摘からの気づきも多くありました。最後に、これまで調査や支援現場で多くのことを教えてくださった、養子・養親・生みの親の方々、日本財団元ハッピーゆりかごプロジェクトの皆さま、民間あっせん機関や児童相談所・自治体の関係者の皆さま、HITOTOWA、調査研究の仲間である佐藤祥子、青山めぐみ、監訳を支えてくれた家族に心から感謝いたします。

2024 年 8 月　監訳者　西郷民紗

注

1　2013 年 474 件、2014 年 513 件、2015 年 542 件、2016 年 495 件、2017 年 616 件、2018 年 624 件、2019 年 711 件、2020 年 693 件、2021 年 683 件、2022 年 580 件（司法統計による）。

2　下宮忠雄・金子貞雄・家村睦夫編 (1989)『スタンダード英語語源辞典』大修館書店、10 頁。

索引

【アルファベット】
LGBTQ　100

【ア】
アイデンティティ　23, 222, 233, 261
アイルランド　19, 24, 69, 234, 270, 291
アクセス　84, 238, 239
アセスメント　37, 41, 132, 149
アタッチメント　25, 217, 248, 251, 252
安定性　32, 95
意見聴取　37
イタリア　19
イングランド　24, 30, 234, 295, 303
ウェルビーイング　13
英国　23
永続性　22, 32, 39, 92, 293, 301
永続的　19
エストニア　24, 50, 234, 295, 299, 300, 302
エビデンス　22
欧州子どもの権利憲章　188
欧州子ども養子縁組条約　208, 214, 222
欧州人権裁判所　14, 209, 222, 237, 298
欧州人権条約　54, 222, 223
オーストラリア　19, 270
オーストリア　24, 110, 234, 291, 295, 299, 302
オープンアダプション　70, 83, 98, 133, 153, 189, 197

【カ】
カウンセリング　53, 132, 134, 140, 302
家族サービス志向　24, 130
家族再統合　19
家族生活　209, 231
家族の尊重　71
家庭外養育　47
家庭調査　59
カナダ　19
監護　14
帰属　22
帰属意識　95, 271
きょうだいとのコンタクト　36
キンシップケア　19, 46
クローズドアダプション　72
ケア命令　18
ケース記録　39

後見　19, 189

後見人　96

合理的な努力　92

国際養子縁組　16

国際養子縁組に関する子の保護及び国際協力に関する条約　54, 208, 213

国内養子縁組　16

国連子どもの代替養育に関するガイドライン　17

子どもの意見　218

子どもの権利委員会　211

子どもの権利に関する条約（子どもの権利条約）　13, 54, 208, 212

子どもの最善の利益　13, 168, 171, 216

子どもの福祉　34

コミュニケーションの開放性　269, 279

コンカレント・プランニング　79, 85, 276

コンタクト　20, 121, 132, 153, 155, 170, 218, 261, 269, 274, 284

【サ】

最大の考慮　216

里親家庭　47

里親の権利　79

里親養育　19

里親養育補助金　97

出生記録　243

出生証明書　97, 238, 243

障害　31

知る権利　61, 117, 222, 240

シングルマザー　15, 52, 140, 298

親権　14

人権　25

新生児　139

親族　36

親族養育　46

スウェーデン　17, 64

スティグマ　30, 53, 73, 74, 140, 201, 237, 298

ストラスブール養子縁組欧州協定　188

スペイン　24, 186, 234, 299

生物学的な親　117

セミオープンアダプション　122

喪失　21

措置が困難　31, 40, 97, 202, 275

措置変更　31

【タ】

代替養育　17

中央機関　70

長期の養育　19, 21

聴聞　37

手当　40

デンマーク　17

ドイツ　19, 24, 148, 234, 291, 295, 298

同意のない養子縁組　23

特別後見　36

匿名　　122, 152
トラウマ　　21

【ナ】
内密出産　　153
日本　　17
ノルウェー　　17, 23, 167, 234, 270, 295, 300

【ハ】
ハーグ国際養子縁組条約　　41, 64
ハーグ条約　　211, 213
パーマネンシー　　18, 115, 139, 148
パーマネンシープラン　　32, 38, 96
パーマネンシープランニング　　85
破綻　　45
秘匿　　58
秘匿性　　51, 62, 69, 99
フィンランド　　23, 24, 129, 234, 270, 291, 299, 300, 302, 303
米国　　19, 24, 89, 234, 295, 303
補完性の原理　　115

【マ】
マッチング　　39, 90, 195, 279

【ヤ】
養子縁組家庭　　47
養子縁組休暇　　63
養子縁組記録　　239

養子縁組登録　　58

【ラ】
ライフストーリー　　63
リスク志向　　24
レターボックス　　41, 277

謝辞

　本書は、深い見識を備えた寄稿者と優れた多くの協力者の仕事の賜物である。本書の刊行は、ノルウェーのベルゲン大学付属、裁量権パターナリズム研究センター（Centre for Research on Discretion and Paternalism）が行う研究プロジェクトの成果であり、公的ケアからの養子縁組の分野において、知識の間隙を補おうとする意図である。本書の多くの章は、2019年秋にベルゲン大学で開催されたセミナーで発表された内容である。ちょうど「新型コロナ前」の、まだ対面の集まりが可能だった時期であり、セミナーで多くのコメントや助言を得られたことは実に光栄であり心から感謝している。刊行に至るまで編集と諸般のプロセスにおいて、当研究センターの研究助手、Florian Wingensの力添えがあり、編集の最終段階では研究助手のVanessa T. Seeligmannの助力を得た。研究コーディネーターのDaniel Nygårdのおかげで、オープンアクセスでの刊行が実現した。

　本研究は、European Union's Horizon 2020の研究開発プログラムのもと、European Research Council（ERC）の助成を受けており（助成承認番号No 724460）、またResearch Council of Norwayによる助成も、独立プロジェクト——人文社会学プログラム（Independent Projects – Humanities and Social Science program）において受けている（助成番号no. 262773）。刊行にあたっては、ベルゲン大学のオープンアクセス出版助成から追加資金を得ている。

執筆者（【 】内の数字は担当章）

アナ・クリスティーナ・ゴメス・アパリシオ（Ana Cristina Gomez Aparicio）【10】
スペイン、マドリード州未成年保護局（Child Protection at the Community of Madrid）次長。

ジル・デュール・ベリック（Jill Duerr Berrick）【5】
ノルウェー、ベルゲン大学行政組織論学科および裁量権パターナリズム研究センター（the Department of Administration and Organization Theory and the Centre for Research on Discretion and Paternalism, University of Bergen）教授／米国、カリフォルニア大学バークレー校社会福祉学部教授。

イナ・ボヴェンシェン（Ina Bovenschen）【8】
ドイツ、ドイツ青年研究所（German Youth Institute）研究員。

ケネス・バーンズ（Kenneth Burns）【4】
アイルランド、国立大学コーク校応用社会学部上級講師および21世紀社会科学研究所（the Institute for Social Science in the 21st Century (ISS21) at the School of Applied Social Studies, University College Cork）研究員。

ピア・エリクソン（Pia Eriksson）【7】
フィンランド、ヘルシンキ大学スウェーデン社会科学部（the Swedish School of Social Science, University of Helsinki）講師。

エステル・アバド・グエラ（Esther Abad Guerra）【10】
スペイン、マドリード州養子縁組・里親養育部門（the Area of Adoption and Fostering at the Autonomous Community of Madrid）総責任者。

ヘーゲ・スタイン・ヘランド（Hege Stein Helland）【9、13】
ノルウェー、ベルゲン大学裁量権パターナリズム研究センター博士候補生。

カトリン・クリズ（Katrin Križ）【6】
米国、エマニュエル大学教授。

ジェニー・クルチナ（Jenny Krutzinna）【6、12】
ノルウェー、ベルゲン大学裁量権パターナリズム研究センター上級研究員。

カトレ・ルハマー（Katre Luhamaa）【3、11】
ノルウェー、ベルゲン大学裁量権パターナリズム研究センター上級研究員／エストニア、タルトゥ大学法学部ヨーロッパ国際法（European law and international law at the School of Law, University of Tartu）講師。

シモーン・マコックレン（Simone McCaughren）【4】
アイルランド、国立大学コーク校応用社会学部 21 世紀社会科学研究所上級講師および研究員。

トーマス・メイゼン（Thomas Meysen）【8】
ドイツ、SOCLES 国際法社会学（the SOCLES International Centre for Socio-Legal Studies）センター長。

スヴァイヌング・ヘレーセン・ニゴード（Sveinung Hellesen Nygård）【13】
ノルウェー、ベルゲン大学裁量権パターナリズム研究センター研究員。

コナー・オマホニー（Conor O'Mahony）【11】
アイルランド、国立大学コーク校法学部 子どもの権利・家族法センター（Centre for Children's Rights and Family Law）教授。

サグラリオ・セガド（Sagrario Segado）【10】
スペイン、国立通信教育大学（UNED）法学部ソーシャルワーク学科（the Department of Social Work, Faculty of Law, National University of Distance Education (UNED)）准教授。

ユディット・シュトレンプル（Judit Strömpl）【3】
エストニア、タルトゥ大学准教授。

＝編著者＝（【　】内の数字は担当章）
タルヤ・ポソ（Tarja Pösö）【1、7、15】
ノルウェー、ベルゲン大学行政組織論学科および裁量権パターナリズム研究センター教授、フィンランド、タンペレ大学社会科学部社会福祉学科（Social Work, Faculty of Social Sciences, Tampere University）教授。

マリット・スキヴェネス（Marit Skivenes）【1、9、15】
ノルウェー、ベルゲン大学行政組織論学科教授、裁量権パターナリズム研究センター所長。

ジュン・ソバーン（June Thoburn）【1、2、14、15】
英国、イースト・アングリア大学ソーシャルワーク学科名誉教授。

＝監訳者＝
西郷民紗（さいごう・みさ）
東京大学大学院総合文化研究科「人間の安全保障」プログラム地域文化研究専攻修士課程修了。修士（国際貢献）、社会福祉士。一般企業・公益財団等を経て、特別養子縁組・里親支援、社会的養育に関する研究を行う。現在、早稲田大学人間科学学術院人間総合研究センター次席研究員・研究院講師、（株）HITOTOWA 執行役員。主な著書・論文に、「養子縁組家庭の子育て支援に関する研究——海外における介入研究のレビュー」（『日本子ども虐待防止学会』25 巻 2 号、pp. 235-243)、Shoko Tokunaga, Mitsuru Fukui, Misa Saigo and Saki Nagano（2023）"A New Era for Child Protection in Japan"（分担執筆）（Duerr Berrick, Jill., Gilbert, Neil., Skivenes, Marit. "*The Oxford Handbook of Child Protection Systems*", Oxford University Press, 2023 年）。

＝訳者＝
海野 桂（うみの・かつら）
東京外国語大学卒業。訳書に、パット・ビーズリー著・引土達雄他監訳『養親・里親の認定と支援のためのアセスメント・ガイドブック——パーマネンシーの視点から子どもの人生に寄りそうためのヒント』（明石書店）、ジョアン・ハリファックス著『コンパッション——状況にのみこまれずに、本当に必要な変容を導く、「共にいる」力』（英治出版）、キャンパー・イングリッシュ著『酒が薬で、薬が酒で——ビール、ワイン、蒸留酒が紡ぐ医学誌』（柏書房）他。

公的ケアからの養子縁組
欧米9カ国の児童保護システムから子どもの最善の利益を考える

2024年11月20日　初版第1刷発行

編著者	タルヤ・ポソ
	マリット・スキヴェネス
	ジュン・ソバーン
監訳者	西郷民紗
訳者	海野 桂
発行者	大江道雅
発行所	株式会社　明石書店

〒101-0021 東京都千代田区外神田 6-9-5
電話　03（5818）1171
FAX　03（5818）1174
振替　00100-7-24505
https://www.akashi.co.jp/

装丁	明石書店デザイン室
印刷	株式会社　文化カラー印刷
製本	本間製本　株式会社

（定価はカバーに表示してあります）　ISBN978-4-7503-5851-2

[JCOPY]〈出版者著作権管理機構　委託出版物〉
本書の無断複製は著作権法上での例外を除き禁じられています。複製される場合は、そのつど事前に、出版者著作権管理機構（電話 03-5244-5088、FAX 03-5244-5089、e-mail: info@jcopy.or.jp）の許諾を得てください。

養子制度の国際比較

鈴木博人 編著

■A5判／上製／472頁 ◎6000円

本書は英米法系の国、ヨーロッパ大陸法系の国、東アジア地域の国といった括りで10ヵ国の養子制度に関する研究論文を収めた。それぞれの国の養子制度の全体像を紹介するとともに、児童福祉法、養子縁組斡旋制度も視野に入れて養子制度を総合的に把握するよう努めた。

● 内容構成 ●

序　章　養子制度の国際比較研究の目的と意義 〔鈴木博人〕
第1章　日本における養子制度の一断面
　　　――児童福祉における養子制度の位置づけを中心に 〔阿部純一〕
第2章　アメリカの養子制度と養子法の概観 〔原田綾子〕
第3章　オーストラリア養子法と養子縁組手続の課題 〔トレヴァー・ライアン〕
第4章　ニュージーランドにおける養子縁組制度と実務 〔梅澤彩〕
第5章　フランスの養子法の概要 〔栗林佳代〕
第6章　ドイツの養子法と養子縁組斡旋法
　　　――父母の同意を中心にして 〔鈴木博人〕
第7章　オーストリア養子法の基本構造および
　　　養子縁組成立過程の概要 〔鈴木博人〕
第8章　イタリアにおける養子法 〔椎名規子〕
第9章　韓国における養子法の現状と今後の課題 〔田中佑季〕
第10章　中国養子制度の実態と課題――国内養子制度を中心に 〔李憲〕
第11章　比較法の視点から見た日本の養子法 〔鈴木博人〕

里親になるためのハンドブック
フォスタリングネットワーク編　上鹿渡和宏・御園生直美・上村宏樹・藤林武史・山口敬子・三輪清子監訳
◎2200円
［スキル・トゥ・フォスター　里親認定前研修・里親用］

里親トレーナーのためのガイドブック
フォスタリングネットワーク編　上鹿渡和宏・御園生直美・上村宏樹・藤林武史・山口敬子・三輪清子監訳
◎12000円
［スキル・トゥ・フォスター　里親認定前研修・講師用］

児童相談所改革と協働の道のり
――子どもの権利を中心とした福岡市モデル
藤林武史編著
◎2400円

養子縁組を考えたら読む本
――これから親になるあなたに知って欲しい20のこと
ヘネシー澄子著
◎2200円

養親・里親の認定と支援のためのアセスメント・ガイドブック
シェリー・エルドリッジ著　石川桂子訳
◎4500円

子どものいない夫婦のための養子縁組ガイド
――パーマネンシーの視点から子どもの人生に寄り添うためのヒント制度の仕組みから真実告知まで
パット・ビーズリー著　引土達雄ほか監訳
吉田奈穂子著
◎1800円

子どものための里親委託・養子縁組の支援
宮島清・林浩康・米沢普子編著
◎2400円

〈施設養護か里親制度か〉の対立軸を超えて
――「新しい社会的養育ビジョン」とこれからの社会的養護を展望する
浅井春夫・黒田邦夫編著
◎2400円

〈価格は本体価格です〉

アタッチメント・ハンドブック
里親養育・養子縁組の支援

ジリアン・スコフィールド、メアリー・ビーク 著
御園生直美、岩﨑美奈子、高橋恵里子、上鹿渡和宏 監訳
森田由美、門脇陽子 訳

■A5判／並製／528頁
◎3800円

子どもの心と行動、養育者の心と行動の相互作用を理解するうえで重要な概念であるアタッチメント。本書は、アタッチメント理論を実践の場で活用したいと願う人たちに向けて書かれた。里親、養親、彼らを支援する人々にとって治療的養育の実践ガイドとなる一冊。

●内容構成●

第Ⅰ部 アタッチメント理論
アタッチメント理論──中心的な概念／安定型・自律型のパターン／回避型・軽視型のパターン／アンビバレント型・抵抗型・とらわれ型のパターン／無秩序型・統制型・未解決型のパターン

第Ⅱ部 安全基地モデル
利用可能性──子どもの信頼感を育む／敏感性──子どもの感情に対処できるよう手助けする／受容──子どもの自尊感情を形成する／協調──子どもの効力感を育む／家族メンバーシップ──子どもの所属感を育む

第Ⅲ部 理論と実践
一般的な行動の問題／アタッチメントを念頭に置いて①──子どものソーシャルワーカーの役割／アタッチメントを念頭に置いて②──里親・養育・養子縁組のソーシャルワーカーの役割／アタッチメントと交流／今後の展望──子ども、家族、ソーシャルワーカーに安全基地を提供する

社会的養護の子どもと措置変更
養育の質とパーマネンシー保障から考える
伊藤嘉余子編著
◎2600円

ソーシャルペダゴジーから考える施設養育の新たな挑戦
マーク・スミス、レオン・フルチャー、ピーター・ドラン著　楢原真也監訳
◎2500円

日本の児童相談所
子ども家庭支援の現在過去未来
川松亮、久保樹里、菅野道英、田﨑みどり、田中哲、長田淳子、中村みどり、浜田真樹編著
◎2600円

Q&A離婚・再婚家族と子どもを知るための基礎知識
当事者から心理・福祉・法律分野の実務家まで
村尾泰弘編著
◎2200円

学校現場における里親家庭で暮らす子どもへの支援
里親、ソーシャルワーカー、教員へのガイド
ジョン・デガーモ著　中村豪志、髙石啓人、上鹿渡和宏監訳　佐藤明子訳
◎2700円

小児期の逆境的体験と保護的体験
子どもの脳・行動・発達に及ぼす影響とレジリエンス
J・ヘイズ＝グルード ほか著　菅原ますみほか監訳
◎2400円

子ども家庭支援の包括的アセスメント
要保護・要支援・社会的養護児童の適切な支援のために
増沢高著
◎4200円

子どもの権利ガイドブック【第3版】
日本弁護士連合会子どもの権利委員会編著
◎4000円

〈価格は本体価格です〉

シリーズ みんなで育てる家庭養護
里親・ファミリーホーム・養子縁組

相澤仁［編集代表］

これまでの子どものケアワーク中心の個人的養育から、親子の関係調整など多職種・多機関との連携によるソーシャルワーク実践への転換をはかる、里親・ファミリーホームとそれを支援する関係機関に向けた、画期的かつ総合的な研修テキスト。

◎B5判／並製／◎各巻 2,600円

① **家庭養護のしくみと権利擁護**
澁谷昌史、伊藤嘉余子［編］

② **ネットワークによるフォスタリング**
渡邊守、長田淳子［編］

③ **アセスメントと養育・家庭復帰プランニング**
酒井厚、舟橋敬一［編］

④ **中途からの養育・支援の実際**
——子どもの行動の理解と対応
上鹿渡和宏、御園生直美［編］

⑤ **家族支援・自立支援・地域支援と当事者参画**
千賀則史、野口啓示［編］

〈価格は本体価格です〉